西北民族大学重点学科建设基金资助

西北民族大学中央高校基本科研业务费项目《中小企业社会责任问题研究》（ZYZ2011040）资助

企业社会责任原理

刘红叶　著

中国社会科学出版社

图书在版编目(CIP)数据

企业社会责任原理/刘红叶著. —北京:中国社会科学出版社,
2015.8

ISBN 978 - 7 - 5161 - 6144 - 9

Ⅰ.①企… Ⅱ.①刘… Ⅲ.①企业责任—社会责任—研究
Ⅳ.①F270

中国版本图书馆 CIP 数据核字(2015)第 107015 号

出 版 人	赵剑英
选题策划	陈肖静
责任编辑	陈肖静
责任校对	刘 娟
责任印制	戴 宽

出 版	中国社会科学出版社
社 址	北京鼓楼西大街甲 158 号
邮 编	100720
网 址	http://www.csspw.cn
发 行 部	010 - 84083685
门 市 部	010 - 84029450
经 销	新华书店及其他书店

印 刷	北京君升印刷有限公司
装 订	廊坊市广阳区广增装订厂
版 次	2015 年 8 月第 1 版
印 次	2015 年 8 月第 1 次印刷

开 本	710×1000 1/16
印 张	15.25
插 页	2
字 数	246 千字
定 价	56.00 元

目　录

第一章 导论

企业的性质和目的是什么？企业追逐利润的边界在哪里？企业逐利行为的底线是什么？对这些问题的回答，涉及一个最基本的认识，即企业的社会责任是什么？本章首先探讨企业社会责任的概念，然后分析两种相反的社会责任观，在此基础上，提出企业社会责任的研究意义、方法和思路。

第一节 什么是企业的社会责任

企业的社会责任是在实践中逐渐产生的。20 世纪 40 年代，随着社会经济的发展和物质生活的充裕，企业在人们生活中的地位和作用日益加强，企业活动的影响也日益渗透到社会生活的方方面面。产品质量问题和企业生产引起的环境污染问题凸显出来，引起公众的不满，要求企业承担社会责任的呼声日渐高涨。20 世纪 60 年代以来，企业的社会责任不仅在实践中而且在理论层面引起更为广泛的社会关注。许多学者开始研究企业的社会责任。

一 西方学者对社会责任的认识

一般认为最早是欧利文·谢尔顿于 1923 年提出了企业社会责任的概念。他把企业社会责任与企业满足产业内外人们需要的责任相联系，认为企业社会责任含有道德因素。1953 年，霍华德·R. 鲍恩出版了《企业家的社会责任》，认为企业具有按照社会的目标和价值观确定政策、做出决策和采取行动、自愿承担社会责任的义务。鲍恩著作的出版，大大推动了有关社会责任的讨论。此后，管理学家从不同角度对企业社会责任进行了定义，有代表性的观点有如下几种。

1. 哈罗德·孔茨和海因茨·韦里克

孔茨和韦里克认为："企业的社会责任就是认真地考虑公司的一举一动对社会的影响。"[①] "我们不应该认为企业管理人员应对解决所有社会问题负责，从任何一点来说，不可能把提供学校教育或者把应由政府负责的治安、防火等许多事务都作为企业的工作，但是，像任何一种事业单位那样，工商企业必须同其所存在的环境相互作用。"[②] 从企业生存的角度来看，企业应该考虑自身对社会的影响。"换句话说，管理人员对他们的环境必须做出反应并且成为社区活动的积极参与者，以便改善生活质量。这就是他们必须从事的工作，因为企业的生存取决于企业同所有环境因素富有成效的相互影响。"[③]

2. 斯蒂芬·P. 罗宾斯对社会责任的分析

罗宾斯认为社会责任是一种工商企业追求有利于社会的长远目标的义务，而不是法律和经济所要求的义务。他说："注意：这一定义假设企业遵守法律，并追求经济利益。我们的前提是，所有的企业（承担社会责任的和不承担社会责任的）都会遵守社会颁布的所有法律。同时，这一定义将企业看作一种道德机构，在它努力为社会做贡献的过程中，它必须分清正确的和错误的行为。"[④]

罗宾斯将社会责任与社会义务和社会响应进行了比较。首先，社会责任不同于社会义务。社会义务是工商企业参与社会的基础。一个企业当它符合了其经济和法律责任时，它已经履行了它的社会义务。社会责任加入了一种道德规则，促使人们从事使社会变得更美好的事情，而不做那些有损于社会的事情。其次，社会责任也不同于社会响应。社会响应是一个企业适应变化的社会状况的能力。社会责任要求工商企业决定什么是对的，

① ［美］哈罗德·孔茨、海因茨·韦里克：《管理学》（第 10 版），经济科学出版社 1998 年版，第 42 页。
② 同上书，第 43 页。
③ 同上书，第 44 页。
④ ［美］斯蒂芬·P. 罗宾斯：《管理学》（第 4 版），中国人民大学出版社 1997 年版，第 97 页。

什么是错的，从而找出基本的道德真理。社会责任的内涵是一种道德责任，企业从长期来看什么对社会有益，并积极采取行动，这就是在履行社会责任。总之，罗宾斯认为社会责任是企业做对社会有益的事情，做能够增进社会利益的事情，即让社会变得更美好。

罗宾斯进一步提出了企业社会责任扩展的四阶段模型。处在第一阶段的管理者，将通过寻求使成本最低和使利润最大来提高股东的利益。在第二阶段上，管理者将承认他们对雇员的责任，并集中注意力于人力资源管理，因为他们想获得、保留和激励优秀的雇员。他们将改善工作条件、扩大雇员权利、增加工作保障等。在第三阶段上，管理者将扩展其目标，包括公平的价格、高质量的产品和服务、安全的产品、良好的供应商关系以及类似的方式。处在第三阶段的管理者，觉察到他们只有通过间接地满足其他利害攸关者的需要，才能履行对股东们的责任。最后，第四阶段同社会责任的严格意义上的社会经济定义一致。在这一阶段，管理者对社会整体负责。他们经营的事业被看作公众财产，他们对提高公众利益负有责任。承担这样的责任意味着管理者积极促进社会公正、保护环境、支持社会活动和文化活动。即使这样的活动对利润产生消极影响，他们的态度也不改变。①

3. 彼得·德鲁克对企业社会责任的分析

著名管理学家彼得·德鲁克在《管理——任务、责任、实践》一书中对企业社会责任做了专门研究。德鲁克指出：早期有关工商企业社会责任的讨论集中于三个领域。第一个领域是有关私德和公德的关系这个永恒的问题。第二个主要论题是有关雇主由于其权力和财富而对职工所承担的社会责任。最后，社会责任过去常常是指要求或指派工商业者在社会"文化"方面的领导责任：资助艺术、博物馆、歌剧院、交响乐队；担任教育机构和宗教机构理事会的理事；为慈善事业和其他社会公益事业出钱。第二次世界大战以后，日益强调工商业的贡献。但从 60 年代早期以来，"工商企业的社会责任"这个词的含义已彻底改变了。"这种有关企业社会责

---

① [美]斯蒂芬·P.罗宾斯：《管理学》（第 4 版），中国人民大学出版社 1997 年版，第 97—102 页。

任的新概念不再问一问企业有些什么限制条件，或者企业对直接在它控制之下的应该做些什么，而要求企业为各种社会问题、社会事件、社会目标和政治目标负起责任来，并成为社会良心的维护者和各种社会问题的解决者。"① 德鲁克主张应该"把对社会的关心作为企业本身行为的中心"。德鲁克认为组织对社会所要承担的责任可能在两个领域中产生：一个领域是机构对社会的影响，另一个领域是社会本身的问题。

4. 菲利普·科特勒

"现代营销学之父"科特勒 2005 年提出"开发对社会负责任的商业实践"。他认为："企业的社会责任是企业通过自由决定的商业实践以及企业资源的捐献来改善社区福利的一种承诺。"② 企业社会责任不是法律要求的或者本质上符合道义和伦理并因此应当实施的商业活动。相反，我们指的是一家企业在选择和实施这些实践、进行这些捐献时做出的一种"自愿的"承诺。

5. 阿奇·卡罗尔的企业社会责任金字塔

目前，广泛认可的一个定义是卡罗尔的企业社会责任定义："企业社会责任意指某一特定时期社会对组织所寄托的经济、法律、伦理和自由决定（慈善）的期望。"③ 卡罗尔的定义有助于我们了解企业社会责任是由哪些方面组成的。第一，企业必须承担经济责任，即生产或提供社会需要的商品或服务，并以公平的价格进行销售。第二，是企业的法律责任，即企业在法律框架内开展活动。第三，伦理责任包括消费者、雇员、股东和社区认为公平、正义的，同时也能尊重或保护利益相关者道德权利的所有规范、标准、期望。第四是企业的自愿自由处理或慈善责任，这样的一些活动包括企业捐款、赠送产品和服务、义务工作、与当地政府和其他组织的合作，以及企业及其雇员自愿参与社区或其他利益相关者活动。卡罗尔认为企业社会责任是由经济、法律、伦理、慈善四个方面的责任构成的，如

---

① ［美］彼德·F. 德鲁克：《管理——任务、责任、实践》，中国社会科学出版社 1987 年版，第 398 页。

② ［美］菲利普·科特勒、南希·李：《企业的社会责任》，机械工业出版社 2011 年版，第 2 页。

③ ［美］阿奇·B. 卡罗尔、安·K. 巴克霍尔茨：《企业与社会：伦理与利益相关者管理》，机械工业出版社 2006 年版，第 23 页。

图1-1所示，可以用一个四个层次的金字塔图形加以形象说明。

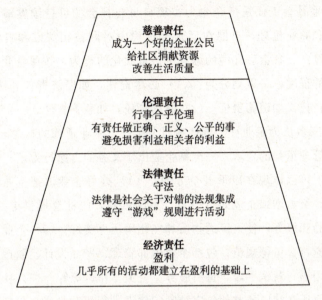

图1-1 企业社会责任金字塔

资料来源：[美]阿奇·B.卡罗尔、安·K.巴克霍尔茨：《企业与社会：伦理与利益相关者管理》（第5版），机械工业出版社2006年版，第26页。

二 我国学者对企业的社会责任的认识

关于企业的社会责任我国学者结合我国企业的实际情况进行了深入的研究，这里对有代表性的观点做如下介绍：

1. 企业的社会责任，是指一个企业组织对国家、对社会应尽的义务和贡献。我国企业组织的社会责任主要包括：（1）最大限度地满足社会和广大人民日益增长的物质生活和文化生活的需要。要承担这一首要的社会责任，要求企业必须在深化改革中不断地提高自己的管理水平，提高本组织的工作效率和经济效益。（2）要自觉地为社会、为人民多做贡献。在这方面，首先要自觉守法经营；要努力摆好国家、集体与个人三者之间的关系；要确保国家税利的上缴，决不能允许有隐瞒利润和偷税、漏税、欠税或抗税的行为。（3）积极参加对组织所在社区有益的各种活动：如净化空气、防止环境、饮水的污染，减少噪声、植树、美化环境，开展对当地儿童、青年、妇女、老年人及伤残人员身心健康有益的各种活动。①

2. 企业社会责任是指企业为实现自身与社会的可持续发展，遵循法律、道德和商业伦理，自愿在运营全过程中对利益相关方和自然环境负责，追求经济、社会和环境的综合价值最大化的行为。按照企业能否进行自我选择的程度，可以划分为：（1）必尽责任，如经济责任和法律责任。（2）应尽责任，如道德责任。（3）愿尽责任，如慈善责任。②

3. 周三多认为企业社会责任本质上是一个企业道德的概念。"社会责任是企业管理道德的要求，完全是企业出于义务的自愿行为。"③ 企业社会责任大体上可以体现在以下五个方面：（1）办好企业，把企业做强、做大、做久。努力增强企业的竞争力，不断创新，向社会提供更好、更新、更多的产品和服务，使人民的物质和文化生活更美好。（2）企业一切经营管理行为应符合道德规范。包括企业内部管理、产品设计、制造、质量保证、广告用语、营销手段、售后服务、公关工作，等等。（3）社区福利投资。对企业所在社区或其他特定社区的建设进行福利投资，包括医院、学校、幼儿园、老人院、住宅、公共娱乐设施、商业中心、图书馆等有关社区人民福利的一切设施的投资，均不应以赚取商业利益为目的，因为社区为本企业的发展已经做出了太多牺牲和贡献。（4）社会慈善事业。对社会教育，医疗公共卫生、疾病防治、福利设施及对由于特殊的天灾人祸所引起的一切需要帮助的人，企业应根据自身优势适当定位，及时伸出援助之手，尽到应尽的社会责任。尤其对那些突发性社会灾难事件，例如，地震、海啸、飓风与恐怖袭击等造成的巨大灾难，企业应给予特别的关注，并争取在第一时间做出快速而适当的反应。（5）自觉保护自然环境，主动节约能源和其他不可再生资源的消耗，尽可能减少企业活动对生态的破坏。积极参与节能产品的研究开发，参与地球荒漠化和地球变暖所引发的各种灾害的研究和治理。④

① 杨洪兰主编：《现代实用管理学》，复旦大学出版社1996年版，第60、61页。
② 徐盛华、林业霖编著：《现代企业管理学》，清华大学出版社2011年版，第112页。
③ 周三多、陈传明、鲁明泓编著：《管理学——原理与方法》，复旦大学出版社2013年版，第164页。
④ 同上书，第168页。

三 企业的社会责任界说

通过考察中外学者对企业社会责任的认识，不难看出，企业社会责任的概念可以从广义和狭义两个角度来理解。广义的企业社会责任是指企业在经营活动中为谋求对社会有利的长远目标所应承担的经济责任、法律责任、道德义务和慈善责任的总和。这种意义的责任意味着必须做好随时满足社会需要的准备，不仅要做法律规定的事，而且要做法律没有规定的却对社会有益的事。狭义的社会责任是指企业对自己的行为及其后果负责，履行法律、法规明文规定应该履行的义务。正如周苏友所说："公司社会责任概念严格来说是不够准确的，因为这里所讲的社会责任实际上指企业对社会承担的一种义务，即应当或必须为一定行为或不为一定行为的必要性。从法律上讲，责任是在主体不履行义务时才产生，责任对主体而言，是一种对行为后果的承受，或者说是受到的一种惩罚，而义务才是对主体的一种约束。因此应当称为公司社会义务更准确。"①

综上所述，我们以为，对于企业的社会责任应当做广义的理解。企业的社会责任是指企业在追求自身利益的同时，为谋求对社会有利的长远目标所应尽的义务。企业的社会责任首先包括提供安全的产品或服务，满足社会的需要；其次应努力消除对社会的不利影响，在自身能力范围内积极参与社会问题的解决；最后要为增进社会福利做贡献。在社区建设、环境保护、支持慈善事业、捐助社会公益、保护弱势群体等方面尽到应尽的义务。

第二节 古典观与社会经济观

社会责任问题自产生后，便有两种不同的争论。一方面，按照古典的（或纯经济的）观点，认为企业唯一的社会责任就是使利润最大化；另一方面，社会经济观认为企业的社会责任不仅是使利润最大化，而且还要保护和增加社会财富。下面分别对这两种观点进行分析。

---

① 环境与发展研究所主编：《企业社会责任在中国》，经济科学出版社 2004 年版，第341 页。

一　古典观

古典观最直率的支持者是经济学家和诺贝尔殊荣获得者米尔顿·弗里德曼。他认为："公司当局和工人领导者不仅要维护股东及其成员利益，而且有超越其上的社会责任，这种观点已被广泛认可。这种观点表现了对自由经济性质和特征的一个根本错误观念。在这种经济中，有一种而且仅有一种企业责任——运用它的资源，从事旨在增加利益的活动，只要保持在游戏规则之内活动。也就是说，投身于开放和自由的竞争之中而没有欺骗和虚假。相似地，工人领导者的社会责任是服务于工会成员的利益。建立一个法律框架则是我们其余人的责任，这样个体在追求他自身利益的过程中，如斯密所言，被一只看不见的手引导以达到不是他刻意期望的目的，对社会而言，这个目的也不是太糟。通过追求他自身的利益，他往往更有效地提高了社会利益，这比有意去这样做更有效。我从未听到过有比这更好的行为了。"①

他认为，今天大部分管理者是职业管理者，即他们并不拥有他们经营的公司，他们是雇员，对股东负责。因此，他们的主要责任就是按股东的利益来经营业务。那么这些利益是什么呢？弗里德曼认为股东们只关心一件事：财务收益率。② 在弗里德曼看来，当管理者自行决定将公司的资源用于社会目的时，他们是在削弱市场机制的作用。有人必然为此付出代价。具体来说，如果社会责任行动使利润和股利下降，则它损害了股东的利益。如果社会行动使工资和福利下降，则它损害了员工的利益。如果社会行动使价格上升，则它损害了顾客的利益。如果顾客不愿支付或支付不起较高的价格，销售额就会下降，从而企业很难维持下去，在这种情况下，企业的所有利益相关者都会遭受或多或少的损失。除此之外，弗里德曼还认为，当职业管理者追求利润以外的其他目标时，他们其实是在扮演非选举产生的政策制定者的角色。他怀疑企业管理者是否具有决定"社会应该怎样"的专长，至于"社会应该怎样"，据弗里德曼说，应该由我们

---

① Milton Friedman, *Capitalism and Freedom*, The University of Chicago Press, 1962, p. 133.
② ［美］斯蒂芬·P. 罗宾斯：《管理学》（第4版），中国人民大学出版社1997年版，第94页。

选举出来的政治代表来决定。

与弗里德曼同时代的另一位新自由主义经济学家哈耶克认为，企业的唯一目的是作为出资人的受托者赚取长期利润，若将资金作为追求长期最大利润之外的用途，就会赋予企业危险的权力，即他主张企业应只对股东尽义务。"他认为企业社会责任是有悖于自由的，因为企业参与社会活动必将导致政府干预的强化，企业履行社会责任的结果将使企业不得不受制于政府权威而损害自身自由。"①

二 社会经济观

社会经济观主张企业承担超越自身利益的社会责任。社会经济观认为，时代已经变了，社会对企业的预期也发生了变化。公司的法律形式可以很好地说明这一点。公司的设立和经营要经过政府的许可，政府也可以撤销许可。因此，公司不是一个仅对股东负责的独立实体，同时要对产生和支持它的社会负责。

社会经济观的支持者认为，管理者应该关心长期的资本收益率最大化。为了实现这一点，他们必须承担社会义务以及由此产生的成本。他们必须以不污染、不歧视、不从事欺骗性的广告宣传等方式来保护社会福利，他们还必须融入自己所在的社区及资助慈善组织，从而在改善社会中扮演积极的角色。

德鲁克指出："社会责任的要求显然并不像大多数书籍、文章和演说所讲的那么简单。但也不能像芝加哥的杰出的经济学家米尔顿·弗里德曼所极力主张的那样对它置之不理。事实上很多人都接受了弗里德曼的下述论点，即企业是一个经济机构，应该专注于经济方面的任务。如果企业承担社会责任就有危及经济成绩及其社会的可能。肯定还有一个更大的危险，即如果企业承担社会责任则企业管理人员就可能在他们并无合法权力的领域中篡夺了权力。但同样清楚的是，社会责任也不能回避。这不仅是由于公众需要、社会需要，而且由于在现代社会中除了管理人员以外，没有其他的领导集团。如果我们的主要机构、特别是工商企业的管理人员不

---

① 徐盛华、林业霖编著：《现代企业管理学》，清华大学出版社 2011 年版，第 113 页。

为共同的利益而承担起责任来，那就没有其他人能够或将会承担起这个责任了。政府在一个由各种组织组成的多元社会中已经不再能成为'统治者'或'共同利益的守护者'，虽然政治理论仍然认为它还可以做得到。这个社会中的领导集团即关键机构的管理人员，不论他们是否愿意——事实上也不论他们是否胜任——都必须认真考虑他们能够并应该承担些什么责任，在哪些领域并为了什么目标而承担责任。"①

"在我们这个多组织社会中，企业和其他机构，保持纯粹的经济立场是不可能的，不管那是多么的可取。它们自己的自我利益也迫使他们关心社会和社区并准备承担它们自己的主要领域的工作和责任以外的责任。"②

三　赞成和反对社会责任的争论

关于企业社会责任，赞成和反对的双方各有论据，罗宾斯对于赞成和反对的争论进行了总结，如表 1-1 所示。赞成的论据包括：公众期望；长期利润；道德义务；公众形象；更好的氛围；减少政府调节；责任与权利的平衡；股东利益；资源占有；预防社会弊端的优越性。反对的论据包括：违反利润最大化原则；淡化使命；成本；权力过大；缺乏技能；缺乏明确规定的责任；缺乏大众支持。

表 1-1　　　　　　　　　赞成和反对社会责任的论据

赞成的论据	反对的论据
公众期望； 长期利润； 道德义务； 公众形象； 更好的氛围； 减少政府调节； 责任与权利的平衡； 股东利益； 资源占有； 预防社会弊端的优越性。	违反利润最大化原则； 淡化使命； 成本； 权力过大； 缺乏技能； 缺乏明确规定的责任； 缺乏大众支持。

资料来源：〔美〕斯蒂芬·P.罗宾斯：《管理学》（第 4 版），中国人民大学出版社 1997 年版，第 96 页。

---

①　〔美〕彼德·F.德鲁克：《管理——任务、责任、实践》，中国社会科学出版社 1987 年版，第 410 页。

②　同上书，第 441 页。

　　虽然对于企业社会责任的争论各执一词，但不可否认的事实是，企业与社会之间有着千丝万缕的联系。萨缪尔森和诺德豪斯指出："现代社会的公民享受着巨大的特权。我们每个人都能以低价购买大量品种繁多的非常有用的物品。这显然是一种令人愧疚的思想意识。如果你认识的某个人正在夸耀自己的工作效率如何高，或者正在解释自己的实际工资如何高的时候，你不妨建议他们冷静下来思考一番。如果把拥有专业技术的他们送到荒无人烟的岛屿上，那么，他们的工资又能购买多少东西呢？事实上，如果没有一代又一代人积累下来的技术知识，我们每个人又能生产出多少东西呢？很显然，我们所有的人都从我们未曾出力的经济世界中获得了利益。正如伟大的英国社会学家霍布豪斯所说：某些行业的组织者认为，他们靠'自我奋斗'获得了成功，并'创造'了自己的企业。而在事实上，是整个社会向他提供了技术工人、机器、市场、安定和秩序——这一系列条件和整个社会环境是千百万人经过许多代人的努力共同创造出来的。如果将这些社会条件统统收回，那么，我们只不过是……以树根、野果和野兽为生的野人。"[①]　这段话可以作为企业承担社会责任、为社会尽义务的必要性的最好注解。

　　早在 20 世纪 70 年代，德鲁克就对企业社会责任出现的必然性进行了分析。[②]　其一是，企业的成功导致对企业提出责任要求。20 世纪以来经济的发展，使很多地区摆脱了贫困状态，人类的生活质量有了很大提高。人们很合理而自然地期望那些负责提供了生活数量的集团，对生活的质量也负起责任来。要求企业承担社会责任的呼吁期望过高，但它所期望的事情却是合理的。其根源并不是对当局的敌视，而是对管理人员和管理当局信赖过高。其二是，对政府不再抱有幻想，日益不相信政府能解决重大的社会问题。其三是，总起来说，对管理人员提出承担社会责任的要求的原因在于管理当局承担了社会中的领导地位。20 世纪以来，在每一发达国家以及绝大多数发展中国家中，一些大机构的管理人员成了社会的领导者，

---

　　①　［美］保罗·萨缪尔森、威廉·诺德豪斯：《经济学》（第 17 版），人民邮电出版社 2004 年版，第 77 页。

　　②　［美］彼德·F. 德鲁克：《管理——任务、责任、实践》，中国社会科学出版社 1987 年版，第 401—403 页。

他们控制着社会的资源和人力。因此，人们期望他们担当起领导的角色并承担起主要社会问题和主要社会课题的责任，则完全是合乎逻辑的。

第三节　企业社会责任的研究意义、方法与思路

20世纪90年代以来，企业社会责任的研究在我国兴起。当时由于跨国企业对其供应商进行社会责任标准的认证，这样对作为生产制造基地的中国企业从采购到出口两个方面都形成了严格的限制，企业社会责任开始引起企业界和理论界的高度关注。目前，企业社会责任的研究在中国方兴未艾。本节主要结合我国企业实际，提出企业社会责任研究的意义、方法和思路。

一　研究意义

首先，企业社会责任的研究，有助于重新认识企业在社会发展中的地位与作用。企业经济利益与社会利益孰轻孰重？这是一个时代反反复复叩问我们的问题，对于该问题的解答关系到如何定位企业在社会发展中的地位与作用。2008年，中国乳制品行业的三鹿婴儿配方奶粉事件被媒体曝光，三鹿奶粉由于"三聚氰胺"超标，引起多起婴儿死亡、致病事件，最终三鹿乳业集团宣布破产重组。三鹿事件令人深思，企业在追求自身经济利益的过程中是否可以将社会利益置若罔闻？研究企业的社会责任有助于我们重新认识企业的地位与作用，引导企业实现自身经济利益与社会利益的平衡。

其次，有助于在全社会逐步树立起企业的社会责任理念。西方国家对于企业的社会责任认知比较早，社会对于此问题的关注不仅仅限于企业，而且在社会中已形成了深厚的社会责任理念。工业革命以来，随着资本主义工业化的实现，对于企业社会责任的要求也逐渐形成了较为完善的要求，比如，反对雇佣童工、反对血汗工厂、保护和改善环境、维护消费者权益等都形成了相关的法律和道德规范。欧盟自20世纪90年代以来，就把推动企业社会责任作为一项重要工作。2006年3月，欧盟通过企业社会责任最新政策声明，把企业社会责任列入经济增长和就业发展战略的核

心，作为营造友好的欧洲商业环境的重要组成部分。今天，在我国实现社会主义经济现代化的过程中，研究企业的社会责任，对于推动企业健康发展，在全社会树立正确的社会责任理念具有重要的现实意义。

最后，有助于推动企业的社会责任实践。企业的社会责任在西方国家发展比较迅速，在实践中也形成了企业履行社会责任的氛围。许多知名的大企业在制定的企业守则中对于社会责任有明确的条款。"据统计，目前全世界大约有200个以生产安全、职业健康、保护环境和员工权益保障等为主要内容的企业社会责任生产守则。民间组织为推动企业社会责任，纷纷制定各种各样的社会责任标准。如SA8000标准、清洁制衣运动行为守则、世界负责任服装生产认证标准、国际玩具商协会商业行为守则等。"①相比之下，我国企业的社会责任实践还比较落后。但是，我们也看到，越来越多的企业已经开始运用企业的社会责任报告机制向公众展示其履行社会责任的情况，并接受公众和社会监督。如2006年3月份，国家电网公司率先发布我国大陆企业首份社会责任报告。研究企业社会责任，特别是提出切合我国经济发展实际的企业社会责任标准和社会责任评价体系，将有助于推动我国企业的社会责任实践，实现企业与社会的可持续发展。

二　研究方法

对于企业社会责任，本书主要采用文献分析法和案例分析法展开研究。

要回答什么是企业社会责任？企业为什么要履行社会责任？必须要从理论上予以反思，才能回答这两个貌似简单实则艰深的问题。本书运用经济学和伦理学相关理论作为分析工具，首先从理论上分析古典经济学和现代经济学对于企业性质的认识，梳理企业的社会本质和经济本质；其次运用效果论、义务论和德性论等伦理学的有关成果探寻企业社会责任的理论根据。

企业社会责任从本质上说是一个实践课题。所以，对此问题的研究还应当采用案例分析法，揭示企业社会责任的现状、问题与解决路径。一方

---

① 徐盛华、林业霖编著：《现代企业管理学》，清华大学出版社2011年版，第118页。

面，要分析企业社会责任方面优秀的、成功的案例；另一方面，对于企业社会责任方面落后的、失败的案例，也要进行分析，探究其失败的内在原因。通过正反两个方面的研究，寻找企业社会责任的合理边界和实现途径。

三　研究思路

对于企业社会责任到底应如何理解？企业是否应当承担社会责任？这是本书试图解答的问题。本书将从理论和实践两个维度探索企业社会责任是什么？为什么？怎么做？本书的结构分为原理篇和实践篇。

原理篇主要从理论层面探讨企业的性质、企业社会责任的必要性及社会责任的本质。首先，从经济学层面探讨企业的性质与目的，对于企业在整个社会分工中的地位与作用有一个清晰的认识。其次，从伦理学层面探讨什么是道德上认为善的行为，什么是道德上认为恶的行为。主要介绍效果论、义务论和德性论，通过对不同理论的分析寻找企业社会责任的理论依据。

实践篇主要就企业活动对社会的影响展开分析。本书采用利益相关者模型，探讨企业对于消费者、员工、社区、环境、政府等的责任。在分析过程中，兼顾法学层面的社会责任，综述我国法律对企业社会责任的相关规定。首先，分析企业生产活动和市场营销活动对社会的影响，从消费者的需求出发，探讨企业产品质量责任和营销社会责任。其次，探讨企业对于员工、社区、环境等利益相关群体的责任。其中，政府作为利益相关者群体的一分子，其与企业的关系既普通又非同寻常，企业与政府关系是本书的研究重点之一。最后，探讨公司治理问题。公司治理是影响企业社会责任的重要内在因素，企业想要更有效地承担起社会责任，必须加强公司治理。

第二章　企业的性质

要深入认识什么是企业的社会责任，企业社会责任的边界在哪里，前提是对企业的性质有一个准确的把握。关于什么是企业？企业的目的是什么？经济学家提出过不同的观点。从新古典经济学家马歇尔的厂商理论，到现代制度经济学的产权理论，都给人以深刻的启发。本章首先梳理关于企业性质的不同观点，然后分析企业制度的演进，最后运用利益相关者理论推导企业社会责任的合理边界。

第一节　什么是企业

新古典经济学的厂商理论，把企业简单地视为一个黑匣子。企业的职能就是从事生产，它在生产过程中遵循边际成本等于边际收入的原则，实现利润的最大化。至于黑匣子的内部，它不是新古典经济学家关注的问题。企业存在的本身成了经济理论假设的前提，在假设企业存在的前提下，探讨企业的行为。

一　企业存在的理由

1937 年，罗纳德·哈里·科斯在美国《经济学》杂志上发表了一篇题为《企业的性质》的论文，在这篇论文中，"提出一个从未被问及的天真问题——厂商到底为什么存在"①？从此，开创了经济学对企业理论的研

---

① ［英］马克·布劳格：《凯恩斯以后的 100 位著名经济学家》，商务印书馆 2003 年版，第55 页。

究。特别是 20 世纪 70 年代以来，形成了对企业认识的新突破。有影响力的有交易费用理论和契约理论。

1. 交易费用理论

科斯认为企业与市场是两种不同而又可互相替代的交易体制。市场上的交易是由价格机制来协调的，而企业的存在将许多原来属于市场的交易"内化"了。"设立企业有利可图的主要原因似乎是，利用价格机制是有成本的。通过价格机制'组织'生产的最明显的成本就是所有发现相关价格的工作。随着出卖这类信息的专门人员的出现，这种成本有可能减少，但不可能消除。市场上发生的每一笔交易的谈判和签约的费用也必须考虑在内。再者，在某些市场中（如农产品交易）可以设计出一种技术使契约的成本最小化，但不可能消除这种成本。确实，当存在企业时，契约不会被取消，但却大大减少了。"①

既然企业和市场是两种可以相互替代的资源调配机制，在什么条件下企业会取代市场，行政命令会代替价格机制呢？科斯认为交易费用是决定企业存在、企业和市场分界的唯一变数。科斯用交易费用这个概念解释了企业的出现和企业的发展。"企业通过'内化'市场交易而减少交易的费用，假如企业内部的交易费用低于市场的交易费用，就有关的一笔交易而言，企业就是比市场更有效率的交易管理机制。内化就是有利可图之举。"②

所谓交易费用，从狭义来看，指的是一项交易所需花费的时间和精力。从广义来看，指的是协议谈判和履行协议所需的各种资源的使用，包括制定谈判所需信息的费用，谈判所花的时间，以及防止谈判各方欺骗行为的费用。举一个简单的例子：假设市场交易费用不存在或为零，一个雇主不必长期雇佣劳动力，他随时可以到劳动力市场去雇佣工人进行生产。然而交易费用是无法忽略不计的。假如一个雇主每天都要到劳动力市场去购买劳动力，他为此花费许多费用：时间，讨价还价的费用，以及雇不到合适工人的风险，等等。如果这个雇主内化了一个劳动力，他就可以节省

① ［美］罗纳德·哈里·科斯：《企业、市场与法律》，格致出版社、上海人民出版社 2009 年版，第 39 页。
② 汤敏、茅于轼主编：《现代经济学前沿专题》（第一集），商务印书馆 1989 年版，第 65 页。

大量的交易费用，不必每日支付一笔费用到劳动力市场中去。

企业的出现和存在正是为了节约交易费用。换言之，交易费用的节省是企业产生、存在以及替代市场机制的唯一动力。企业这种组织形式使得生产要素的交易内部化。正如科斯所指出的："企业就是作为通过市场交易来组织生产的替代物而出现的。在企业内部，生产要素不同组合中的讨价还价被取消了，行政指令替代了市场交易。那时毋需通过生产要素所有者之间的讨价还价，就可以对生产进行重新安排。"①

那么，接下来的问题是，企业是否可以无限扩大？企业和市场总是相互并存而且又相互依赖，既然企业能节省交易费用，什么来决定企业的边界呢？科斯认为我们仍然要到交易费用中去寻求答案。企业是由行政命令来管理和指挥的。管理过程的本身产生管理费用，譬如雇佣管理人员、购买办公用品，所有这些都是管理费用。企业的规模越大，管理费用就越高，企业不断扩大，管理费用就不断增长，最终达到这样的一点：以扩大企业来内化一笔额外交易所节省的费用刚好被管理费用的增长所抵消。企业不能靠继续扩大自己的规模而盈利了，这时候，企业就会停止增长，企业的规模就达到了一个均衡点。"企业倾向于扩张直到在企业内部组织一笔交易的成本，等于通过在公开市场上完成同一笔交易的成本或在另一个企业中组织同样交易的成本为止。"②

威廉姆森发展了科斯关于企业的理论。他有影响的著作是 1975 年发表的《市场与等级结构》和 1985 年发表的《资本主义的经济制度》。威廉姆森继承了科斯的观点，认为市场和等级结构（企业）是两种相互竞争、相互替代的组织形式。但是市场作为一种交易管理机制在四种基本条件综合相互作用时就会失灵：第一，理性有限性；第二，机会主义行为；第三，未来不确定性；第四，小数目条件。在市场作为交易管理机制失灵的情况下，企业制度就应运而生了。③

---

① ［美］R. 科斯、A. 阿尔钦、D. 诺斯等：《财产权利与制度变迁——产权学派与新制度学派译文集》，上海三联书店、上海人民出版社 1994 年版，第 21 页。

② ［美］罗纳德·哈里·科斯：《企业、市场与法律》，格致出版社、上海人民出版社 2009 年版，第 43 页。

③ 汤敏、茅于轼主编：《现代经济学前沿专题》（第一集），商务印书馆 1989 年版，第 71 页。

　　威廉姆森的分析是从人开始的，在新古典经济学的传统中，人被假设为所谓"经济人"，即在给定的条件下和环境中人能做出充分而合理的决定。譬如他在知道了成本和价格后，就会合理地选择生产规模以达到获得最大利益的目的。然而，由于信息传播的效率和信息接受能力等因素的限制，人的理性是有限的。威廉姆森进一步假设，经济活动中的人，不仅是有限理性的，而且总是尽最大能力保护和增加自己的利益，也就是说，经济中的人都自私，不但自私，只要能够利己，就不惜去损人。当然人的行为受法律制约，违反了法律，就要受到法律制裁，所以法律使损人利己的行为受到节制。威廉姆森把人的这种本性称作机会主义。只要一有机会，人就会不惜损人利己。机会主义行为直接影响了市场效率。市场上交易的双方不但要保护自己的利益，而且要随时提防对方的机会主义行为。每一方都不知道对方是否诚实，都不敢轻率地在对方提供的信息的基础上作决定。机会主义的存在使交易费用增加。同时，经济活动的不确定性又进一步增加了交易费用。假设甲乙双方在谈判一个合同，合同的执行期为一年。由于不确定性的存在，这一年中各种情况都可能发生，为了防止不确定性带来的风险，交易双方可以将合同写得十分复杂，包罗万象，把一切可以预想发生的事情及甲乙双方在不同条件下的责任都详细罗列下来，以备万一之需。但人类的理性能力在任何一个时刻毕竟是有限的，预想一切可能发生的未来事件几乎是不可能的。

　　正因为如此，一旦交易本身很复杂，面面俱到的合同几近不可能。即便可能，合同越趋复杂化，交易费用就越高，市场作为一种交易的管理机制效率就越低，甚至不能完成交易。这就是所谓市场作为交易管理机制的一种失败。这种失败在理性有限、机会主义行为及未来不确定性几种因素综合发生作用时就可能产生。但市场上还有一种力量可以保障市场机制的正常运行。这就是竞争这个因素。如果市场是一个竞争的市场，也就是说，有许许多多的买主和卖主，机会主义的行为就很难产生，市场的效率就会增强。这是因为市场上的竞争性越强，买卖的一方对另一方的依赖性越小，机会主义的行为会使机会主义者丢掉生意，经济利益使机会主义的行为或企图受到压抑。反之，如果一个市场不是竞争性的，譬如垄断，在这种条件下，市场作为交易管理机制的效率就最低，这就是交易费用经济学中讲的"小数目条件"。市场上的角色数目越少，市场机制就越不灵。当市场为垄断结构所控制，依赖垄断的另一方要付出很高的代价，换言之，对于非垄断的一方，市场交易费用十分高昂。所以，在有限理性、机会主义行为、未来不确定性和小数目条件下，市场作为交易管理机制就会失灵，这样，企业作为市场交易机制的替代物就产生了。在企业内部几乎不存在交换，只存在资源的分配，行政命令的等级结构替代了市场，这个替代过程是由经济效益，即节省交易费用为推动力的。

2. 契约理论

科斯认为，与市场通过契约形式完成交易不同，企业依靠权威在其内部完成交易。企业形成的原因，是为了减少市场交易费用，而把交易转移到企业内部。科斯的结论是，企业会扩大到如此程度，使得在企业内部再进行一次交易的费用等于同样的交易在市场上完成的费用。

阿尔钦和登姆塞茨在1972年发表了一篇影响很大的论文《生产、信息费用与经济组织》。尽管这两位学者深受科斯的影响，在这篇文章中，他们反对科斯有关企业具有权威特征的论点。"一般认为，企业的特征是通过比普通的市场拥有更为优越的权利（如命令、强制或对行动的纪律约束等）来解决问题的。这是一种幻觉。企业并不拥有自己所有的投入，它也不具有命令、强制及对行动的纪律约束等权利，这同任何两个人之间普通的市场合约没有丝毫不同。"[1] 他们认为企业并非是对市场的替代，命令或强制性计划也不是企业的本质特征。企业从本质上说是一种契约关系，是各种要素投入的所有者所签订的契约。"它是一个队生产进程中的集权的合约代理人——它并不具有更为优越的强制性指令或惩戒权力。"[2] 在这里，他们提出了队生产的概念。生产需要多人合作完成，这就是队生产。其要素包括：（1）使用几种类型的资源；（2）其产品不是每一参与合作的资源的分产出之和，由一个追加的因素创造了队组织问题；（3）队生产所使用的所有资源不属于一个人。

在多人合作生产的条件下，每个队成员都企图偷懒，因为无法通过观

---

① ［美］R. 科斯、A. 阿尔钦、D. 诺斯等：《财产权利与制度变迁——产权学派与新制度学派译文集》，上海三联书店、上海人民出版社1994年版，第59页。

② 同上书，第61页。

察来确定个人对队生产所做出的贡献。譬如当两个人联合将一重物运上卡车时，我们只能观察到他们每天装载的总重量，却无法确定每个人的生产率。如果仅仅观察总产出，就很难确定单个人对他们联合投入的产出所做出的贡献。这种情况下，对每个队成员来说，偷懒是一种理性选择，"搭便车"行为将无法避免。

减低偷懒的一种方式是，由某人专门作为监督者来检查队员的投入绩效。但是，谁来监督监督者呢？各种要素的投入者为了解决这个问题，就聘请一位专家，由他来专门监督队成员在队生产中的表现。为了保证这位专家有充分的积极性来对队成员进行监督，队成员将通过监督所增加的产出交给他。同时，为了保证监督有效，队成员还给予他留用和开除队成员的权力。"我们使用'监督'一词来意指除它所含的纪律以外的一些活动，包括对产出绩效的衡量，按比例地分配报酬，以及作为检察与估计投入的边际生产率的方式来观察投入者的投入行为，并给出应该做什么和怎么做的分派与指令（正如我们后面将要表明的，它还包括强制性地终止或修改合约）。"[①] "获得残余报酬的专家将成为对成员的监督者（即他将管理合作性投入的使用）。监督者通过他所带来的偷懒的减少来获取他的残余，这不仅包括经他同意支付给投入所有者的价格，而且包括观察与指导这些投入的行为与使用。"[②]

由此，这位享有残余权利的监督者就成了企业家，而队生产就成了一个企业。"每个队员与企业所有者（即对所有投入合约是共同的团体，以及享有残余权利的人）之间的相互关系是一种简单的报酬合约。每个人都可以从事买卖，雇员可'命令'队的所有者向他支付货币，在同样意义上雇主也可以指令队员执行某些行动。"[③] 因此，企业就是为了解决队生产中信息不完全而形成的契约，它能比非集权的契约安排更好地解决队生产中的偷懒—信息问题。

[①] ［美］R. 科斯、A. 阿尔钦、D. 诺斯等：《财产权利与制度变迁——产权学派与新制度学派译文集》，上海三联书店、上海人民出版社 1994 年版，第 67 页。

[②] 同上书，第 68 页。

[③] 同上书，第 69 页。

二　企业的目标

企业的目标是什么？或者说企业的经济目标是什么？这也是经济学家颇有争议的问题。目前，主要的观点有利润最大化、股东财富最大化、企业价值最大化、销售收入最大化等。

1. 利润最大化

利润最大化是新古典经济学的理论基础。不管企业采取什么样的形式，企业的社会功能是一样的：购买各种经济资源或生产要素，如劳动要素、资本要素和原材料等，经过企业内部的生产过程，把它们转化为新的产品或服务提供给社会。企业购买生产要素进行产品的生产和服务的提供，企业从事这些经济活动的目标是为了什么呢？以马歇尔为代表的新古典经济学家一般都假定企业追求的是利润最大化，这个利润在早期的经济理论中被认为是当期的或短期的利润。

2. 股东财富最大化

股东财富最大化是指通过财务上的合理经营，为股东带来最多的财富。20世纪50年代以来，随着各国经济的高速增长，企业为了筹集资金的需要，纷纷发行股票、债券，导致股权分散化。60年代经济学家提出股东财富最大化的企业目标。传统上，人们认为股东承担了企业全部剩余风险，也应享受因经营发展带来的全部税后收益。在股份公司中，股东财富由其所拥有的股票数量和股票市场价格两方面来决定。在股票数量一定时，当股票价格达到最高，则股东财富也达到最大。所以，股东财富最大化，又演变为股票价格最大化。

3. 企业价值最大化

如果说企业目标是股东财富最大化，但现实的问题是在所有权和经营管理权分离的情况下，企业管理者未必把企业所有者的目标函数作为自己的目标函数。因为企业管理者作为独立于企业所有者的主体，有其自己的目标函数，如管理者收入的最大化。随着人们对货币的时间价值以及风险的认识加深，经济学家提出了能反映长期利润大小的"企业价值"的概念，提出企业的经营活动的目的是追求企业价值的最大化。在这里，企业价值是指企业未来预期利润收入的现值之和，具体地说，企业价值等于企业未来预期现金流量的现金之和。①

4. 销售收入最大化

在现实生活中，有的企业特别是一些大企业往往谋求在获得一定利润的条件下，实现销售收入的最大化。在保证获得一定利润的条件下追求销售收入最大，是企业行为的多目标模式中最常见的模式。它最早是由美国经济学家鲍莫尔提出的。这一模式假设：一旦企业的利润达到可以接受的水平，企业的利润目标与增加销售收入的目标相比，就会处于次要地位。企业的经理人员宁可放弃较高的利润，也要追求更大的销售收入。鲍莫尔认为，企业之所以要追求最大的销售收入，是因为销售收入是衡量企业绩效的重要尺度。销售收入的大小反映消费者对企业产品的认可程度、在市场上的竞争地位和企业的经营规模，而这些对提高企业的活力都是十分重要的。另外，扩大销售收入也是经理人员谋求个人目标的基础，例如，经理人员的工资和声誉很大程度上是与企业的经营规模相关的。但谋求销售收入最大化必须以保证企业有足够的利润为前提。这个利润水平一方面应能使股东满意；另一方面应有利于企业吸引外部资金。②

三 企业的特征

交易费用经济学认为，如果交易费用不存在，企业则失去了存在的意义。我们知道市场中的关系是一种交换关系，而企业内部的关系是一种隶属关系，市场的功能是作为交易的媒介，那么企业的真正功能是什么呢？企业不同于市场的根本之处在于它具有生产的功能。单伟建在《交易费用经济学的理论、应用及偏颇》一文中指出："资本主义企业具有如下几种特征：一、企业的股东是生产资料或其财产权的所有者。二、资本主义企业生产需要生产资料与劳动力的结合。三、它为市场生产商品或提供服务。四、资本主义企业生产的基本目的在于获取利润。"③ 概括而言，企业

---

① 吴德庆、马月才、王宝林编著：《管理经济学》，中国人民大学出版社 2010 年版，第 14 页。

② 同上书，第 225 页。

③ 汤敏、茅于轼主编：《现代经济学前沿专题》（第一集），商务印书馆 1989 年版，第 81 页。

的基本特征有如下几个方面。

第一，企业是生产性组织。从社会分工的角度，社会赋予企业的基本功能就是通过筹集资金，组织生产要素，向社会提供产品和服务，以满足个人消费者和其他组织的需要。企业提供的产品或服务，可以称为私人产品，它与具有非排他性和非竞争性的公共产品不同。

第二，企业是自主经营、自负盈亏的经济组织。企业独立自主地做出生产决策，并承担经营中的各种风险。如果企业盈利，企业就能够继续发展；如果企业经营不善，亏损严重，以至于资不抵债，则企业会破产、倒闭。

第三，企业内部是一个科层制的等级结构。科层制，马克斯·韦伯又称其为"官僚制"，他是现代大型组织的主要结构形式。企业的组织结构犹如一座金字塔一样，其顶端是组织的权力中心，它通过自上而下的权力分布关系网，逐级控制数量递增的下属层次，下级服从上级是科层制的原则，上下级之间是管理与被管理、命令与服从的关系。企业通过科层制来实现内部的分工协作和资源配置。尽管现代企业的组织结构趋于扁平化，但科层组织的特性仍然存在。企业内部的交易和资源配置是通过一层一层的行政隶属关系，遵照行政命令来完成的。

第四，企业是盈利性组织。企业要考虑以尽可能少的人、财、物等资源投入，获得尽可能多的收入。盈利性是企业区别于其他社会组织的根本属性之一。我们根据组织是否具有盈利性将其分为私人部门与公共部门。企业属于私人部门，它通过向社会提供私人产品或服务，实现盈利性目的。

第二节　企业制度的演进

企业社会责任的变化是与企业制度的演进密切相关的。企业制度从个人业主制、合伙制到公司制的演进，导致企业和社会之间的边界不断延伸、扩展，由此，导致社会责任领域的扩大。从历史上看，企业并不是从来就有的。在最原始的市场上，交易活动的当事人都是个体生产者。到了现代，生产者绝大多数已经不是个体生产者，而是企业了。

一　个人业主制

个人业主制是企业制度的最早形式，企业通常为业主自己经营。个人业主制企业大部分都是非常微小的，今天我们也往往将其称为小微企业。从数量上看，个人业主制企业是占绝对优势的企业形式，如图 2-1 所示。个人业主制企业资本来源有限，企业发展空间受到限制，企业主对企业的全部债务承担无限责任，企业主的一切个人财产，除了极少数量以外，在法律上都可以被用来抵偿债务，企业经营的风险很大。如何筹集资金是个人业主制企业发展中面临的最大难题。

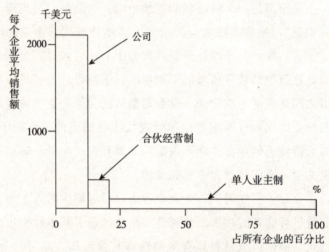

图 2-1　工商企业的三种类型

资料来源：［美］保罗·A. 萨缪尔森、威廉·D. 诺德豪斯：《经济学》（第 12 版）下册，中国发展出版社 1992 年版，第 712 页。

个人业主制企业在经济生活中占有庞大的数量，与合伙制和公司制企业相比，虽然单个企业对经济总量的贡献相对较小，但由于数量较多，各国的经验表明它在推动就业和技术创新、促进国民经济的增长方面具有不可替代的重要作用。

二　合伙制

合伙制企业是指两个或两个以上的自然人共同投资并分享剩余、共同监督和管理的企业制度。在这种企业制度中，所有权与经营权也是合一的，投资者——合伙人拥有企业的全部剩余。马歇尔认为："恢复一个企业的力量之最老和最简单的办法，就是从它的最能干的雇工中提拔若干人参加合伙的办法。"①马歇尔分析了合伙制产生的原因，其一是大工厂或大商店的专职的老板和经理，因为年事日增，觉得必须把责任越来越多地托付给他的主要下属：这一部分因为要做的工作日益繁重，一部分因为他自己的精力较前衰弱。他仍然掌握最高的管理权，但许多事情却不得不依靠他的下属之精力和正直；因此，如果他的儿子们还未长大，或是因为别的理由，还不能为他分担责任，则他就决定从他的可靠助手中提拔一人参加合伙。

合伙的另一原因是"一起举办困难的大事业"。条件较为相等的私人合伙组织，两个或更多的具有大约相同的财产和能力的人，把他们的资财合在一起以举办困难的大事业。在这种情况下，经营管理工作往往有明确的划分。例如，在工业中，一个合伙人有时差不多专门担任采购原料和销售成品的工作，而另一个合伙人负责工厂的管理；在一个商店中，一个合伙人管理批发部门，而另一个合伙人管理零售部门。使用这些和其他一些办法，私人合伙组织就能适应许多不同的问题：它是非常有力和非常有伸缩性的。

合伙制的主要缺点是无限的责任和散伙的问题。合伙制的有效性受合伙人规模的限制。当任何一个合伙人感到不满想退出时，整个的合伙制必须解散。合伙制的法律规定，非经其他合伙人的同意，任何合伙人不能把自己的份额出售给第三者。如果不能取得同意，整个合伙制必须结束。合伙制企业的另一个缺点是，合伙人共同承担着一切责任和债务。每一个合伙人对整个合伙制企业所欠的债务具有无限责任，一直到动用他全部个人财产。萨缪尔森举例说："假设他在合伙制企业中的份额是1%，如果企业失败了，他应该赔偿1%的亏损，而其他合伙人应赔偿99%。但是，如果其他人无力赔偿他们份额的任何部分，其后果如何？那时，1%份额的合伙人有责任赔

---

① ［英］马歇尔：《经济学原理》上卷，商务印书馆1964年版，第312页。

偿全部份额，即使这意味着他必须卖掉他的珍本图书和家庭住宅。"① 当个人财产的安危成为问题时，人们就不大愿意把他们的资本投入他们不能行使控制权的复杂而有风险的行业。所以，合伙制面临的第三个缺点是大量筹资的困难。公司制企业的出现弥补了合伙制的这一缺陷。

三　公司制

1. 公司的产生

公司萌芽于 15 世纪地中海沿岸国家的贸易契约。当时地中海地区贸易的发展超出了血缘家庭及合伙关系所能承担的范围，贸易规模的扩大需要更多的资金，同时贸易的风险也增大了。为了适应贸易的发展，出现了由船主或独立商人与投资人签订的一次性贸易契约，由船主或商人来经营，而由想分享贸易好处却又不愿承担贸易风险的人出资。贸易的利润按照契约分配，一旦贸易失败，则出资人的损失仅以其所投入的资本为限，不用承担无限责任。这种一次性的贸易契约可以看成是公司的萌芽形式。

15 世纪末的地理大发现，使得世界的贸易中心逐渐从地中海沿岸国家转移到了大西洋沿岸国家。16、17 世纪之间，英国和荷兰等国政府在重商主义的推动下，大力发展海上贸易，特许成立了一批贸易公司。当时，公司执照是由政府办颁发的，颁发的执照很少，而且只有通过皇帝或立法机关的特别法令才能颁发。例如，著名的东印度公司就是于 1600 年由伊丽莎白女王特许成立的这种有特权的公司。特许贸易公司一般靠募集股金成立，具有法人地位，由董事会监督下的经理人员来经营。他们与政治权力紧密结合，靠向政府提供贷款来换取特许状，并由此在经营上取得垄断地位。

18 世纪以来，随着工业革命的深入发展，社会经济结构发生了深刻的变革。正如诺斯所认为的那样，工业革命不仅是一场技术革命，更是一场深刻的经济革命。这场革命中制度创新和制度变革是决定性的推动力。诺斯认为制度创新和变革的三个可变因素是："（1）产权，它产生刺激经

---

① ［美］萨缪尔森：《经济学》上册，商务印书馆 1979 年版，第 147 页。

济活动的动力；（2）国家，它是规定和实施产权的单位；（3）意识形态，这是道德和伦理的信仰体系，它对个人认识如何转化为行为有影响。"① 正是由于这三方面相互作用，自 18 世纪中期以来，西方社会出现了持续的经济增长，人们的生活方式和生活标准发生了根本改变。他说假设一位古希腊人能被奇迹般地送到 1750 年的英国，他或她会发现许多熟悉的事物。不过，如果希腊人再晚两个世纪被送来，就会发现，自己宛如置身于一个"幻想的"世界，什么都不认识，甚至什么都不理解，人类的情况在那短暂的历史瞬间竟发生了这么多的变化。（1）人口前所未有的增长。人口统计学家估计，1750 年世界人口大约为 8 亿，1980 年超过了 40 亿。（2）西方社会达到的生活水平是以往不可比拟的。一般公民享有的奢侈品连早先社会最富有的人都得不到。此外，在发达国家，平均寿命几乎翻了一番。（3）在西方社会，农业不再是主导的经济活动；在经济中，工业和服务部门在重要性上取代了它。农业生产率的极大增长才使这一变化成为可能。在美国，5％的人口从事农业，可以供养其他 95％的人口，并仍足以使美国在农产品出口方面一直居于世界领导地位。而在殖民时代，人口在产业中的分布比例则相反。（4）结果，西方世界变成了一个城市社会，其含义为专业化扩大，分工，相互依赖和不可避免的外在效应。（5）技术变革连续不断，已经变成了常规。新能源被用来为人类造福，新物质、新材料不断被创造出来以满足人类的需要。②

　　制度创新和变革推动了人们对产权、竞争的逐渐认可，使得现代意义上的公司得以产生。"工业革命带来了大量的公司，而这些公司在日益激烈的竞争环境中的发展壮大则成了 19 世纪初的时代的特色。"③ "有限公司有着极大的发展潜力，随着工业化的发展，有限公司的生产规模、活动范围、资金和力量等也随之扩大起来。"④ 在 19 世纪的美国，早期的铁路公司往往花费一大笔钱通过议会来取得公司执照，其数额和奠定路基的钱差不

---

　　① ［英］马克·布劳格：《凯恩斯以后的 100 位著名经济学家》，商务印书馆 2003 年版，第 276 页。

　　② ［美］道格拉斯·C. 诺斯：《经济史上的结构和变革》，商务印书馆 1992 年版，第 181 页。

　　③ ［美］丹尼尔·A. 雷恩：《管理思想的演变》，中国社会科学出版社 1986 年版，第 47 页。

　　④ 同上书，第 103 页。

多。这种手续逐渐被认为是不公道的。1837年美国的康涅狄格州颁布了第一部公司法，其他各州也纷纷效仿。英国也于1844年颁布了公司法，放弃了特许制。公司法的颁布，几乎给予任何人为了任何目的而组成公司的特权，并不需要立法机关或国会通过特殊的准许法令。进入20世纪，公司制发展已成为现代市场经济体制中最主要的企业制度。

2. 公司的形式

公司制企业的主要形式有股份有限公司和有限责任公司。有限责任公司是指由五十个以下股东共同出资设立的、股东以其认缴的出资额为限对公司承担责任的一种非公众性、封闭性的公司。2013年修订的《中华人民共和国公司法》规定：有限责任公司由五十个以下股东出资成立。有限责任公司的注册资本为在公司登记机关登记的全体股东认缴的出资额。股东可以用货币出资，也可以用实物、知识产权、土地使用权等可以用货币估价并可以依法转让的非货币财产作价出资。股东应当按期足额缴纳公司章程中规定的各自所认缴的出资额。公司成立后，向股东签发出资证明书。股东按照实缴的出资比例分取红利。公司新增资本时，股东有权优先按照实缴的出资比例认缴出资。公司成立后，股东不得抽逃出资。有限责任公司的股东之间可以相互转让其全部或者部分股权，但股份转让有严格的限制。

股份有限公司是由一定人数的股东发起设立或募集设立、股东以其认购的股份为限对公司承担责任、股票可以在社会上公开发行和在股票市场上自由转让的公司。2013年修订的《中华人民共和国公司法》规定：股份有限公司的设立，可以采取发起设立或者募集设立的方式。发起设立，是指由发起人认购公司应发行的全部股份而设立公司。募集设立，是指由发起人认购公司应发行股份的一部分，其余股份向社会公开募集或者向特定对象募集而设立公司。设立股份有限公司，应当有二人以上二百人以下为发起人，其中须有半数以上发起人在中国境内有住所。股份有限公司采取发起人设立方式设立的，注册资本为在公司登记机关登记的全体发起人认购的股本总额。在发起人认购的股份缴足前，不得向他人募集股份。股份有限公司采取募集方式设立的，注册资本为在公司登记机关登记的实收股本总额。以募集方式设立股份有限公司的，发起人认购的股份不得少于公司股份总额的35%。股份有限公司的资本划分为股份，每一股的金额相等。公司的股份采取股票的形式。股票是公司签发的证明股东所持股份的凭证。股份有限公司成立后，即向股东正式交付股票。股东持有的股份可以依法转让。

我国《公司法》规定公司的组织机构由股东大会（有限责任公司为股东会）、董事会、监事会、经理等组成。股东大会（或股东会）由全体股东组成，是公司的权力机构。股东大会（或股东会）会议由股东按照出资比例行使表决权。公司设董事会，有限责任公司的董事会成员为三人至十三人，股份有限公司的董事会成员为五人至十九人。董事会对股东大会（或股东会）负责。董事会决议的表决，实行一人一票。公司设立经理，由董事会决定聘任或者解聘，经理对董事会负责。公司设监事会，其成员不得少于三人。股东人数较少或者规模较小的有限责任公司，可以设一至二名监事，不设监事会。

公司制对于个人的好处是它实行有限责任，降低了所有者的经营风险；它对于社会的好处是可以不断扩大规模，提高经济效益。马歇尔认为公司制是一种民主的企业组织形式，具有远大的发展前途。"股份公司有很大的伸缩性，如果它所从事的业务提供广大的活动范围，它就能无限制地扩充；而且差不多在一切方面它都占着优势。"[1] 但是，马歇尔同时也看到公司的有效控制是一个问题，但他并没有找到解决办法。随着产权经济学和新制度经济学的发展，公司的有效控制问题才得到关注。

表 2-1　　　　　　　　　合伙制和公司制比较

	公司制	合伙制
流动性和可交易性	股份可以交易而公司无须终结，股票可以在交易所上市交易	产权交易受到很大限制；一般无合伙制的产权交易市场
投票权	每股有一投票权，表决重大事项和选举董事会；董事会决定高层经理	有限合伙人有一定投票权；一般合伙人独享控制和管理经营
税收	双重征税；公司收入缴纳公司所得税；股东所获股利缴纳个人所得税	合伙制无须缴纳企业所得税；合伙人根据从合伙企业分配的收入缴纳个人所得税
再投资和分红	公司拥有较大的自由度决定股利支付比例	一般来说，合伙制企业不准将其现金流量用于再投资；所有的净现金流量分配给合伙人

[1] ［英］马歇尔：《经济学原理》上卷，商务印书馆1964年版，第314页。

	公司制	合伙制
责任	股东个人不承担公司的债务	有限合伙人不承担合伙企业的债务；一般合伙人可能要承担无限责任
存续	公司具有永恒存续期	合伙制企业仅有有限存续期

资料来源：［美］罗斯等：《公司理财》（原书第6版），北京机械工业出版社2005年版，第11页。

四　所有权和管理权的分离

在公司制企业发展早期，企业只有少数的个人股东，即股权结构相对集中。但是，伴随着企业规模的扩大，也伴随着资本市场的发展，公司的股权结构逐步分散化，大量的公司股票分散到社会公众手中。钱德勒指出："当多单位工商企业在规模和经营多样化方面发展到一定水平，其经理变得越加职业化时，企业的管理就会和它的所有权分开。……当企业的创立和发展需要大笔外来资金时，所有权和管理权之间的关系就会有所不同。……许多现代工商企业既不是由银行家也不是由家族所控制。所有权变得极为分散。股东并不具备参与高阶层管理的影响力、知识、经验或义务。支薪经理人员既管理短期经营活动，也决定长远政策。他们支配了中低阶层和高阶层的管理。这种被经理人员所控制的企业可以称之为经理式的企业，而此种公司占支配地位的经济系统则可称之为经理式资本主义。"①

所有权和管理权的分离，一方面，如马歇尔所言"它对于具有经营管理的天才、而没有继承任何物质资本或营业关系的人，提供了很大的机会"②。另一方面，在公司内部产生了两层委托代理关系。首先是全体股东将他们的资产委托给他们选出来的董事会来监督和管理，然后是董事会将这些资产委托给他们所雇佣的经理去经营。在这种委托—代理的关系下，作为企业资产所有者的股东并不直接管理企业，而直接管理企业的经理并不是企业的所有者。

从理论上来说，在任何委托—代理关系下面，都会存在着代理人行为

---

①　［美］钱德勒：《看得见的手——美国企业的管理革命》，商务印书馆1987年版，第9、10页。

②　［英］马歇尔：《经济学原理》上卷，商务印书馆1964年版，第314页。

与委托人目标之间的差异。代理人一般都有自己的效用最大化目标，而且该目标与委托人的目标往往是不一致的。当代理人的行为或其行为的结果无法被委托人充分观察到的时候，代理人就有可能采取牺牲委托人利益的行为来满足自己的最大化目标。在公司的股东和经理之间的委托—代理关系中也存在着这样的问题，经理的目标与股东的目标是不完全一致的，这样就产生了代理问题和代理成本。

在信息不对称的情况下，委托—代理问题表现为道德风险和逆向选择。签约前在委托人不完全了解代理人的私人信息的前提下，代理人可能利用信息优势对委托人进行欺骗，此即逆向选择。一般来说，股东很难在签约以前拥有关于经理工作技能、教育水平等完备的私人信息。由于信息不对称，企业在雇佣经理时，不一定能够雇佣到那些工作能力高的人。签约后由于仍存在信息不对称问题，如经理拥有股东所没有的关于自己努力水平和内部经营情况的私人信息，代理人可能利用私人信息把委托人的利益转移到自己名下，如侵蚀投资者资金、增加在职消费，或者偷懒等，这被称为道德风险。

如何防止逆向选择和道德风险，如何使经营者能够像古典资本主义企业的企业家那样有积极性努力工作？如何监督经理的行为，以使其按照所有者利益最大化目标行事？加强董事会对经理的监督作用是解决委托—代理问题的一条途径，但是由于信息不对称情况无法完全消除，所以加强监督的作用总是有限的。从公司内部来看，另一条途径就是设计有效的激励机制，使经理人员的利益与公司的利益相挂钩。

激励机制的设计跟企业的产权制度相关。在个人业主制企业中，企业完全是个人所有，所有权与管理权是合一的，业主的收入直接取决于他的努力程度，因而其激励是充分的。在公司的委托—代理关系中，股东不可能掌握代理人工作情况的完全信息，在这种情况下，再详尽的委托—代理合同也无法解决委托—代理问题。因此，将一部分剩余索取权交给经理就成了解决公司委托—代理问题的一条思路。具体的形式可以是提高经理的货币收入，或让经理持有公司的股票或股票期权。

经理的报酬一般由固定工资、奖金、股票和股票期权等构成。每一种形式的报酬都既有优点，又有缺点。固定工资虽不利于激发人的积极性，但它能提供可靠的收入，起到保险的作用；奖金基于当年企业的经营状况，具有刺激作用，但会导致经理经营行为短期化，即以牺牲公司的长远利益来换取当前的绩效，同时，也不能完全反映他们的真实贡献；股票与股票期权最能反映真实业绩，即让经理人员持有本公司的股票，规定在未来某个时期可以以当初约定的价格转让。由于股票期权的价值高低与未来的股价相关，因此，经理为了增加这部分收入的价值，就必须以增加公司股票在未来的价格为目标，这样经理的经营目标就会偏向企业的长期利润最大化。股票与股票期权最具有刺激作用，但风险太大。除了这些报酬形式，经理人员还可获得退休金等福利。由于退休金是经理在退休以后的主要收入，而一旦被解聘，就得不到退休金，所以退休金的高低往往直接影响到经理人员对本公司的忠诚度。各种报酬形式各有各的作用，所以最优的报酬设计是所有不同形式的最优组合。

外部市场的竞争是解决委托—代理问题的另一条重要途径。外部市场对于制约经理的行为起着重大的作用。对经理的工作绩效产生重大影响的外部市场主要是劳动力（经理）市场、产品市场和资本市场。如果这三类市场是充分竞争的，那么企业委托—代理关系中的信息不对称问题将得到很大程度上的解决。

1. 经理市场的竞争

经理是劳动力的特殊部分，所以经理市场其实是一种高级的要素市场。经理市场的竞争会对经理施加有效的压力。如果一个经理把企业搞得一塌糊涂，那么在经理市场上，他的个人资本就会贬值，经营不善的经理人员有可能随时被竞争者替代，因此会给经理人员造成压力，促使其充分考虑到股东的利益，努力工作。

2. 产品市场的竞争

在充分竞争的产品市场上，产品市场的激烈竞争会迫使经理有效率地工作，努力搞好公司的生产经营管理，进行产品和技术创新，提高产品的竞争力。反之，如果产品市场是垄断的，则经理的压力要小很多。衡量经理经营业绩的一个重要方面就是看公司的生产成本是不是过高。然而关于生产成本的信息只有了解生产过程的经理人员才知道，作为所有者的股东是难以准确掌握的。但是，如果在产品市场上存在着充分的竞争，产品的价格将非常接近产品的平均成本从而不存在垄断的利润，则股东可以通过观察产品的市场价格获取这方面的信息。

哈特用下述模型解释了产品市场的竞争。① 假定同一产品市场上有许多企业，它们的生产成本是不确定的，但统计是相关的。这样，产品市场的价格便包含着其他企业成本的信息。同时，相关性使得这个价格也包含了被考虑的企业的成本信息。这一点很重要。如果被考虑的企业的所有者与经营者是分离的话，那么，只有经营者才知道企业的成本，而所有者并不知道。现在，产品市场的价格可以向所有者提供这一信息，而这只有在产品市场竞争的条件下才有可能。下一步，哈特假定社会中有一部分企业由经理控制，而另一部分企业由所有者直接控制。由于后者不存在两权分离问题，企业会把成本降到最低，从而压低产品市场的价格。这样，由所有者控制的企业越多，"竞争"就越激烈，价格就压得越低，从而对两权分离的企业中的经理的压力就越大，因而促使他们也努力降低成本。

3. 资本市场的竞争——对公司控制权的争夺

资本市场是联结资金来源和用途的地方，包括股票市场、债券市场、资金借贷市场、企业购并市场等。资本市场竞争的实质是对公司控制权的争夺，它的主要形式是接管。接管被认为是防止经理损害股东利益的最后一种武器。在现代市场经济中，虽然每一个投资者在某一企业中的股份很小，不足以对经理实行有效的监督，但是由于股份可以自由买卖，分散在千百万人手中的股份就可能被集中起来。如果经理经营不善，公司的股票价值会下跌，于是，有能力的企业家或其他公司就能用低价买进足够的股份，从而接管该企业，解雇现任的经理，重新组织经营，获取利润。所以，资本市场上对公司控制权的争夺会对公司的经理造成一定的压力，促使其不断改善经营以使公司的股票价值能够上升。

沙尔夫斯坦建立了如下的模型，用以证明资本市场的竞争的确可以刺激经理努力工作。② 假定企业的生产条件只为经理所知而不为企业股东所知。于是，股东可以同经理签订某种契约来激励经理。由于信息不完全，

① 汤敏、茅于轼主编：《现代经济学前沿专题》（第一集），商务印书馆 1989 年版，第 21 页。
② 同上书，第 22 页。

这种契约的效率不高。假定在资本市场上有一些"袭击者"，他们可以获得有关企业生产条件的信息。可以证明，由于企业有被接管的可能性，经理会比在没有"袭击者"的条件下工作要努力。

由上述分析可知，在公司制企业中，由于所有权和管理权的分离，产生了委托—代理问题。企业可以运用内部的激励机制和外部市场的竞争机制来解决代理问题。20 世纪 90 年代，人们又提出了公司治理，用以解决代理问题。关于公司治理，我们将在第九章详细讨论。

第三节　利益相关者理论

企业组织的活动曾经是较为简单的，出资人创办企业，并从事经营管理。随着规模的扩大和业务发展的需要，出现了合伙经营。为了筹措资金和永续经营，出现了公司。然而公司制企业的出现，使企业与社会之间的关系变得日益密切和复杂。企业除了要与股东、员工、顾客打交道外，还要与供应者、公众、政府、媒体、社区等打交道，企业发展为一个由各种利益相关者组成的集合体。有学者将现代企业称为"利益相关者的公司"。现代企业是否可以看作一个利益相关者的公司呢？本节就利益相关者理论进行讨论。

一　利益相关者的概念

潘罗斯被认为是"企业利益相关者理论的先行者"，她在 1959 年出版的《企业成长理论》一书中提出了"企业是人力资产和人际关系的集合"的观念，从而构建了"利益相关者理论"的知识基础。1963 年，美国上演了一出名叫"股东"的戏。斯坦福研究院的一些学者受此启发，利用另外一个与之对应的词"利益相关者"来表示与企业有密切关系的所有人。他们给出的利益相关者的定义是：对企业来说存在这样一些利益群体，如果没有他们的支持，企业就无法生存。这个定义对于利益相关者界定的依据是，某一群体对于企业的生存是否具有重要影响。虽然这种方法是从非常狭义的角度来看待利益相关者的，但是它毕竟使人们认识到，企业存在的目的并非仅为股东服务，在企业的周围还存在许多关乎企业生存的利益群体。

安索夫是最早正式使用"利益相关者"一词的经济学家，他认为，"要制定理想的企业目标，必须综合平衡考虑企业的诸多利益相关者之间相互冲突的索取权，他们可能包括管理人员、工人、股东、供应商以及顾客"。在20世纪70年代，利益相关者理论开始逐步被西方企业接受，经济学家蒂尔曾经这样描述利益相关者理论的影响："我们原本只是认为利益相关者的观点会作为外因影响公司的战略决策和管理过程……但变化已经表明我们今天正从利益相关者影响迈向利益相关者参与。"

1984年，弗里曼给出了一个广义的利益相关者定义。他认为，利益相关者是"那些能够影响企业目标实现，或者能够被企业实现目标的过程影响的任何个人和群体"。这个定义不仅将影响企业目标的个人和群体也视为利益相关者，同时还将受企业目标实现过程中所采取的行动影响的个人和群体看作利益相关者，正式将当地社区、政府部门、环境保护主义者等实体纳入利益相关者管理的研究范畴，大大扩展了利益相关者的内涵。"弗里曼的观点与当时西方国家正在兴起的企业社会责任的观点不谋而合，受到许多经济学家的赞同。并成了20世纪80年后期、90年代初期关于利益相关者界定的一个标准范式。"①

二　利益相关者的分类

从传统的生产观点来看，企业的利益相关者只是那些供应资源或购买产品、服务的个人或群体。随着企业制度的演变和竞争的加剧，对于企业来说，存在着这样一些群体，没有他们的支持，企业无法生存，如供应商、股东、顾客、员工等；同时，企业的经营活动也会影响一些群体的利益，如社区、政府、公众等。企业实际上逐渐演变为一个由各方利益相关者组成的一个集合体，企业与利益相关者之间形成了一种相互作用、相互影响的关系，如图2-2所示。

在图2-2中，企业的利益相关者有六种：股东、员工、消费者、社区、政府、供应商。对于这些不同的利益相关者群体，我们如何认识它们对于企业的影响和作用呢？下面来看利益相关者的分类。

---

① 　贾生华、陈宏辉：《利益相关者的界定方法述评》，《外国经济与管理》2002年第24卷第5期。

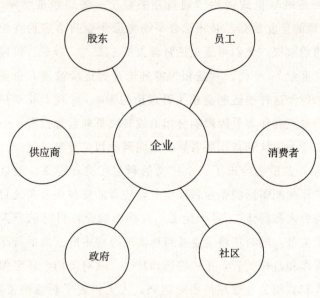

图 2 - 2　企业的利益相关者

1. 主要和次要的利益相关者

　　惠勒和西兰帕根据主要和次要、社会和非社会的类别把利益相关者划分为四类,如表 2 - 2 所示。① 主要的社会利益相关者如股东和投资者、普通雇员和管理者、顾客、当地社区、供应商和其他合作企业等,在企业中拥有直接的权益,对企业的成功起着直接的影响作用。次要的社会利益相关者如政府和监管机构、市政机构、社会压力群体、媒体和学术评论者、贸易团体、竞争者等,对企业也具有极大的影响力,尤其是在企业的声誉和社会地位方面。企业对次要利益相关者负有的责任往往较小,但是这些利益相关群体对企业可能产生十分重要的影响并颇能代表公众对企业的看法。主要的非社会利益相关者如自然环境,对于企业的影响十分重大,保护自然环境已成为企业重要的社会责任。次要的非社会利益相关者包括环境保护压力群体和动物福利组织,他们对于企业也在不断地施加压力,以促使企业将环保纳入决策体系。

---

　　① ［美］阿奇·B. 卡罗尔、安·K. 巴克霍尔茨:《企业与社会:伦理与利益相关者管理》(第 5 版),机械工业出版社 2004 年版,第 46 页。

表2-2　　　　　　　　　　　　　主要和次要的利益相关者类型

主要的社会利益相关者包括：	次要的社会利益相关者包括：
• 股东和投资者 • 普通雇员和管理者 • 顾客、当地社区 • 供应商和其他合作企业	• 政府和监管机构 • 市政机构 • 社会压力群体 • 媒体和学术评论者 • 贸易团体 • 竞争者
主要的非社会利益相关者包括：	次要的非社会利益相关者包括：
• 自然环境 • 未来的几代人 • 非人类物种	• 环境保护压力群体 • 动物福利组织

2. 核心、战略、环境的利益相关者

核心利益相关者是对组织生存具有决定意义的战略利益相关者中的一个子类。战略利益相关者是指对组织继续生存下去以及对组织在某一特定时期如何有效应对一系列特殊的威胁和机会乃是至关重要的那些利益相关者群体。环境利益相关者是指组织环境中核心、战略的利益相关者除外的其他所有利益相关者。① 如图2-3所示。

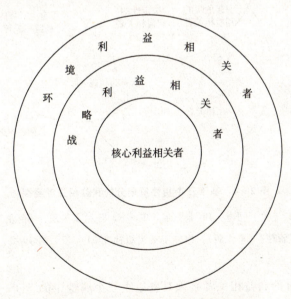

图2-3　核心、战略和环境的利益相关者

① ［美］阿奇·B.卡罗尔、安·K.巴克霍尔茨：《企业与社会：伦理与利益相关者管理》（第5版），机械工业出版社2004年版，第48页。

3. 利益相关者的特性：合理性、影响力和紧急性

米切尔基于合理性、影响力和紧急性对利益相关者进行分类，如图 2 - 4 所示。合理性是指企业所认为的某一利益相关者对某种权益要求的正当性。譬如由于所有者、雇员和顾客与公司有着明确的、正式的和直接的关系，其要求的合理性就大于与公司关系较为疏远的社会团体、竞争者、媒体等，后者的要求被视为有较低的合理性。影响力是指生成某种结果（做成了用其他办法做不成的事情）的才干或能力。紧急性是指利益相关者需要企业对他们的要求给予急切关注或回应的程度。

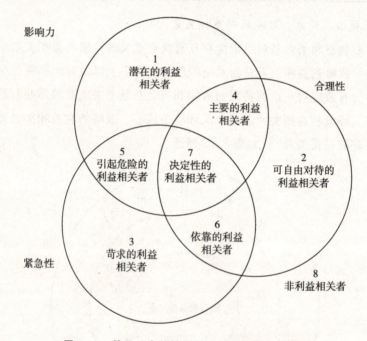

图 2 - 4　基于三个特性所划分的利益相关者类型

资料来源：[美] 阿奇·B. 卡罗尔、安·K. 巴克霍尔茨：《企业与社会：伦理与利益相关者管理》（第 5 版），机械工业出版社 2004 年版，第 49 页。

企业所有的利益相关者必须具备以上三个属性中的至少一种。决定性的利益相关者同时拥有合理性、影响力和紧急性，这是企业首要关注和密切联系的对象，包括股东、雇员和顾客。具备三种属性中任意两种的有三类：同时拥有合理性和影响力的是主要的利益相关者，如投资者、雇员和

政府部门等；同时拥有合理性和紧急性的群体是依靠的利益相关者，如媒体、社会组织等；同时拥有紧急性和影响力，却没有合理性的群体是引起危险的利益相关者，比如，一些政治和宗教的极端主义者、激进的社会分子，他们往往会通过一些比较暴力的手段来达到目的。只具备三种属性之一的是潜在的利益相关者、可自由对待的利益相关者和苛求的利益相关者。

三 利益相关者管理的原则

多伦多大学管理系的马克斯·克拉松教授曾长期致力于利益相关者的研究，他在多年观察研究的基础上，提炼出一组利益相关者管理的原则，即克拉松原则。其内容包括七点原则。[①]

原则1 管理者应该尊重和积极监控所有合理合法的利益相关者对企业的关注，并应该在决策及实施中适当考虑他们的利益。

原则2 管理者应该多听取利益相关者的想法，了解他们的贡献，与他们进行开诚的沟通。

原则3 管理者所采取的程序和行为方式应基于对第一利益相关者及其支持者的关注和能力所做出深刻的理解。

原则4 管理者应该认可利益相关者可自主地开展其活动并获得相应的报酬；对他们在企业活动中所担负的责任及利益的分配上，应该努力做到公平；并重视他们各自可能碰到的风险以及可能遭遇的损害。

原则5 管理者应该与利益相关人或群体协同共事，采取得力措施使得所开展的企业活动给他们造成的风险和损害最小化，但当不可避免时，就应该给予适当的补偿。

原则6 管理者应该与利益相关者一起避免介入或开展这样的活动——可能造成对不可剥夺人生权利（比如生存权）的侵犯，可能出现的风险显然不为其他有关的利益相关者所接受的活动。

原则7 管理者应该承认管理者本人也是企业的利益相关者，他们自

---

① ［美］阿奇·B.卡罗尔、安·K.巴克霍尔茨：《企业与社会：伦理与利益相关者管理》（第5版），机械工业出版社2004年版，第60页。

己要完成的任务与他们对其他利益相关者的利益所应负有的法律及道义上的责任这两者之间，存在发生冲突的可能。管理者应该通过开诚沟通、及时沟通、激励措施以及必要的第三方介入的办法，处理所发生的此类冲突。

随着企业制度的演进，我们看到企业自身发生了很大变化，企业目标从以利润最大化向多元化发展；企业与社会的关联更为广泛和深入，包括股东、董事、经理人、员工、债权人、客户、供应商、所在地居民、政府、自然环境，等等；而且，员工、顾客、政府、社区等非股东利益相关者的地位日益提高，促使企业必须重视非股东利益相关者的利益。所有这些变化推动现代企业发展成为一个"利益相关者公司"，而不仅仅是所有者的公司。由此，我们可以得到这样的结论：企业的社会责任从某种意义上来说就是对利益相关者的责任。本书在接下来的几章里，将以此为基础探讨企业的社会责任。

第三章　企业社会责任的伦理学基础

在了解企业性质的基础上，需要进一步澄清的问题是企业应当做什么，不应当做什么，怎样做才是对社会负责任的行为？企业社会责任的本质是做对社会有益的事，为增进社会福利做贡献，即采取善举、善行，也就是道德评价认为符合社会道德原则和规范的行为。所以，企业社会责任的理论基础根源于伦理学对于什么是善，什么是恶的认识。关于善与恶历史上形成了效果论、义务论和德性论三种主要的理论。什么是负责任的行为？什么是对社会有益的行为？效果论、义务论和德性论给出了不同的解答。本章首先从"斯密问题"说起，探讨企业与道德的关系。然后就道德评价中的善恶观进行分析，主要介绍效果论、义务论和德性论，这是理解企业社会责任内涵的基础。

第一节　"斯密问题"

寻找企业社会责任的道德根据，有必要从"斯密问题"说起。英国古典经济学家、伦理学家亚当·斯密（1723—1790）一生从事学术研究，留下了两部传世佳作《国民财富的性质和原因的研究》（简称《国富论》）和《道德情操论》。后人在探讨这两部著作的关系时，发现了"斯密问题"。

一　什么是"斯密问题"

早在19世纪中叶德国历史学派的经济学家就提出了所谓的"亚当·斯密问题"，即《道德情操论》和《国富论》对比悬殊、相互矛盾的问题。他们认为，斯密在《道德情操论》中把人们的行为归结于同情，而在《国富论》中却把人们的行为归结于自私。他们说，斯密在《道德情操论》中把同情作为社会行为的基础，而在《国富论》中，由于受到法国"唯物主义"思想家的影响，从利他的理论转向利己的理论。从此以后，几乎所有论及亚当·斯密著作和思想的论著，差不多都把斯密看作伦理学上的利他主义者，经济学上的利己主义者。①

经济领域的利己主义和道德领域中的利他主义，这就是斯密理论体系的悖论。那么，我们由此悖论不难推出企业在追求利润最大化的目标时，是不可能关注社会利益的，更不会去主动承担社会责任。因此，在企业利益和社会责任之间找不到契合点。而我们想论证的是，企业在追求利润最大化的过程中是能够承担社会责任的，即利润与责任并非水火不相容。所以，要寻找论题成立的依据，关键在于破解"斯密问题"。

其实，破解"斯密问题"的钥匙就在《道德情操论》中对于"道德情操"的认识。"在斯密那个时代，'道德情操'这个词是用来说明人（被设想为本能上是自私的动物）的令人难以理解的能力，即作出判断克制私利的能力。"② 由这种能力人产生了同情，同情促成了利他主义精神。

二　"同情"的来源

在《道德情操论》中，斯密对同情进行了开宗明义的论述。"无论人们会认为某人怎样自私，这个人的天赋中总是明显地存在着这样一些本性，这些本性使他关心别人的命运，把别人的幸福看成是自己的事情，虽然他除了看到别人幸福而感到高兴外，一无所得。这种本性就是怜悯或同情，就是当我们看到或逼真地想到他人的不幸遭遇时所产生的感情。我们常为他人的悲哀而感伤，这是显而易见的事实，不需要用什么实例来证明。这种情感同人性中所有其他的原始情感一样，绝不只是品行高尚的人才具备，虽然他们在这方面的感受可能最敏锐。最大的恶棍，极其严重地违反社会法律的人，也不会全然丧失同情心。"③ "'怜悯'和'体恤'是我们用来对别人的悲伤表示同感的词。'同情'，虽然原意也许与前两者相

----

① ［英］亚当·斯密：《道德情操论》，商务印书馆1997年版，译者序言。
② 同上。
③ 同上书，第5页。

同，然而现在用来表示我们对任何一种激情的同感也未尝不可。"①

斯密认为同情与其说是因为看到对方的激情而产生的，不如说是因为看到激发这种激情的境况而产生的。"我们有时会同情别人，这种激情对方自己似乎全然不会感到，这是因为，当我们设身处地地设想时，它就会因这种设想而从我们自己的心中产生，然而它并不因现实而从他的心中产生。我们为别人的无耻和粗鲁而感到羞耻，虽然他似乎不了解自己的行为不合宜；这是因为我们不能不因自己做出如此荒唐的行为而感到窘迫。"②

为什么人天生具有同情或利他倾向呢？斯密认为同情或利他源于个人对自我利益的关心。个人正是从自我利益出发，产生了同情；为了满足个人利益，相互帮助。"事实就是如此：人只能存在于社会之中，天性使人适应他由以生长的那种环境。人类社会的所有成员，都处在一种需要相互帮助的状况之中，同时也面临相互之间的伤害。在处于热爱、感激、友谊和尊敬而相互提供了这种必要帮助的地方，社会兴旺发达并令人愉快。所有不同的社会成员通过爱和感情这种令人愉快的纽带联结在一起，好像被带到一个互相行善的公共中心。"③

斯密看到了相互帮助背后的自利动机，以及由此引起的社会存在的必然性。他进一步指出："但是，虽然这种必要的帮助不是产生于慷慨和无私的动机，虽然在不同的社会成员之间缺乏相互之间的爱和感情，虽然这一社会并不带来较多的幸福和愉快，但是他必定不会消失。凭借公众对其作用的认识，社会可以在人们相互之间缺乏爱或感情的情况下，像它存在于不同的商人中间那样存在于不同的人中间；并且，虽然在这一社会中，没有人负有任何义务，或者一定要对别人表示感激，但是社会仍然可以根据一种一致的估价，通过完全着眼于实利的互惠行为而被维持下去。"④

人们由于对自我利益的关心，由此意识到自己的利益与社会的繁荣休戚相关。"据说，人天生具有一种对社会的热爱，希望人类为了自身的缘故而保持团结，即使他自己没有从中得到好处。对他来说，有秩序的兴旺

---

① ［英］亚当·斯密：《道德情操论》，商务印书馆 1997 年版，第 7 页。
② 同上书，第 9 页。
③ 同上书，第 105 页。
④ 同上书，第 105、106 页。

发达的社会状况是令人愉快的。他乐于见到这样的社会。相反，无秩序和混乱的社会状况成了他所厌恶的对象，他对任何造成这种无秩序和混乱状态的事情都感到烦恼。他也意识到，自己的利益与社会的繁荣休戚相关，他的幸福或者生命的维持，都取决于这个社会的秩序和繁荣能否保持。因此，种种原因使他对任何有损于社会的事情都怀着一种憎恨之情，并且愿意用一切方法去阻止这个如此令人痛恨和可怕的事情发生。"①

斯密指出社会的繁荣和秩序是实现个人利益的根本。那么保障社会繁荣和秩序的基础是什么呢？是一只"看不见的正义之手"。"在世界各地，我们看到各种工具都被极其精巧地调整到适应其所要产生的目的；并赞叹植物或动物的机体内的每样东西都作了何等巧妙的安排以促成天性的两个伟大目的，即维持个体的生存和种的繁衍。……钟表的齿轮都被巧妙地校准，以适应制造它们的目的，即指示时间。各种齿轮所有不同的运转，以最精巧的方式相互配合以产生这个效果。如果它们被赋予一种产生这一效果的愿望和意图，不见得会运行得更好。"②"正义犹如支撑整个大厦的主要支柱，如果这根柱子松动的话，那么人类社会这个雄伟而巨大的建筑必然会在顷刻之间土崩瓦解，在这个世界上，如果我可以这样说的话，建造和维护这一大厦似乎受到造物主特别而宝贵的关注。所以，为了强迫人们尊奉正义，造物主在人们心目中培植起那种恶有恶报的意识及害怕违反正义就会受到惩罚的心理，他们就像人类联合的伟大卫士一样，保护弱者，抑制强暴和惩罚罪犯。"③

三　对"斯密问题"的评价

斯密在《国富论》中论述"看不见的手"原理正是从人们对自我利益（个人利益）的关注出发的。"我们每天所需的食料和饮料，不是出自屠户、酿酒家或烙面师的恩惠，而是出于他们自利的打算。"④"确实，他通

---

① ［英］亚当·斯密：《道德情操论》，商务印书馆 1997 年版，第 108 页。
② 同上书，第 107 页。
③ 同上书，第 106、107 页。
④ ［英］亚当·斯密：《国民财富的性质和原因的研究》上卷，商务印书馆 1972 年版，第 14 页。

常既不打算促进公共的利益，也不知道他自己是在什么程度上促进那种利益。……由于他管理产业的方式目的在于使其生产物的价值能达到最大程度，他所盘算的也只是他自己的利益。在这种场合，像在其他许多场合一样，他受着一只看不见的手的指导，去尽力达到一个并非他本意想要达到的目的。……他追求自己的利益，往往使他能比在真正出于本意的情况下更有效地促进社会的利益。"① 在市场机制这只无形之手的作用下，个人在实现自我利益过程中，无意带来了他人需要的满足，实现了社会利益。所以，由于每个人对自我利益的关注，带来的是整个社会利益的实现。

由此，我们可以看出，从个人利益出发，在经济活动中，由于市场机制的作用，无意中实现了社会利益。还是从个人利益出发，在道德领域，人们对自我的控制和克制，产生了同情和利他主义精神，使社会保持一种和谐有序的状态，从而保障自我利益最终得以实现。所以，《道德情操论》和《国富论》的出发点都是个人利益即利己主义，而并非如"斯密问题"所描述的那样是两条准则。

据 1895 年首次发现的斯密在格拉斯哥大学的讲课笔记证实，《道德情操论》和《国富论》都是从一较大的有系统的整体上分割出来的两个部分。斯密原先计划的研究整体包括神学、伦理学、法学和政治学等领域。大概是由于"老年人的惰性"和疾病等原因，斯密最终也未完成他所许下的诺言。但正是因为上述两部著作是他的系统研究整体的组成部分，这两部著作也有内在的联系。《道德情操论》围绕什么是人的永恒不变的本性来展开研究，它所阐明的人性论是《国富论》立论的根据和出发点。1759年《道德情操论》出版，1764 年斯密开始着手写《国富论》。此后，《国富论》的写作与《道德情操论》的修订是交替进行的。实际上这两部著作的出发点是统一的，并不存在所谓的"二元"性问题。②

最后需要强调的是，其一，斯密的"个人利益"并不是指"自私"，个人利益强调的是"对自己利益的恰当关心"。对于这一点斯密有明确的

① ［英］亚当·斯密：《国民财富的性质和原因的研究》下卷，商务印书馆 1974 年版，第27 页。

② 乔洪武：《正谊谋利——近代西方经济伦理思想研究》，商务印书馆 2000 年版，第 61—68 页。

论述。"对我们自己个人幸福和利益的关心，在许多场合也表现为一种非常值得称赞的行为原则。节俭、勤劳、专心致志和思想集中的习惯，通常被认为是根据自私自利的动机养成的，同时也被认为是一种非常值得赞扬的品质，应该得到每个人的尊敬和赞同。"① "毫无疑问，每个人生来首先和主要关心自己；而且，因为他比任何其他人都更适合关心自己，所以他如果这样做的话是恰当和正确的。因此每个人更加深切地关心同自己直接有关的、而不是对任何其他人有关的事情。"②

其二，斯密认为自我利益应当受到道德的管束。斯密主张自由放任的经济制度，把市场力量作为满足效用的有效决定力。"尽管如此，斯密也不是信仰无约束的个人利益。正像他指出的那样，商人的自我利益应当受到社会的道德力量的管束，这样他才不至于滑落为贪婪和自私。"③

第二节　效果论

什么是效果论？效果论也叫目的论（teleology），基于希腊语"目的"，认为行动的道德价值是由行动的结果决定的。效果论的早期形态是功利主义。功利主义是一种具有悠久历史传统的思想，在古代中国和古希腊都可以找到具有功利主义色彩的学说。本节主要介绍中国古代墨家的功利主义思想以及 18 世纪以来英国边沁、密尔的功利主义学说。

一　墨家的功利主义思想

墨翟是墨家的创始人，他活动于春秋战国之交，约在公元前 468 年—前 376 年，是一个手工业者出身的文化人。《淮南子·卷二十一要略》说："墨子学儒者之业，受孔子之术，以为其礼烦忧而不说，厚葬靡财而贫民，服伤生而害事，故背周道而用夏政。"这是说，墨翟是从儒家分化出来的反对派。墨翟也聚徒讲学，但与儒家不同，他所招收的门徒，多半出身贫

---

① ［英］亚当·斯密：《道德情操论》，商务印书馆 1997 年版，第 400 页。

② 同上书，第 101 页。

③ Michael Blowfield and Alan Murray, *Corporate Responsibility: A critical Introduction*, Oxford University Press Inc., New York, 2008, p. 54.

贱，来自社会下层，有的终年从事生产劳动。墨翟还通晓军事，经常率领其门徒帮助小国守城，反对大国的侵略。墨翟的言论，经其后学整理为《墨子》一书。

兼爱、正义和节俭是墨家提出的道德理念和生活规范。墨子认为任何人都应该遵守，因为这些道德符合百姓的利益。因此，墨子把是否"中万民之利"作为评价人的行为善恶的准则。他说："仁人之所以为事者，必兴天下之利，除去天下之害，以此为事者也。"① 又说："利人乎即为，不利人乎即止。"②

墨子认为，一种学说或言论，必须符合国家与人民的利益，才是正确的。在《墨子》中还没有"功利"连称的术语，但功和利都分别提出来了。如"利人多，功又大，是以天赏之"。③ 墨子的功利主义，有以下两个方面的内容。

1. 义利合一

儒家认为仁义同利是相对的。孔子说："君子喻于义，小人喻于利。"④ 孟子说："何必曰利，亦有仁义而已矣，上下交征利而国危矣。"⑤ 他们认为追求利，是社会混乱的根源。同孔孟的观点相反，墨子认为讲仁义必须与人们的实际利益结合起来。他说："和氏之璧、隋侯之珠、三棘六异，此诸侯之所谓良宝也。可以富国家，众人民，治刑政，安社稷乎？曰：不可。所谓贵良宝者，为其可以利也。而和氏之璧、隋侯之珠、三棘六异，不可以利人，是非天下之良宝也。今用义为政于国家，人民必众，刑政必治，社稷必安。所为贵良宝者，可以利民也，而义可以利人，故曰：义，天下之良宝也。"⑥

"三棘六异"，即三翮六翼，指九鼎。在这里，墨子以利人、利民为义，认为义与利是合一的，所以义乃天下之良宝。他还认为，义作为一种道德，必须"有力者疾以助人，有财者勉以分人，有道者劝以教人。若

---

①　《墨子·兼爱中》。

②　《墨子·非乐上》。

③　《墨子·非攻下》。

④　《论语·里仁》。

⑤　《孟子·梁惠王上》。

⑥　《墨子·耕柱》。

此，则饥者得食，寒者得衣，乱者得治。若饥则得食，寒则得衣，乱则得治，此安生生"①。也就是说，讲义德必须给人以实际的利益，否则只是空谈。

关于兼爱，墨子同样认为要给人以实际利益。他说："古者明王圣人，所以王天下、正诸侯者，彼其爱民谨忠，利民谨厚，忠信相连，又示之以利，是以终身不厌，殁世而不倦。"②

"示之以利"，是说，讲爱民，必须给人民以实际的利益。所以墨子宣传其兼爱说时，经常是"爱人"和"利人"并提，"兼相爱"和"交相利"互训。不仅如此，他认为发明创造某种机械是否有价值，也应该以是否利人为尺度。他说："利于人谓之巧，不利于人谓之拙。"③公输班刻削竹木做了一个喜鹊，做成后让它飞翔，竟三天不落。公输班认为自己最巧。墨子对公输班说："你做喜鹊，不如我做辖木。我一会儿就刻削完三寸的木料，（把它安在车上），就能载五十石的重量。"因此，所谓巧，就是对人有利叫作巧，对人不利叫作拙。

可见，墨子的价值观是功利主义价值观。这种功利主义，是把百姓的实际利益置于第一位，不是宣扬个人利己主义。当然，墨子所追求的"利"，说到底是当时小生产者的实际利益。

2. 志功合一

墨子的功利主义道德观，不仅认为道德行为不能脱离人的生活利益，而且不应离开其实际效果。行为的效果，墨子称为"功"，即功效；行为的动机，称为"志"。在动机和效果的问题上，孔孟都强调动机，以此作为评价人物的标准。孟子认为，心地不纯正，虽一日而获十禽，也不能说他是好射手。而墨子则提出志功合一说，认为动机和效果不能偏废。据（《墨子·鲁问》）记载：

> 鲁君谓子墨子曰："我有二子，一人者好学，一人者好分人财，孰以为太子而可？"子墨子曰："未可知也，或所为赏与为是也。钓者

① 《墨子·尚贤下》。
② 《墨子·节用中》。
③ 《墨子·鲁问》。

之恭，非为鱼赐也；饵鼠以虫，非爱之也。吾愿主君之合其志功而观焉。"①

墨子认为，鲁君的两个儿子，一个好学习，另一个好分财与人，这都是表现。仅看其表现，还不能够判断谁好谁坏，因为好学和好分人财的行为，可能出于沽名钓誉的动机。墨子主张"合其志功而观焉"，也就是说，应该把动机与效果结合起来考察。

《墨子·公孟》记载了墨子同公孟子的辩论。公孟子对墨子说，一个人确实是个善人，他就不怕别人不知道。譬如一块宝玉，总有人来买。又如一个美女，虽然处而不出，也总会有人来求婚。公孟子的意思是说，只要本质好，无须到处宣传。墨子反问说：有两个人，都善于算卦，一人行路为人算卦，一人居家不出门，这两个人谁赚的粮食多？公孟子说，当然是行路为人算卦的得粮食多。由此，墨子得出结论说："仁义均，其行说人者其功善亦多，何故不行说人也。"②意思是说，同样主张仁义，从事于上说下教的，其功劳大，因为他的主张产生了积极效果。

他对吴虑说："天下匹夫徒步之士，少知义，而教天下以义者，功亦多，何故弗言也？若得鼓而进于义，则吾义岂不益进哉？"③吴虑是鲁南鄙人，"冬陶夏耕，自比于舜"，过隐居生活。墨子劝他向别人多宣传"义"，要注重功效，鼓动天下人都来行义。

在墨子看来，一个人是否懂得道德，不是概念的问题，而是行动的问题。他说："瞽不知白黑者，非以其名也，以其取也。今天下之君子之名仁也，虽禹、汤无以易之。兼仁与不仁，而使天下之君子取焉，不能知也。故我曰：天下之君子，不知仁者，非以其名也，亦以其取也。"④

"名仁"，是说只在"仁"的概念上兜圈子，如同瞽子只知道背诵黑白的名词一样。"取"，是说在实际行动中有所选择。瞽子在实际行动中不能选择黑东西或白东西，这就是"非以其名也，以其取也"。墨子认为，一

---

① 《墨子·鲁问》。
② 《墨子·公孟》。
③ 《墨子·鲁问》。
④ 《墨子·贵义》。

个有道德的人，不仅是在概念上了解什么是仁义，更重要的是在行动中对善恶行动能够取舍。墨子的志功合一说，主张把动机和效果统一起来，作为评论人的行为的一条原则。他更多地注重行动的效果，反对空谈仁义道德。

总之，在中国伦理学史上，墨子第一次提出功利主义的原则作为评判人的道德行为的尺度。这同汉代儒家学者董仲舒所概括的"正其谊不谋其利，明其道不计其功"的原则是对立的。功利主义和超功利主义的争论始于先秦时代的儒墨之争，这种争论持续了两千多年。

二　西方的功利主义

西方的功利主义产生于近代英国，是伴随着英国资本主义经济发展而形成和发展的。至18世纪末和19世纪初，边沁和密尔最终将其建立成一种系统的有严格论证的伦理思想体系。

那么，什么是功利主义呢？功利主义是以行为的目的和效果衡量行为价值的一种伦理学说。功利主义认为，行为和实践的正确性与错误性只取决于这些行为和实践对受其影响的全体当事人的普遍福利所产生的结果；所谓行为的正确或错误，是指该行为所产生的总体的善或恶而言，而不是指行为本身。根据功利主义，如果行动的结果是为最大多数人带来最大多数好处，那么，行动在道德上就是对的；反之，就是错的。这一原则所强调的是某个特定决策所产生的集体福利。

1. 边沁的功利主义思想

功利主义思想可以追溯到古希腊。古希腊哲学家伊壁鸠鲁就提出过人生的目的在于摆脱痛苦和寻求快乐，求乐避苦是人的本性，是人的最大利益。18世纪法国启蒙思想家爱尔维修用求乐避苦的人性主张来反对封建束缚和禁欲主义，并从理论上对利益原则进行了探讨。后来，边沁接受了这些思想，创立了功利主义学说。

英国哲学家、经济学家杰瑞米·边沁（1748—1832），出生于伦敦一个律师家庭。1760年进牛津大学攻读法律，1763年获学士学位，1766年获硕士学位。由于不喜欢律师业务，不久便专心致力于学术研究。他所研究和献身的领域主要是立法与法律改革，他的功利主义理论是他的立法理论的伦理学基础。他的《政府片论》提出了一个功利主义的理论纲要，在《道德与立法原理导论》中，他更为全面地论述了自己的功利主义思想。

边沁认为，追求幸福是出于人的天性，幸福就是获得快乐和避免痛苦。"自然把人类置于两位主公——快乐和痛苦——的主宰之下。只有他们才指示我们应当干什么，决定我们将要干什么。是非标准，因果关系，俱由其定夺。凡我们所行、所言、所思，无不由其支配：我们所能做的力图挣脱被支配地位的每项努力，都只会昭示和肯定这一点。一个人在口头上可以声称绝不再受其主宰，但实际上他将照旧每时每刻对其俯首称臣。功利原理承认这一被支配地位，把它当作旨在依靠理性和法律之手建造福乐大厦的制度的基础。"①

那么，什么是功利原理？"功利原理是指这样的原理：它按照看来势必增大或减小利益有关者之幸福的倾向，亦即促进或妨碍此种幸福的倾向，来赞成或非难任何一项行动。我说的是无论什么行动，因而不仅是私人的每项行动，而且是政府的每项措施。"②

接着，他对功利进行了解释。"功利是指任何客体的这么一种性质：由此，它倾向于给利益有关者带来实惠、好处、快乐、利益或幸福（所有这些在此含义相同），或者倾向于防止利益有关者遭受损害、痛苦、祸患或不幸（这些也含义相同）；如果利益有关者是一般的共同体，那就是共同体的幸福，如果是一个具体的个人，那就是这个人的幸福。"他分析说："共同体的利益是道德术语中所能有的最笼统的用语之一，因而它往往失去意义。在它确有意义时，它有如下述：共同体是个虚构体，由那些被认为可以说构成其成员的个人组成。那么共同体的利益是什么呢？是组成共同体的若干成员的利益总和。……不理解什么是个人利益，谈论共同体的利益便毫无意义。当一个事物倾向于增大一个人的快乐总和时，或同义地说倾向于减小其痛苦总和时，它就被说成促进了这个人的利益，或者为了这个人的利益。"③

社会是由个人组成，它只是一个假想团体，社会幸福只能是个人幸福

---

①　［英］边沁：《道德与立法原理导论》，商务印书馆 2000 年版，第 57 页。

②　同上书，第 58 页。

③　同上。

的总和。所以社会的利益只能以最大多数人的最大幸福为标准。因此，边沁提出的功利原理，也可称最大幸福原理。一切行为要给予肯定或给予否定，就看这种行为对人们的幸福是增加还是减少。

边沁把这个原理应用于伦理学、法律学、政治学、经济学领域中。他认为，个人行为和政府的各种措施都应以功利原理作为判断准则。"（就整个共同体而言）当一项行动增大共同体幸福的倾向大于它减小这一幸福的倾向时，它就可以说是符合功利原理，或简言之，符合功利。同样，当一项政府措施（这只是一种特殊的行动，由特殊的人去做）之增大共同体幸福的倾向大于它减小这一幸福的倾向时，它就可以说是符合或服从功利原理。"①

按照边沁的解释，每个人对于什么是快乐和痛苦，他自己知道得最清楚，因此，他是自身幸福最好的判断者。为着自己而去谋取最大的幸福，这是每个有理性的人的目的。那么，什么是幸福呢？边沁将幸福简单地定义为快乐，一共有 14 种快乐：感官之乐、财富之乐、技能之乐、和睦之乐、名誉之乐、权势之乐、虔诚之乐、仁慈之乐、作恶之乐、回忆之乐、想象之乐、期望之乐、基于联系之乐、解脱之乐。②

每一项快乐或痛苦的值，它的大小将依 7 种情况而定。其强度；其持续时间；其确定性或不确定性；其临近或偏远（这些快乐过多久能够实现）；其丰度（有多少种快乐紧随其后）；其纯度（这些快乐是否不含痛苦）；其广度，即其波及的人数。③ 一种行动或事件是否比另一种更能给人带来快乐呢？边沁提出了快乐计算法。

快乐计算法按照下面的程序，确切地估量任何影响共同体利益的行动的总倾向。"首先从其利益看来最直接地受该行动影响的人当中，挑出任何一人来考察、估算：（1）看来由该行动最初造成的每项可辨认的快乐的值；（2）看来由它最初造成的每项痛苦的值；（3）看来由它随后造成的每项快乐的值，这构成最初快乐的丰度以及最初痛苦的不纯度；（4）看来由它随后造成的每项痛苦的值，这构成最初痛苦的丰度以及最初快乐的不纯

---

① ［英］边沁：《道德与立法原理导论》，商务印书馆 2000 年版，第 59 页。

② 同上书，第 42 页。

③ 同上书，第 87 页。

度；（5）把所有的快乐之值加在一起，同时把所有的痛苦之值加在一起。如果快乐的总值较大，则差额表示行动之有关个人利益的、好的总倾向；如果痛苦的总值较大，则差额表示其坏的总倾向。"① 快乐计算法生动地反映了后果论的本质特点，即一个行为是否善，主要看一个行为是否带来好的结果。只要一个行为能够带来快乐的结果，那么这个行为也就是合乎道德的行为。

2. 密尔对功利主义的修正

约翰·斯图亚特·密尔（1806—1873），也译作约翰·斯图亚特·穆勒，是英国著名哲学家和经济学家，密尔自幼受到父亲詹姆斯·密尔严格的教育和训练，十几岁的时候就能够阅读古希腊和古罗马的经典文学作品，而且对数学、逻辑学和历史都有广泛的涉猎。他还阅读了边沁的哲学著作，他支持边沁的功利主义。

青少年时期的密尔不问是非全心全意地追随边沁的哲学。然而他20岁的时候经历了一次精神崩溃，受了几个月的苦。在他的自传中，他谴责自己突然堕入长期持续的沮丧之中，父亲严苛、狭隘和高强度的教育让他痛苦不堪。当他头顶的阴霾渐渐散去之后，他开始质疑许多强加给他的观点，包括他父亲的好友和良师边沁的功利主义。他从边沁的观点中退了出来。当他再一次将目光转向它们，他开始对其进行大幅修改。

密尔感到边沁的快乐计算法的拥护者会得出结论认为针戏（或者看电视上的足球比赛）比艺术和科学好，而密尔从心底感到这个结论是不对的。密尔坚持人类的遗传中具有一些更高尚的愿望，不能只用快乐计算法来衡量。在《功利主义》一书中，他是这么表述这个观点的：

> 没有几个人想变成低等动物，即使他可以享受野兽的所有快乐；没有哪个聪明人愿意成为蠢蛋，没有哪个受过教育的人想变成文盲，没有哪个有感情和有良知的人愿意变得自私卑鄙，即使有理由让他们相信蠢蛋、傻瓜和无赖比他们更满意自己的命运。②

---

① ［英］边沁：《道德与立法原理导论》，商务印书馆2000年版，第88页。

② ［美］唐纳德·帕尔玛：《为什么做个好人很难？——伦理学导论》，上海社会科学院出版社2010年版，第161页。

显然，密尔主张深层的经过反思的内心幸福。密尔感到那些"低等"欲望（动物的欲望，或许还包括生物意义上人类最基本的欲望）用快乐计算法提供的量化分析来衡量绰绰有余，但是"高等"欲望只能用质化的方式讨论。没有任何计算法能够衡量这些欲望。密尔在《功利主义》一书中写道：

> 承认有的快乐比其他快乐更有价值、更应该追求，是与功利原则相符的。既然我们衡量其他事物时总是综合考虑数量和质量，在衡量快乐时却只考虑数量是极其荒谬的。
>
> 假如有人问我快乐的不同质量是什么意思，或者是什么因素使一种快乐本身就比另一种快乐更有价值，而不考虑数量，那么我只有一个答案。在两种快乐中间，假如所有或者几乎所有两种快乐都体验过的人认为其中一种比较好，排除一切选择这种快乐的道德义务不说，那么这种快乐就高于另一种。假如其中一种使两种快乐都适度体验过的人认为它高于另一种快乐，即使他们知道这种快乐会带来更大程度的不满足，但是不管给他们多少其他快乐他们也不换，那么我们就可以合乎情理地说，这种快乐在质量上大大优于另一种，以至于数量变得无关紧要。[①]

总之，密尔对功利主义所做的最重要的贡献是把快乐进行质与量的区分。"从边沁的观点看，行为的善恶取决于行为所能带来的快乐与痛苦的量；现在，行为的效果不仅要看它所产生的快乐的量，更重要的是要看所产生的快乐的质，即使那个更优质的快乐的量是微小的，也优于其质较次但快乐量巨大的那种快乐。但这并不意味着密尔不是后果论者，他仍然强调行为所带来的后果（幸福或快乐），只是这种快乐加上了'质'这个限定条件。因此，这已经不是边沁意义上的后果论了。"[②]

---

① ［美］唐纳德·帕尔玛：《为什么做个好人很难？——伦理学导论》，上海社会科学院出版社 2010 年版，第 161 页。

② 龚群：《现代伦理学》，中国人民大学出版社 2010 年版，第 83 页。

三　功利主义的发展及其局限性

20世纪以来，功利主义理论最重要的发展是行为功利主义和规则功利主义。"行为功利主义"和"规则功利主义"的概念最早由布兰特在《伦理学理论》中提出。

1. 行为功利主义

行为功利主义根据具体情况下的具体行为所产生的效果来确证一个行为是否正当。对于行为功利主义者而言，正确的行为是在该情况下能够产生最大功利的行为。依据布兰特的界定，行为功利主义的主要论点可以表示如下："在所有 X 能做的事情之中，如果做 A 有可期望的最大效用集，那么，X 的客观责任就是做 A。"①

首先，什么是"可期望的最大效用集"？功利主义是一种后果论的伦理学，即行动对与错的唯一依据是行动的后果。这个后果也就是行为主体所预期的东西，或可期望的东西。功利主义强调在可选行动项中，如果某种应做的行为所产生的后果是所有可选事态中最好的或最大量的，那么，你的责任就是从事这一行动。其次，功利主义所谓可期望的，也就是指比那种微弱的可能性更大些的可能性。所谓微弱的可能性，也就是在可期望的意义上，目前我们还难以预知的可能性。换言之，功利主义所考虑的效用或功利的总和，是比较切近现实的影响或影响力。功利主义所要考虑的是，如果我们有了行动 A，某种对于我们而言有着最大可能效用或功利的事件将可能发生；如果我们有了行动 B，则那种对我们有着最大可能效用或功利的行动就不可能发生。在这个意义上，行动 A 将是我们应当采取的正确行动。

行为功利主义由于坚持唯一以行动的后果作为判断行动的标准，常常遭到人们的质疑，从而陷入理论困境。下面我们通过两个虚构的例子来揭示。

（1）功利主义的手段是否合法？

山姆案。山姆代表一个基本上正常、没有什么特色但很"和善"的

---

① 龚群：《现代伦理学》，中国人民大学出版社 2010 年版，第 102 页。

人，有一天，山姆去医院拜访他唯一的亲戚，年迈体弱的姑妈。在他来到医院的同时发生了五桩紧急医疗事件。一个人需要肝移植，一个需要脾移植，一个需要肺移植，一个需要心脏移植，另一个需要新的松果腺。这五位病人都是身居要职，备受爱戴的伟人，他们的死会对许多人造成极大的痛苦和确实的不适。然而，山姆的死却不会受到任何人的悲悼（除了他的姑妈，或许会在难得清醒的时候想起来）。于是医院管理层的最高成员，他们都是功利主义者，将山姆引诱到一间手术室中，将他的内脏摘除，并且把它们分给需要做移植手术的病人们，因此他们的做法与功利原则吻合：为大多数人寻求最大限度的幸福。①

（2）功利原则是否符合公正观念？

假设你因为拒付停车罚款而被法庭传唤。你与法官、监守官和法庭书记员单独待在一间小法庭里。当监守官读罢罪名（"拒付三笔停车超时罚款"），你回答（"我承认有罪，法官大人"），然后她宣读了她的判决："我宣布所有罪名成立，你将受到的刑罚是被乱枪打死。""什么?!"你尖叫起来："就应该为三张该死的停车罚单判我死刑?"法官向前探出身子，轻声道："我知道你不该受如此重刑，但是我们社区最近发生了一连串的凶杀案，而最近发表的一项研究结果显示死刑执行以后犯罪率会大大降低。不幸的是，我们手里暂时没有定罪的杀人犯。但是我们手上有你，而且我们有很充分的理由相信，只要我们处决了你，公众会受益良多。因此，即使对你个人来说我的判决是不公平的，它一定会为大多数人带来更大程度的幸福。因此，我的良心只能使我这么做了。"②

上述两个例子表明，由于行为功利主义没有加入蕴含美德的机制，使得功利主义的后果有悖于人们的道德常识和公平正义的观念。为了避免行为功利主义的困境，不少哲学家又提出了规则功利主义。

2. 规则功利主义

布兰特对规则功利主义的定义是："一个行动是对的，当且仅当它与

---

① ［美］唐纳德·帕尔玛：《为什么做个好人很难?——伦理学导论》，上海社会科学院出版社 2010 年版，第 168 页。

② 同上。

一套道德规则一致，并且，对规则的承认将有最好的后果。"① 规则功利主义根据某类规则来加以确证一个行为是否正当。当然这些规则本身又需要经过功利原则来加以确证。规则功利主义者强调规则在道德中占有核心地位，规则不能因为特殊情况的需要而被放弃。当然，它也认为，这些规则之中的每一条之所以被人们所接受，正是因为普遍地遵守这些规则会比遵守任何可以替换的规则能产生更大的功利。

当代美国哲学家约翰·霍斯伯斯特别强调规则的普遍化后果。他说："在道德生活中，每一个行动都受某个规则的支配，而我们判断该行动是正确还是错误，不是根据该行动的后果，而是根据它的普遍化的后果，即根据采纳该行动的规则的后果。"② 如果一个行动所遵循的标准能够普遍化，那么这个行动在道德上就是正确的，如果不能，那么是错误的。什么是普遍化？就是在相类似的情况下，其他人或所有处于这种处境中的人都将像我这样行动。

举例来说，假设我在某天上午 9 点必须出席公司的一个签字仪式，但就在我去签字场所的路上，路边的湖里发生了一起落水的事件。正好我是第一个在场者，而且我的水性也不错。然而，如果我去救人，必然会耽误时间；如果我不救人，我会感到很不安。如果按照行为功利主义的方案，签字仪式所订合同关涉到公司的发展前程，假设这是一次很难得的机会，我作为公司法人代表，如果不按时到场必然引起对方不满，从而错失良机；因此，如果只救一个陌生人，其价值与一个公司的发展相比，无疑后者更大，那么，我就不应救人。霍斯伯斯的规则功利主义，则把规则的普遍化后果作为首要考虑结果，做出救人的选择。③ 霍斯伯斯的规则功利主义在一定程度上克服了行为功利主义的缺陷，尤其是解决了当面临规则冲突的情况，该如何选择。

霍斯伯斯的规则功利主义可以概括如下：一个行动在某种情境中在道德上是正确的，当且仅当，它被证明为是正确的道德规则所指导的；道德规则被证明是正确的，当且仅当，在可供选择的规则中，人们普遍采用这

---

① 龚群：《现代伦理学》，中国人民大学出版社 2010 年版，第 124 页。
② 同上书，第 120 页。
③ 同上书，第 123 页。

一规则所产生的社会后果比不采用这一规则为好。①

第三节　义务论

义务论（Deontology），基于希腊语的"责任"。坚持行为不能由它的结果来评价，行为自身就有独立于结果的内在价值。行动的价值在于动机而不是结果。康德是该理论的最大贡献者。

伊曼努尔·康德（1724—1804）出生于普鲁士东北部的哥尼斯堡（今俄罗斯加里宁格勒），1740 年进入哥尼斯堡大学攻读哲学，1745 年毕业。康德毕生从事于教学和研究工作，一辈子没有离开过哥尼斯堡，并且终生没有结婚。他每天下午都会沿着一条小路散步，他的邻居甚至曾根据他散步的时间来对时。康德的生活完全是学院式的，他的一生是平平静静沉浸于思辨的一生。所以，海涅说："康德这人的表面生活和他那种破坏性的、震撼世界的思想是多么惊人的对比！"

伦理学方面，康德否定意志受外因支配的说法，而是认为意志为自己立法，人类辨别是非的能力是与生俱来的，而不是从后天获得。这套自然法则是无上命令，适用于所有情况，是普遍性的道德准则。康德在《实践理性批判》中指出："有两样东西，始终使我们的心灵保持清醒；越是经常、持久地加以思索，我们对它的景仰和敬畏就越是强烈：那就是我们头上的星空和居于我们心中的道德法则。"康德认为真正的道德行为是纯粹基于义务而做的行为，而为实现某一个个人功利目的而做事情就不能被认为是道德的行为。因此，康德认为，一个行为是否符合道德规范并不取决于行为的后果，而是采取该行为的动机。康德还认为，只有当我们遵守道德法则时，我们才是自由的，因为我们遵守的是我们自己制定的道德准则，而如果只是因为自己想做而做，则没有自由可言，因为你就成为各种事物的奴隶。

康德义务论的核心概念有两个"绝对命令"和"善良意志"。康德认为人类是独立的道德行为者，他们自行做出与对错相关的理性决策。下面

---

①　龚群：《现代伦理学》，中国人民大学出版社 2010 年版，第 121 页。

我们从这两个概念入手，来认识康德的义务论。

一　绝对命令

康德把理性分为理论理性和实践理性，这是人的先验的两种能力，即认识能力和意志能力。实践理性就是指行为的规范，它的对象是"至善"，探求和实现人的意志自由所需要的东西。在康德看来，实践理性和理论理性，都是同一个"纯粹理性"，是这个"纯粹理性"的两个方面，它们都追求一种不能在经验范围内发现的超验的无条件的东西，在理性中存在着的普遍必然的先验法则，它们二者在本质上是共同的。但是在应用上，实践理性和理论理性又有所区别，后者揭示一切事物必然发生的规律，寻求知识的普遍必然的客观有效性，要求与主观经验区别开；前者揭示应该发生的规律，只服从于由理性赋予自身的普遍的必然法则，追求具有普遍有效的客观道德法则，要求与任何主观准则区分开来。因此，理论理性必然与经验相关，是一种与经验相关的主体，它从感性出发，经过概念，最后终止在原理上，为自然立法；实践理性则不受经验制约，是一种超验的主体，它从原理出发，到概念，又从概念到感性，为自由立法。然而，两种理性虽不可混淆，但毕竟又是一个完全的统一体。两者的统一可能在于必须把其中一个放在优先地位，由它支配另一个。居优先地位的是实践理性，所以，本体统一现象，现象归属本体，认识世界从属于意志世界，自然界因为道德界才具有意义。

康德道德哲学的出发点仍然是当时普遍流行的人性二重论。他认为，人作为一个存在者，既有感性的活动，又有理性的活动。感性的活动使得人必须受外物的支配，因此，在这方面他和自然现象中其他事物一样，服从必然规律，属于现象界的一个组成部分。但是，人又是具有理性的，它的行动又受意志所支配而可以摆脱外物的影响，它自身就是主宰自己的力量。所以，人又是绝对意志自由的。它根据理性自身颁布的道德法则对自己发布命令而行动。因此，作为实践理性，在它的运用中，首先是为人类的意志颁布先天的"道德实践规律"。照康德看来，人类的全部道德观念和道德行为规范或行为准则都来源于先天的道德律，只有懂得了先天的道德律才能正确地下道德判断和防止道德腐化。因此，康德道德哲学首要的任务，就是要发现和判定道德律。换言之，康德道德哲学不同于一般伦理学说，它是要从我们理性的本性中去寻求道德实践原则的先天依据，阐明人怎样为自己立法，从服从必然王国的他律而进入尊重自由王国的自律的。因此，他把他所建立的道德理论称作道德形而上学。

康德认为，道德律应当同自然律一样具有普遍适用性，它绝不能是经验的原则，而是一种先验的原则，它至高无上，为一切有理性的人所遵循，并且不是在某些情况下，而是在任何情况下为有理性的人所遵循。

另外，道德律又区别于自然律，它不是从经验中引申出来的，它蕴含在人的理性之中，不受任何经验的制约。有理性的人不像自然物那样完全按照自然律自发地、必然地、实际上如此地发生和进行。他有意志，由此决定了他既可以按理性的原则行动，又可以不遵从理性的原则去行动。因此，意志在决定人的道德行为时，必须是按照一定的规律规定人的行为，即人的一切都是来自对规律的尊重，没有什么东西来自爱好，行为才是符合道德律的。由于这个原因，道德律作为理性所规定的适用一切有理性者的行为原则，其不同于自然律之处就在于：它必须具有"应当"的特征，是一种指示意志"应当"如何行动的原则，换句话说，它必须采取"命令"形式，是对意志宣示的一道"命令"。

康德指出，道德法则，对人之示的"命令"是一种"绝对命令"（即"定言命令"）。所谓"绝对命令"就是任何人都普遍具有的一种无条件的、必然的、先验的指挥行为的力量，它不受任何经验、情感欲望、利害关系、效果有无等条件的限制，是以其自身为根据而成立的。"绝对命令"不同于以个人利益和幸福为基础的有条件的、相对的"假言命令"。"假言命令"是由人主观决定的，它把道德当作满足个人利益与欲望的手段，计较行为的效果。这种道德原则没有普遍有效性，因而人们可以不服从。而"绝对命令"是一种强制的客观力量，它要求必须无条件服从。"绝对命令"之所以具有这种力量，是因为它不是来自经验，而是来自纯粹理性，为每个有理性的人所必须遵循的。因此，只有从"绝对命令"出发的行为，才是道德行为，"绝对命令"是道德的最高原则。康德明确提出了三条先验的道德原则。

第一条道德律："不论做什么，总应该做到使你的意志所遵循的准则永远同时能够成为一条普遍的立法原理。"这条道德律是说，个人的行为准则只有在适合于"普遍的立法原理"，即成为对任何有理性和意志者都有效时，才具有普遍有效性，才能成为普遍的道德法则，才是具有真正道德价值的行为准则；这条道德律是作为实践理性规定意志时的一种标准的主观原理，先天地存在于每个人心中，因而任何人在任何时候任何情况下都能辨别出来哪些准则适合于普遍立法，极容易发现什么是真正的道德责任，自己应该有什么样的行为。这正是实践理性优先于理论理性的一个具体表现。

第二条道德律："你须要这样行为，做到无论是你自己或别的什么人，你始终把人当成目的，总不把他只当做工具。"康德认为，意志是决定自己依照规律的概念去行动的一种能力，这种能力只有理性者才具备，而作为意志"自决"所依照的客观依据就是目的，如果这个目的纯出于理性，就一定适用于一切有理性者。所以，理性本身应该就是目的，人之所以作为理性者存在，即由于他自身就是"客观目的"，也就是说，人是以自身为目的而存在的。理性不能是手段，每个人自己是目的，人与人互相也要把对方看成目的。所以，每个人本身都是一个绝对价值，一个"人格"。人格具有"尊严"。一般所谓价值可用等价物来替换，但尊严作为价值，超乎一切，是不可替代的超越感性世界的一切价值的绝对价值。

康德由此进一步引申出"目的国"的概念。他说："每个人应该将他自己和别人总不只当作工具，始终认为也是目的——这是一切有理性者都服从的规律。这样由共同的客观规律的关系就产生一个由一切有理性者组成的系统，这个系统可以叫作目的国。"在这个国度里，每个理性存在者都是立法者，同时又都服从自己颁布的道德律；每个人都是目的，不是单纯的手段，因此，每个人既对自己的行为负责，又同时承担着共同责任，个人意志自由与道德责任感达到了完善的统一。

第三条道德律："个个有理性者的意志都是颁布普遍规律的意志。"这即所谓"意志自律"，自己为自己的行为规定法则。康德认为，人是道德法则的主体，人的道德活动必然是真正"自我"的活动，亦即"意志自律"的活动。"自律"相对"他律"。"他律"即指意志由其他外在因素所决定，即从道德以外的原则引申出道德。由于它不是"法由己出"的"自律"，因而是不道德的。康德强调，道德的自律性不允许在道德之上或之外存在支配道德的东西。

康德把从前的道德学说全部看成是"他律"，他们或者主张道德以追求幸福为最高目的，把善恶观念看成是从人对幸福、享乐、利益的意向中派生的；或者把道德的根源和权威归于神，把道德法则奠基于神意之上。康德认为，上述把道德建于"他律"基础上的观点，都会使道德失去普遍必然性。康德强调道德律具有独立性质和自身价值，"自律"就是指人的道德意志是独立自主的，每个人按照理性所规定的道德律，按照实践理性的意志和目的行动①。

二　善良意志

人应该按照"绝对命令"行动，应该为义务本身而尽义务，不掺杂任何欲望，不为任何情感或快感所左右，不考虑任何效果。在康德那里，人们行为的善恶、道德与否，只能从行为的动机本身来评价。道德动机决不掺杂任何情感上的好恶、趋利避害的因素，以及对行为效果的任何考虑。这种道德动机即所谓"善良意志"。"善良意志"之所以善良，只在于"善意"本身，不在于它的功用。它的有用或是无结果，对于这个价值既不增加分毫，也不减少分毫。康德说："如果由于生不逢时，或者由于无情自然的苛待，这样的意志完全丧失了实现其意图的能力，如果他竭尽自己的最大的力量，仍然还是一无所得，所剩的只是善良意志（当然不是个单纯的愿望，而是用尽了一切力所能及的办法），它仍然如一颗宝石一样，自身就发射着耀目的光芒，自身之内就具有价值。"②

"善良意志"又是与"责任"观念相联系的。责任是"善良意志"的体现，它是道德法则对我们的行为提出的要求，即执行"实践理性"先验地规定出的某种永恒不变的普遍道德法则，由此而产生出于尊重规律的行为必然性。"通俗地说，'责任'就是出于对规律的尊重而必须去做的事。所以善良意志也就是人的意志彻底摆脱了经验的感性欲望，完全按照实践

---

① 此部分关于"绝对命令"的论述主要参考了苗力田、李毓章主编《西方哲学史新编》，人民出版社 1990 年版，第 547—552 页。

② 罗国杰主编：《伦理学》，人民出版社 1989 年版，第 418 页。

理性自身所规定的道德法则而行动，即服从和执行'绝对命令'。"①

为了解释责任如何驱使我们，康德在《道德形而上学基础》一书中举出了一个典型事例。这个例子讲的是一个商人对于缺乏经验的顾客开出公道的价格，而不利用顾客的无知牟取暴利。责任要求的正是这样的行为，所以这个商人的行为至少是"与责任相符"的。但是他是否是"出于责任"呢？康德认为，并非如此；恰恰相反，这种行为是受自身利益驱使的，因为这个商人知道，假如他欺骗无知顾客的名声传出去的话他连熟客都会失去。康德说这个商人值得"称赞和鼓励，但是不应受到尊敬"。换句话说，他的行为尽管是正确的，但却不具备道德价值。②

行为的道德价值只存在于行动的动机之中，而与其效果无关。他认为，世界上除了一个"善良意志"之外，再没有什么东西可称得上是道德的了。他说："在世界之中，一般地，甚至在世界之外，除了善良意志，不可能设想一个无条件善的东西。"因此，只有从"善良意志"出发、以"善良意志"为指导的行为，才是道德的。一个行为，只要是从善良意志出发的，不论其是否能够达到目的，也不论其是否产生效果，都不能使它的道德价值因之而受到任何影响。

两个同样的行动——比如，在两个相似的地点建造两个水坝——道德价值也许会相差甚远。假如驱动第一个水坝建造工作的原则超出了获得个人利益的欲望，而是受到道德责任的驱使，那么这一行为就具有道德价值。从另一方面来说，假如建造水坝的动机仅仅是为了自己的利益，那么这一行为就不具有道德价值，尽管这座水坝按照理性的原则建造，并且为数百万人带来了巨大的好处和幸福，它仍然不具有道德价值。③

康德所说的善良意志，是出于尊重道德规律的一种必然性，是出于理解到我应当如何去做所具有的普遍意义之后的行为，或者说是纯然出自对义务的敬重而行动。何怀宏在《伦理学是什么？》一书中讲了一个真实的

---

① 苗力田、李毓章主编：《西方哲学史新编》，人民出版社 1990 年版，第 550 页。

② ［美］唐纳德·帕尔玛：《为什么做个好人很难？——伦理学导论》，上海社会科学院出版社 2010 年版，第 127 页。

③ 同上书，第 121 页。

故事来说明。① 这个故事说的是有一个人，办了一个小银行，吸收了一些小额存款，然而，由于某些他本人无法料到的情况，在一次席卷范围很广的金融危机中，这些钱全都损失了，银行不得不宣告破产。于是，他带领他的家人，决心在他的余年通过艰苦的工作和节衣缩食，把这些存款全都退还给储户。一年年过去了，一笔笔退款带着利息陆续寄回原先的储户，这件事感动了储户们：因为他们知道，银行的破产完全是一个意外，而并非这个人的不负责任或有意侵吞，他们虽然因此都遭受了损失，但这损失摊在许多人身上毕竟不是很大，比较容易承受，而摊在一个人身上却是非常沉重的。何况，这个人的努力偿还的行为已经证明了他的内疚和善意。他们便联合请求这个人不要再偿还欠他们的存款了。然而，这个人却认为还清欠款是他的义务，他只有履行了自己的义务才会感到心安，他照旧坚持不懈地做下去，为此放弃了许多生活中的欢乐，没有闲暇，没有另外创立事业的可能，这件事就成了他一生的使命，他精神专注、心无旁骛、锲而不舍、高度虔诚地只是做好这件事，终于，他寄回了最后一笔存款，这时，他已经精疲力竭了，接近了生命的终点，他在这一生没有实现自己年轻时就怀有的远大抱负，没有创立什么辉煌的事业，因为他的后半生完全被拖进了这件事，他似乎只是被动地、不断地在一个个命令的召唤之下活动："还钱！""还钱！""还钱！"然而，与他所做的这些平凡的事情相对照，是否还有比这在道德上更辉煌的业绩呢？与他这些看来似乎被动的行为相对照，是否又有什么行为比这呈现出更崇高的道德主体性呢？

由此可见，康德的善良意志，绝不是一般人所说的只是一种良好的愿望，而是包括了从善良意志出发，竭尽自己最大力量去实现这一意志的努力。如果只有一种好的愿望而没有竭尽全力去实现其意图的努力，由于它并不是出于意识到自己责任的动机，因而并不能称之为"善良意志"。

三 对康德义务论的评价

康德的义务论，在对善恶评价的根据上，是有其合理因素的。比如，一个人看到另一个人失足落水，他出于对自己义务的认识，出于高度的自

---

① 何怀宏：《伦理学是什么？》，北京大学出版社 2002 年版，第 110 页。

觉的责任感，尽力于营救这个落水的人，但如果由于水深流急（"无情的自然苛待"），使他未能救出那个人，那么，我们对他的善的评价，就决不应该因其没有达到预期的目的而有所减损。"在社会生活中，有些人有一个好的动机，并且曾为实现这个好的动机而'竭尽自己最大的力量'，但结果却往往是'一无所得'，对于这种行为，我们决不能从所谓纯功利的观点来对之进行道德上的贬损。"① 康德强调要把出于责任的"善良意志"作为道德评价的根据，确实看到了道德价值的特殊本质，看到了道德评价不同于其他评价形式的特殊性。

康德义务论也有其错误和不妥之处，这就是他在强调动机对行为道德性质的决定作用时，完全抛开了行为的后果在评价中的作用，割裂了动机和效果的联系，一味地追求动机的纯洁性而忽视或根本否认效果的作用。在建造水坝的例子中，不管是有道德价值的那个还是没有道德价值的那个，后果也许是同样的。即使某个无法预知的自然灾害比如地震毁掉了有道德价值的那个水坝，而没有道德价值的那个则完好无损，第一个行为仍然能够保留它的道德价值。这种评价无形中会导致道德生活中人们对其自身行为后果的忽视和不关心，最终的结果是削弱人们的道德责任感。

第四节　德性论

德性论或美德伦理学在西方可以追溯到古希腊哲学家亚里士多德，在中国可以追溯到儒家思想的代表者孔子。进入 20 世纪以来，西方出现了德性论的复兴，标志着近代以来以边沁为代表的功利主义和以康德为代表的义务论主流西方伦理学已处于深刻的危机之中，而危机的根源在于启蒙运动以来以个体主义为基础的道德方案，拒斥了以亚里士多德主义为代表的带有目的论性质的德性主义传统。本节主要探讨德性论的基本观点，并分别介绍中国古代儒家的德性论、亚里士多德的德性论和麦金太尔的观点。

---

① 罗国杰主编：《伦理学》，人民出版社 1989 年版，第 418 页。

一 什么是德性论

美德，或德性可以定义为一种比较稳定和持久的履行道德原则和规范的个人秉性和气质。① 也就是说，道德原则、义务融入到了我们的个性、本性之中，成了一种真正稳定地属于我们自己的东西，这时，外在的规范变成了内心的原则，甚至成为一种不假思索、但却自然而然符合规范的行为习惯和生活方式，就像孔子所说的"从心所欲不逾矩"。

德性论，简单地说就是"好的行为出自于好人"。德性论认为，道德上正确的行为是由具有美德品格的行动者做出的。因此，美德的形成是通向道德上正确行为的第一步。美德是一系列可获得的品格，它把一个人引入美好的或善的生活。由于这些品格不是天生的，我们通过学习获得它，而且，值得注意的是，在管理中，我们通过实践中与周围人的交往关系获得它。由于美德是不能空言的，必须通过行动来体现出来。所以，我们判断他人的品质，也主要是根据他们的一系列行为。

美德伦理学的中心观念是"善的生活"。在亚里士多德看来，是它构成了幸福，不是在享乐的、快乐导向的有限意义上，而是在一个广泛的意义上。值得注意的是，作为善的生活的一个内在部分，它包括美德的行为：一个幸福的商人不仅仅是最终挣了很多钱的人，而是在挣钱的同时尽情享受以美德的方式获取成功带来的快乐。在管理环境下，"善的生活"的含义远远不止一个利润丰厚的公司。美德伦理学通过关注利润的获取途径而采取了一个更为综合的观点。而且，值得注意的是，通过宣称经济成功只是善的生活的一部分——雇员的满意、公司成员间的良好关系、和与所有利益相关者的和谐关系也是同等重要的。②

二 儒家的德性论

关于儒家的德性论，这里主要以先秦时期的孔子和孟子为代表进行分析。中国古代儒家学说的创始人孔子（前551—前479）是春秋时期鲁国

---

① 何怀宏：《伦理学是什么?》，北京大学出版社 2002 年版，第 149 页。

② Andrew Crane and Dirk Matten, *Business Ethics: A European perspective*, Oxford University Press, 2004, 2004, pp. 96、97.

人，是我国古代伟大的思想家和教育家。他曾做过鲁国司寇，但时间很短，他的一生主要从事文化教育活动。他的弟子将他分散的言论编成集子，名为《论语》。孟子名轲，是战国中期出现的儒家大师，其生活时代上距孔子一百多年，《史记》记载孟子是邹国人，他从孔子的孙子子思的门人学习儒家学说。孟子一度是稷下的著名学者之一。他也曾像孔子一样游说各国诸侯，推行其治国之说，但是他们都不听从他的学说。他最后只好回来与弟子们作《孟子》七篇。

儒家德性论的核心是"仁"学，"仁"是儒家倡导的基本美德。关于"仁"，在《论语》中主要有如下含义。首先指一种"爱人"的意识。《论语·颜渊》记载，樊迟问仁。子曰："爱人。""道千乘之国，敬事而信，节用而爱人，使民以时。"①

其次，仁不仅是具体的道德条目，还是德性的总称。子张问仁于孔子。孔子曰："能行五者于天下为仁矣。""请问之。"曰："恭，宽，信，敏，惠。恭则不侮，宽则得众，信则人任焉，敏则有功，惠则足以使人。"②

由仁出发，可以衍生出孝、悌、礼等美德。子曰："其为人也孝悌，而好犯上者，鲜矣；不好犯上，而好作乱者，未之有也。君子务本，本立而道生。孝悌也者，其为人之本与！"③颜渊问仁。子曰："克己复礼为仁。一日克己复礼，天下归仁焉！为仁由己，而由人乎哉？"④

孟子同样也认为"仁"是基本的道德准则。"仁也者，人也；合而言之，道也。"⑤这是说，人行仁德就是道。"仁，人之安宅也；义，人之正路也。旷安宅而弗居，舍正路而不由，哀哉！"⑥

不仅如此，孟子又进一步提出仁义礼智。孟子认为人性中有四种不变的德性，表现为"四端"。"所以谓人皆有不忍人之心者：今人乍见孺子将入于井，皆有怵惕恻隐之心；非所以内交于孺子之父母也，非所以要誉于

①《论语·学而》。
②《论语·阳货》。
③《论语·学而》。
④《论语·颜渊》。
⑤《孟子·尽心下》。
⑥《孟子·离娄上》。

乡党朋友也，非恶其声而然也。由是观之，无恻隐之心，非人也；无羞恶之心，非人也；无辞让之心，非人也；无是非之心，非人也。恻隐之心，仁之端也；羞恶之心，义之端也；辞让之心，礼之端也；是非之心，智之端也。人之有是四端也，犹其有四体也。"① 他在和告子讨论性善性恶问题时说："恻隐之心，人皆有之；羞恶之心，人皆有之；恭敬之心，人皆有之；是非之心，人皆有之。恻隐之心，仁也；羞恶之心，义也；恭敬之心，礼也；是非之心智也。仁义礼智，非由外铄我也，我固有之也，弗思耳矣。故曰：'求则得之，舍则失之。' 或相倍蓰而无算者，不能尽其才者也。"②

先秦儒家认为通过实践"仁"，可以达到君子的理想人格。关于君子，《论语·里仁》中多有提及。"君子怀德，小人怀土；君子怀邢，小人怀惠"，"君子喻于义，小人喻于利"，"君子讷于言，而敏于行"。③ 孟子对君子的描述是"仁民爱物"，"君子之于物也，爱之而弗仁；于民也，仁之而弗亲。亲亲而仁民，仁民而爱物。"④ 儒家总是将君子与小人对比而言，君子追求义与善，而小人则是逐利之徒。孟子用舜与盗跖做了形象的说明："鸡鸣而起，孳孳为善者，舜之徒也。鸡鸣而起，孳孳为利者，跖之徒也。欲知舜与跖之分，无他，利与善之间也。"⑤

那么，如何成就理想人格？道德修养和学习是成就理想人格的重要途径。孔子认为学习是一个终其一生的过程。子曰："吾十有五而志于学，三十而立，四十而不惑，五十而知天命，六十而耳顺，七十而从心所欲，不逾矩。"⑥ 孟子认为道德修养要"反求诸己"。因为良知良能人人皆有，"人之所不学而能者，其良能也；所不虑而知者，其良知也。孩提之童无不知爱其亲者，及其长也，无不知敬其兄也。亲亲，仁也；敬长，义也。无他，达之天下也"。⑦ 但是，由于后天的污染，人的良知良能会丢失，所

---

① 《孟子·公孙丑上》。
② 《孟子·告子上》。
③ 《论语·里仁》。
④ 《孟子·尽心上》。
⑤ 同上。
⑥ 《论语·为政》。
⑦ 《孟子·尽心上》。

以要"求其放心"。"求其放心"的途径不在于外在的途径，而是要"反求诸己"，尽心知性。"尽其心者，知其性也。知其性，则知天矣。存其心，养其性，所以事天也。夭寿不贰，修身以俟之，所以立命也。"① 又说："万物皆备于我矣。反身而诚，乐莫大焉。强恕而行，求仁莫近焉。"②

加强道德修养，过一种有道德的生活。而这种道德生活的最高境界就是达到一种"以天下为己任"的社会责任感。正如后来北宋儒家张载所言："为天地立心，为生民立命，为往圣继绝学，为万世开太平。"又如明清之际的王夫之所言："天下兴亡，匹夫有责"。

三 亚里士多德的德性论

亚里士多德（公元前 384—前 322），古希腊斯吉塔拉人，出生于一个马其顿宫廷医生家庭，世界古代史上最伟大的哲学家、科学家和教育家之一。亚里士多德一生勤奋治学，从事的学术研究涉及逻辑学、修辞学、物理学、生物学、教育学、心理学、政治学、经济学、美学等，被誉为百科全书式的人物，他的思想对人类产生了深远的影响。

虽然亚里士多德的许多著作都讨论到了伦理学，但在这方面最主要的著作是《尼各马可伦理学》。亚里士多德认为，伦理学是一种实践的学科而非只是理论性的，所以，一个人若要成为"好人"便不能只研读美德为何，而要亲身实践美德才行。他假设人的任何行为都是有目的的，而被他称之为"至善"的最终目的则是幸福，实践美德是通向幸福之路。

《尼各马可伦理学》开篇写道："一切技术，一切规划以及一切实践和选择，都以某种善为目的。"③ 在亚里士多德看来，人类的各种各样的实践活动，其目的都在于善。如医术的目的是健康，造船术的目的是船舶。

那么，人的实践所具有的最高目的或最终目的是什么？他说："显然，我们的行动有许多目的，但我们把财富、长笛以及一般来说的器物作为达到他物的工具来选择；因此，很明显，并非所有目的都是最后的，只有最高善似乎是某种最后的东西。倘若仅有一个东西是最后的、最完满的，那

① 《孟子·尽心上》。
② 同上。
③ 龚群：《现代伦理学》，中国人民大学出版社 2010 年版，第 286 页。

么，它就是我们所寻找的最后目的，如果有不止一个目的是完满的，那么这当中最完满的就是我们所寻找的。我们说，一个因其本身而被追求的目的是比为了他物而追求的目的要更为完满。那从来不因为他物而被选择，比时而由于自身、时而由于他物而被选择的东西更为完满。因此，一个东西永远因其自身而绝不为了他物而值得选择的目的才是最完满的〔我们称之为绝对最后的目的〕。幸福似乎比其他任何东西都要无条件的完满，因为我们总是因它自身的缘故而绝不是把它作为工具而选择它。"①

幸福是我们的最终目的。那么，如何追求幸福？亚里士多德说："我们选择荣誉、快乐、理智，还有所有德性，都是因为它们自身的缘故，即使我们的选择不会带来进一步的后果，我们还是会选择它们；但是，我们也是为了幸福的缘故而选择它们，并设想通过它们我们会得到幸福。看起来，只有这才有资格作为幸福，我们为了它本身而选择它，而永远不是因为其他别的什么。"② 亚里士多德强调，只有拥有德性，我们才有资格得到幸福。

1. 德性的类型

亚里士多德认为，德性要根据人本已有的功能或人的灵魂的活动来区分。人的活动和灵魂有一个非理性部分和一个理性部分，而非理性的部分是为一切生物所共有的，具有发育的性质，诸如生命的生长功能、营养功能，还有感觉和欲望的功能，这是为人与牛、马及一切动物所共有的。然而人还有自己独具的活动与功能，这就是理性部分的活动。德性也就要按照对灵魂的区分加以规定。

按照灵魂的区别，亚里士多德把德性分为两类：一类是人的非理性灵魂接受理性的指导、约束，与理性相融合而成的心灵状态，如温良、谦恭、慷慨、节制等，这叫作伦理德性；另一类是纯粹理性，灵魂自身功能的优秀，如明智、智慧、理解等，这叫作理智德性。伦理德性是由风俗习惯熏陶出来的。理智德性大多数是由教导而生成、培养起来的，所以需要经验和时间。

---

① 龚群：《现代伦理学》，中国人民大学出版社 2010 年版，第 288 页。
② 同上书，第 289 页。

正如其他技术一样，我们必须先进行有关德性的现实活动，才能获得德性。我们做公正的事情，才能成为公正的人；进行节制，才能成为节制的人；有勇敢的表现，才能成为勇敢的人。确切地说，德性在于养成，有了长期的行为习惯才可说人们形成了某种德性。所以，行动贵在坚持。在这个意义上，幸福就是过有德性的生活。为了实现作为人的终极目的，德性就成为必要的中间环节。

2. 德性的内涵

我们如何确认德性呢？亚里士多德提出了适度和中道的概念。他认为，人的行为，无论是过度或不及，都足以败坏人的德性，唯有适度才能造就德性。适度是过度与不及的中道，适度到过度与不及的距离相等。但是，这种中道并不像数学中的等差中项那么严格，它只是一种相对的中道，在生活中，适度就是一种恰到好处的行为，即不过度，也不能不及。例如，一个人恐惧、勇敢、愤怒或怜悯，这些情感以及由此产生的行为可能过分，也可能不及，两者都是不好的。然而若是在应该的时间，根据应该的情况，对应该的人，为应该的目的，以应该的方式来感受这些情感，相应地做出行动的反应，那就是中道，是最好的，属于德性。在《尼各马可伦理学》中，亚里士多德通常专注于在各种领域中找出介于两个极端之间的平衡点。举例而言，勇气是两种感觉（恐惧和自信）之间的平衡点，并以此平衡点为基础采取的行动（勇气的行动）。太多恐惧、太少自信会导致懦弱，而太少恐惧、太多自信则会导致草率、愚蠢的抉择。介于两者之间的那个平衡点即为中道或中庸之道。

德性就是中道，是对中间的命中。德性作为中道，它是一种具有选择能力的品质，它受到理性的规定，像一个明智人那样提出要求。在感受和行为中都有不及和超越应有限度的时候，德性则寻求和选择中间。所以，不论就实体而论，还是就所以是的原理而论，德性就是中道，被作为最高的善和极端的美。亚里士多德认为人类的好生活是以德性为中心的生活，德性的实践是人类好生活必不可少的中间环节。发展好的习惯可以培养出好的人类，而练习奉行中庸之道则可以让一个人活得更幸福。

四　麦金太尔的观点

阿拉斯戴尔·麦金太尔（1929—）出生于苏格兰的格拉斯哥，他先在伦敦大学女王玛丽学院就学，于 1949 年获文科学士；两年后在曼彻斯特大学哲学系获硕士学位。麦金太尔曾在英国、美国等多所大学任教，著述甚丰。1981 年，麦金太尔出版了一部名为《追寻美德——伦理理论研究》的著作，在西方伦理学界掀起了一种思潮，那就是认为，西方进入现代社会以来，道德学派众多，但只注意了分析道德语词、描述道德现象、提出新的道德计算方式、并着力思考社会正义问题，对于个人的修身成德、人格的塑造成型等重要的伦理学问题却被淡忘了。因此，应该向古代的德性传统回归，重新追寻德性。

1. 德性的本质

麦金太尔认为，对德性理解的首要前提在于对实践的理解。实践是指能够提供内在善或内在利益的活动。麦金太尔说："我想用'实践'来意指融贯的、复杂的并且是社会性地确立起来的、协作性的人类活动形式，通过它，在试图获得那些既适合于这种活动形式又在一定程度上限定了这种活动形式的优秀标准的过程中，内在于那种活动的利益就得以实现，结果，人们获取优秀的能力以及人们对于所涉及的目的与利益的观念都得到了系统的扩展。"① 通俗地说，砌砖不是一种实践，建筑却是；种萝卜不是一种实践，农作却是；物理学、化学、生物学的研究，历史学家的工作，绘画与音乐，也都是实践。

在麦金太尔看来，人们在实践活动中所获得的利益有内在利益与外在利益。他举例说，我们看看从中世纪末到 18 世纪在西欧发展起来的肖像画实践。② 成功的肖像画家能够获得许多外在利益——名声、财富、社会地位，甚至偶尔在宫廷有一定的权力与影响。但是，这些外在利益不可混淆于内在于这一实践的那些利益。这里的内在利益产生于这样一种广泛的努力，亦即表明怎么可能通过以一种全新的方式教导我们"把我们墙上的图画视为被描绘的对象本身（人物、风景等等）"。绘画实践至少获得了两种不同的内在利益。首先是作品的优秀，这既是画家们工作的优秀，又是每一幅画本身的优秀。正是在参与种种维系进步和对各种问题做出创造性

---

① ［美］阿拉斯戴尔·麦金太尔：《追寻美德——伦理理论研究》，译林出版社 2003 年版，第238 页。

② 同上书，第239 页。

反应的努力中，将会发现肖像画实践的第二种利益。因为艺术家们在对肖像画方面的优秀的追求中所发现的，正是某种生活的善——而对肖像画来说是真实的东西，对于一般的美术实践来说也是真实的。就作为画家的某个人而言，这种生活可能并不构成其生活之全部，但是，在很大意义上或至少就某一时期而言，这种生活吸引着他甚至不惜牺牲一切，例如高更就是这样。然而正是这画家所过的他作为一个画家的那部分生活，才是绘画的第二种内在利益。

麦金太尔认为，内在利益与外在利益有一种重要的差别。外在利益的特征在于，每当这些利益被人得到时，它们始终是某个个人的财产与所有物。而且，最为独特的是，某人占有它们越多，剩给其他人的就越少。有时候这是必然的，例如权力与名声；有时候却是偶然环境使然，例如金钱。"因此，外在利益从特征上讲乃是竞争的对象，而在竞争中则必然既有胜利者也有失败者。内在利益诚然也是竞争优胜的结果，但它们的特征却是，它们的获得有益于参与实践的整个共同体。"①

然而，这一切与美德概念有何关系？麦金太尔说："美德是一种获得性的人类品质，对它的拥有与践行使我们能够获得那些内在于实践的利益，而缺乏这种品质就会严重地妨碍我们获得任何诸如此类的利益。"② 美德在我们的生活中占有重要地位。没有它们，就会极大地妨碍我们获得优秀的标准或实践的内在利益，从而使得这种实践本身除了作为获得外在利益的手段之外，毫无意义。

麦金太尔认为，美德与外在利益和内在利益的关系截然不同。拥有美德——而不只是其外表与影像——是获得内在利益的必要条件；但拥有美德也可能全然阻碍我们获得外在利益。他强调说："外在利益真正说来也是利益，它们不仅是人类欲望的特有对象，其分配赋予正义与慷慨的美德以意义，而且没有人能够完全蔑视它们，除了那些伪君子。然而，众所周知，诚实、正义与勇敢的修养时常会使我们得不到财富、名声和权力。因此，纵然我们可以希望，通过拥有美德我们不仅能够获得优秀的标准与某

---

① ［美］阿拉斯戴尔·麦金太尔：《追寻美德——伦理理论研究》，译林出版社 2003 年版，第 242 页。

② 同上。

些实践的内在利益，而且成为拥有财富、名声与权力的人，可美德始终是
实现这一完满抱负的一块潜在的绊脚石。因此，不难预料，假如在一特定
社会中对外在利益的追求变得压倒一切，那么美德观念可能先受些磨损，
然后也许就几近被全然抹杀，虽然其仿制品可能还很丰饶。"①

2. 德性的演变

在传统社会中，无论在中国还是在西方，伦理学确实都是以德性和人
格为中心的，对德性的划分是丰富多彩的，生活在这一社会中的人也就比
较注重自己德性的培养，欣赏和赞美那些德性远远高出众人的杰出者。古
希腊人的精神就是要努力地追求一种卓越的德性，并在各种德性中间保持
一种和谐与平衡。中国古代社会的文化也极其推崇优雅的人格和高尚的
品格。

但是，到了近代，伦理学却转向以原则和规范为中心，个人以履行基
本义务为要，至于成为什么样的人却交付给个人的选择。这一转变是怎样
发生的呢？麦金太尔从德性的角度来讨论古代与现代道德理论的分野，大
致以德性的演变为中心线索区分出这样三个阶段。②

首先，从古希腊罗马到中世纪，这个时期是"复数的德性"（Virtues）
时期，也就是说，在此德性是复数的，是多种多样的。像古希腊人强调的
四主德：节制、勇敢、智慧、公正，以及友谊等。又如神学的德性：谦
卑、希望、热爱等，它们都服务于某个在它们自身之外的目标，由这一目
标来定性并受其支配。在荷马史诗中，美德是一种品质，这种品质的显
现，使人们能够严格履行其定义明确的社会角色所要求的义务；亚里士多
德将诸种美德的获取与践行视为达到一定目的的诸种手段，诸种美德的践
行本身就是对人来说善的生活的一个至关重要的组成部分。

到了近代，进入了"单数的德性"（Virtue）时期。所谓"单数的德
性"是指德性成为单纯的道德方面的德性。与道德的"好"、"道德价值"
乃至"道德正当"成为同义语，虽然还是可以区分各种各样的具体德性，
但它们实际上都是一种东西——即一种"道德的好"、"一种道德正当"。

① ［美］阿拉斯戴尔·麦金太尔：《追寻美德——伦理理论研究》，译林出版社 2003 年版，
第 249 页。

② 何怀宏：《伦理学是什么?》，北京大学出版社 2002 年版，第 155—158 页。

而且，现在德性不再依赖于某种别的目的，不再是为了某种别的"好"而被实践了，而是为了自身的缘故。由于有了一个单一的、单纯的德性标准，德性在此意义上就是单数的了。这样，道德实际上就向非目的论的、非实质性的方向发展了，不再有任何共享的实质性道德概念了，尤其不再有共享的"好"的观念，于是原则规范就变得重要，德性就意味着只是服从规范，休谟及康德、密尔乃至罗尔斯都是如此。

于是，德性概念逐渐变成是边缘的了，不再受到重视，这就导致了当代的来临——一个"在德性之后"的时代、一个不再有统一的德性观、价值观的时代。这个时代的道德语言，在某种程度上也包括道德实践处于严重无序的状态。尼采敏锐地觉察出这个时代的特征，觉察出当代道德的散漫无序和混乱状态，并提出了他自己的权力意志说和超人理想，走向某种非道德主义乃至道德虚无主义、德性虚无主义。尼采的道德哲学与亚里士多德的道德哲学形成颉颃之势，这一对立是根本的对立。今天我们将何去何从？麦金太尔提出了一个严肃而又明白的问题：拒斥亚里士多德从一开始就是正确的吗？我们应该追随尼采抑或亚里士多德？他的倾向是转向古代，转向传统，向亚里士多德回归。

第四章 企业与消费者

企业和消费者分别构成了经济体系中的供应方和需求方。企业提供满足消费者需求的产品或服务，使经济体系得以运转。企业和消费者的关系是通过产品或服务联系起来的。所以，在探讨企业对于消费者的责任时有两个问题需要思考，一是消费者的需求都应该被满足吗？二是企业如何满足消费者的需求？本章围绕着这两个问题展开讨论。

第一节 消费者的需求

满足消费者的需求，是企业生存与发展的基石。有一个故事讲到一家公司如何处理与消费者的关系：第一，顾客永远是对的。第二，如果顾客错了，请参照第一条。这形象地说明了消费者对于企业的重要性。那么企业是否就可以不加分析地去满足消费者的需求呢？本节让我们来考察一下消费者的需求及其合理性。

一 需要、欲望与需求

需要是指未满足的状态。马斯洛将人的需要从低级到高级划分为五个层次：生理需要、安全需要、归属和爱的需要、自尊需要、自我实现的需要。生理需要包括一个人维持生存与生活的基本需要，衣服、食物、睡眠、住房、性等。安全需要包括安全、稳定、依赖、免受恐吓、焦躁和混乱的折磨，对体制、秩序、法律、界限的需要；对于保护者实力的要求，等等。当生理需要和安全需要都很好地得到了满足，爱、感情和归属的需要就会产生。作为个体而言，他一般渴望同人们有一种充满深情的关系，渴望在他的团体和家庭中有一个位置，他将为达到这个目标而作出努力。爱的需要既包括给予别人的爱，也包括接受别人的爱。自尊需要可以分为两类：第一，对于实力、成就、适当、优势、胜任、面对世界时的自信、独立和自由等欲望。第二，对于名誉或威信（来自他人对自己尊敬或尊重）的欲望。自尊需要的满足会提高一个人的自信，使人觉得自己在这个世界上有价值、有力量、有能力、有位置、有用处和必不可少。马斯洛认为，来自他人看法而不是基于真实能力的自尊是危险的，最稳定和最健康的自尊是建立在当之无愧的来自他人的尊敬之上，而不是建立在外在的名声、声望以及无根据的奉承之上。自我实现的需要指的是做与自身最大能力相称的事情，实现自己的人生理想和抱负。"一位作曲家必须作曲，一位画家必须绘画，一位诗人必须写诗，否则他始终都无法安静。一个人能够成为什么，他就必须成为什么，他必忠实于他自己的本性。这一需要我们就可以称为自我实现的需要。"[1]

欲望是指想得到需要的具体满足物的愿望。当需要指向具体的目标时，就转化为欲望。菲利普·科特勒认为，欲望是人类的需要经过文化和个体个性塑造呈现出的形式。一个美国人需要食品，他的欲望是一个汉堡王的汉堡、炸薯条和一杯碳酸饮料。而当一个毛里求斯人需要食物时，他的欲望却是杧果、大米、小扁豆和蚕豆。[2]

需求是指对于有能力购买并且愿意购买的某个具体产品的欲望，当人们具有购买能力时，欲望就转化为需求。接下来让我们通过分析影响需求的因素，来进一步思考消费者需求的合理性。

二 影响需求的因素

消费者对一种商品的需求是指消费者在一定时期内，在各种可能的价格水平上愿意而且能够购买的该商品的数量。那么决定对一种商品的需求量的因素是什么呢？大多数经济学教科书认为以下因素是主要的。

1. 该商品的价格。一般情况下，商品价格越高，需求量越小。相反，

---

① ［美］马斯洛：《动机与人格》，华夏出版社 1987 年版，第 53 页。

② ［美］加里·阿姆斯特朗、菲利普·科特勒：《市场营销学》（第 7 版），中国人民大学出版社 2007 年版，第 7 页。

价格越低，需求量越大。

2. 消费者的收入水平。一般情况下，当消费者的收入水平提高时，会增加对商品的需求量。相反，收入水平下降，会减少需求量。我们一般把商品分为正常品、奢侈品和劣等品三类。收入水平的提高会显著地增加对奢侈品的消费。这种情况在经济高速增长的时期是一种非常普遍的现象，如 20 世纪 80 年代的日本和进入 21 世纪的中国。

3. 相关商品的价格。其他相关商品价格的变化，会引起消费者对这种商品的需求量的变化。相关商品分为互补品和替代品。互补品是指一种商品的消费增加会引起对另一种商品消费的增加，如汽车和汽油。当汽车价格不变时，汽油价格的下跌，会有更多的人购买汽车，以增加对汽油的消费。替代品指一种商品消费的增加会引起对另一种商品消费的减少，如牛肉和羊肉。当牛肉价格不变，羊肉价格上升时，人们会增加对牛肉的消费，减少对羊肉的消费。

4. 消费者的偏好。对于各种不同的商品，消费者的偏好程度是有差别的。当消费者对某种商品偏好增加时，会增加对该商品的需求量。反之，会减少需求量。

从影响需求的因素来看，消费者的需求是一个动态的变化过程。这些因素的驱动，使消费者的需求并不保持一个相对稳定的状态。消费者的需求很可能发生需求过度或需求不足的情况。

三　需求的合理性

消费者选择理论认为，消费者需求的满足是通过消费者在预算约束范围内追求效用最大化实现的。消费者只考虑在自己的预算线上，怎样实现效用最大化。如图 4-1 所示，假定消费者只消费两种商品 X 和 Y。无差异曲线（也称作等效用曲线）是用来表示消费者偏好相同的两种商品的所有价格组合，或者说，它表示能够给消费者带来相同的效用水平或满足程度的两种商品的价格组合，如图中有 U_1、U_2、U_3 三条无差异曲线，同一条无差异曲线上的所有点带给消费者的效用水平是相同的。相比较而言，U_1、U_2、U_3 这三条无差异曲线，带给消费者的效用满足程度是 $U_3 > U_2 > U_1$。

预算线表示在价格给定的条件下，消费者收入所能购买到的两种商品的各种组合，如图 4-1 中消费者的预算线为 AB。消费者最优的消费决策是什么呢？就是选择在预算线上能带来效用最大化的商品组合。这一点位于图中的 E 点。在 E 点，预算线 AB 与无差异曲线 U_2 相切。虽然 U_3 的效用水平高于 U_2，但它超出了消费者的预算，无法实现。U_1 上的 a、b 虽然可以满足预算约束，但并不能满足效用最大化的条件，所以，只有在 E 点，才实现了效用最大化。

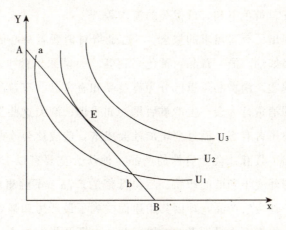

图 4-1　效用最大化

无差异曲线反映的效用是一个相对模糊的概念。因为效用给消费者带来的需求满足，没有考虑道德因素在内。我们不禁要问一问：消费者建立在自我认知基础上的效用满足，满足的是消费者的真正需求吗？消费者的选择真的是对自己最有益的吗？

消费者的偏好被假定为是完全的、可传递的和非饱和的，这常常不符合实际。偏好的完全性即消费者总是可以比较和排列所给出的不同商品组合。由于效用含有主观判断，消费者更偏好的商品组合不一定就是真正有益的。偏好是可传递的，即消费者始终都能保持评价的一致性，在现实之中也令人怀疑。偏好是非饱和的，对于任何一种商品，消费者总认为数量多比数量少要好。这个假定认为消费者值得拥有的商品都是"好"的东西而不是"坏"的东西。显然这个假定不符合实际。在有些情况下，某种商品对消费者而言比如香烟、酒精饮料等并非多多益善。

消费者选择理论不能不使人对需求的合理性发生质疑。其实,已有学者关注这个问题。王方华和周祖城认为根据合理与否,可以把顾客需求归纳为如下几类:第一,对顾客有利,且不损害他人及社会的利益,或者对他人及社会也是有利的。这种需求应该尽可能去满足。第二,对他人和社会无害,但对顾客有潜在的不利影响的需求,如高脂肪食品。第三,对顾客本身是有利的,但对他人和社会是有害的需求,如一些一次性消费品导致资源浪费、环境污染。第四,对顾客、对社会都不利的需求,如对毒品、私人枪支、黄色书刊、录像等的需求等。①

甘碧群提出了有害需求的概念。"这是指对消费者身心健康有害的产品或服务,诸如烟、酒、毒品、黄色书刊等。"② 萨缪尔森和诺德豪斯提出上瘾物品的问题。消费品可以区分为有益品和有害品。有益品具有内在价值,有害品的消费行为会产生严重后果,如香烟、酒类这些上瘾物品的消费,不仅对使用者有害,而且会增加社会成本,造成社会危害。③

墨菲提出了具有社会矛盾性的产品,他认为主要有以下几类:香烟、酒精饮料、与环境不和谐的产品、品位低俗的产品、不健康食品等。(1)虽然香烟是一种合法产品,却因其用途而受到了最严厉和强烈的指责。根据科学证明,香烟有损吸烟者的健康。此外,还会影响他人,如同事、家庭成员、餐馆中的服务员等的身体健康。(2)酒精饮料的问题主要是由于滥用而引发的疾病和酒后驾车造成的交通伤亡事故。(3)与环境不和谐的产品主要是:不可分解的二次包装,从而造成长期的填埋问题;利用稀缺资源制造的产品,例如一些林木制品(比如纸)等;或者需要消耗大量资源的产品,例如高耗油的大型运动型多功能车;各种各样的在加工或清洗中使用的化学制剂与清洗剂,如若处理不当,就会污染土地、空气和地表水;医疗垃圾,由于对使用人员而言,这类物品的处理非常困难,因此往往直接将它们倒入海洋或湖泊中。(4)品位低俗的产品,如宣扬暴力的电

---

① 王方华、周祖城编著:《营销伦理》,上海交通大学出版社 2005 年版,第 11 页。
② 甘碧群主编:《市场营销学》,武汉大学出版社 2002 年版,第 13 页。
③ [美]保罗·萨缪尔森、威廉·诺德豪斯:《经济学》(第 17 版),人民邮电出版社 2004 年版,第 74 页。

脑游戏。（5）不健康食品如快餐食品、减肥产品、食品添加剂等。[①] 对消费者身心健康有害的产品或服务，激进的观点认为根本不应该允许出售这类产品。较为温和的观点认为应对这类产品的营销加以限制和约束。

四 基于消费者合理需求的产品开发实践

前面我们对于消费者的需求进行了分析，发现了需求并不总是合理的。这一点对于作为供给者的企业而言，无疑提出了一个问题：生产什么样的产品给消费者？如何满足消费者的需求。我们的回答是：企业应该以社会责任为导向开发产品，满足消费者的合理需求。一个有社会责任感的企业不仅要满足消费者的需求，而且还要考虑消费者需求本身是否合理，会不会有害于消费者自身的长期利益及其他消费者的利益。

企业单纯地满足消费者需求的观念，容易引起资源供给与人类需求的矛盾和冲突。企业必须从多角度关注消费者的需求，这包括对健康、安全、无害的产品需求，对美好生活环境的需求，对安全、无害的生产和消费方式的需求，对和谐的人与人关系的需求。企业不应单纯把消费者看成是实现利润的手段和工具，把自然看成是征服的对象，消极地去发现需求、满足需求，而应积极主动地引导消费者进行合理消费，避免不合理需求引发的不合理的生产和消费方式，造成自然资源的浪费和损耗。

企业应该意识到忽略消费者和社会的长远利益是对消费者和社会不负责任的行为。我们可以根据产品满足消费者现时利益和长远利益的程度对产品做如下分类，如图 4-2 所示。有缺陷的产品，例如味道很差又没有效果的药品，既没有现时的吸引力又没有长期利益。取悦型产品能给予顾客高度的即时满足感，但在长期可能损害顾客利益，一个例子就是香烟。有益产品的吸引力不强，但是从长期来看可能对消费者有益，例如安全带和安全气囊。期望产品既有高度的即时满意度，又有高度的长期利益，例如一种美味营养的早餐食品。[②] 企业有责任开发有益产品和期望产品，以更好地满足消费者的需求。

① ［美］墨菲等：《市场伦理学》，北京大学出版社 2009 年版，第 105 页。
② ［美］加里·阿姆斯特朗、菲利普·科特勒：《市场营销学》（第 7 版），中国人民大学出版社 2007 年版，第 519 页。

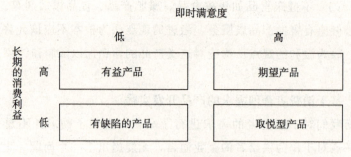

图 4 - 2　产品的社会分类

资料来源：〔美〕加里·阿姆斯特朗、菲利普·科特勒：《市场营销学》（第 7 版），中国人民大学出版社 2007 年版，第 519 页。

如何满足合理需求，这其实是对产品的功能设计提出了要求。价值工程就是一种立足于消费者合理需求基础上的产品功能设计方法。价值工程是研究如何以最低的寿命周期成本使产品具有必要的功能，从而提高产品价值的一种有组织的创造活动。1947 年，美国通用电气公司工程师麦尔斯在研究材料的代用问题中，总结出一套在保证获得同样功能的前提下降低成本的科学分析方法，当时称为价值分析。后来该方法被广泛应用于新产品开发、老产品改进、材料选用和工程建设等许多领域，取得了显著效果。

价值工程包括三个基本概念：价值、功能和成本。价值是指投入与产出或效用与费用的比值，在价值工程中，价值（V）采用以下公式来表达它与功能（F）、成本（C）的相互关系：

$$V=F/C$$

功能是指产品所具有的特定用途和使用价值，是构成产品本质的核心内容。人们购买产品是为了获得某种用途或使用价值，而不是为了获得产品本身。如购买电视机是为了收看电视节目，购买手表是为了看时间。正如麦尔斯所言："人们需要的不是产品本身，而是产品的功能。"一个产品可以具有多种功能，这些功能对于消费者并不是同等重要的。所以有必要对功能进行分类，如表 4 - 1 所示。从用户需求角度可分为必要功能、不足功能和过剩功能。产品的必要功能是指消费者需要、要求并承认的功能。例如，消费者购买冰箱，冷藏就是冰箱的必要功能。购买昂贵的吊灯，照明就是吊灯的必要功能；如果新产品不能满足消费者的需要和要求，就是功能不足；有些超过了消费者需要并承认的功能，就是产品的过剩功能。不具备必要功能的产品，就无法满足消费者的需要，往往是次品或废品。过剩功能则会形成无效价值，只能增加产品的用途，但不能提高产品的价值。按功能的重要程度可分为基本功能和辅助功能。基本功能是决定产品存在的基础，是消费者购买产品的直接目的。辅助功能是附加给产品的功能。按功能的性质可分为使用功能和外观功能。使用功能是给消费者带来效用的功能，如地铁的使用功能是快速载客等。外观功能又称美学功能，它通过色彩、造型和图案等对消费者心理产生魅力。

表 4 - 1　　　　　　　　　　　　产品功能分类

分类依据	产品功能
用户需求	必要功能 不足功能 过剩功能
功能的重要程度	基本功能 辅助功能
功能的性质	使用功能 外观功能

　　价值工程中成本是指产品的总成本，即寿命周期成本。指该产品从调研、设计、制造、使用直至报废为止的产品寿命周期所化的全部费用，它的构成如图 4-3 所示。产品寿命周期费用即成本 C 可分为两大部分，即由研制、生产阶段的产品制造成本 C_1，也就是用户购买产品的费用，包括产品的科研、实验设计、试制、生产、销售等费用及税利等；使用阶段的费用构成产品的使用成本 C_2，它包括产品使用过程中的能耗费用、维修费用、人工费用、管理费用等，有时还包括报废拆除所需费用（扣除残值）。

　　"所以，寿命周期成本上升或降低，不仅关系到制造企业的利益，同时也是用户的要求，并和社会劳动的节约密切相关。"[1]　比如，省电型冰箱

---

　　①　邬适融主编：《现代企业管理——理念、方法、技术》，清华大学出版社 2008 年版，第293 页。

并不会减少生产者的成本，但是它节省了用户的使用成本；无氟冰箱减少了污染，节省了社会成本，降低了产品寿命周期费用，既符合用户和企业的利益，也可使整个社会人力、物力、资源都得到合理利用和节约。如果仅仅是产品制造成本降低了，而产品的质量和性能差，使得产品的使用维护费用升高了，那么产品整个使用寿命期间的总费用可能反而更高。一些耐用消费品，其使用费用远远高于生产费用。据统计，小汽车在 10 年内的使用费用将为购买费用的 2.5 倍，其他如电冰箱、洗衣机、空调机等的使用费用也为生产费用的 2 倍以上。由此可见，降低产品的使用成本，不仅符合消费者利益，也是节约资源的重要途径。所以，价值工程应着眼于整个产品寿命周期费用。

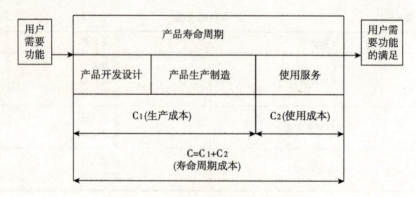

图 4 - 3　产品寿命周期成本构成图

资料来源：邬适融主编：《现代企业管理——理念、方法、技术》，清华大学出版社 2008年版，第 293 页。

价值工程不是为了单纯地提高产品的功能，也不是一味地追求降低成本，而是致力于功能与成本两者比值的提高。因此，价值工程要从用户利益、社会利益和企业利益相结合的观点出发，从事产品的开发与改进。根据价值工程的基本公式，提高价值的途径有：

(1) 功能不变，成本降低。$V\uparrow = F / C\downarrow$

(2) 功能提高，成本不变。$V\uparrow = F\uparrow / C$

(3) 功能提高，成本降低。$V\uparrow = F\uparrow / C\downarrow$

(4) 功能大幅度提高，成本略有提高。$V\uparrow = F\uparrow\uparrow / C\uparrow$

（5）功能略有下降，成本大幅度下降。$V\uparrow = F\downarrow / C\downarrow\downarrow$

价值工程是以提高价值为目的的，如因降低成本而引起产品的功能大幅度下降，损害用户利益，这样降低成本不是价值工程的做法。同样，如片面追求提高功能使成本大幅度提高，结果使用户买不起，以致产品滞销或亏损出售，这样的提高功能也是不可取的。

价值工程以功能分析为核心，通过功能分析，弄清哪些功能是用户需要的，哪些是不需要的，哪些是由于设计上或制造上的需要而派生出来的。通过功能分析，能够确定产品的必要功能，剔除不必要的多余功能。总之，价值工程要求以最低的寿命周期成本，可靠地实现必要的功能，以满足消费者的合理需求。

第二节　产品质量责任

在探讨企业和消费者关系时，一个不容忽视的问题就是由于产品质量引起的企业与消费者之间的争议。在经济生活中，由于产品质量和产品安全问题引发的消费者投诉在不断上升。本节围绕三种不同的产品责任观来探讨企业对于消费者的责任。

一　产品及其质量特性

产品是指能满足顾客需求的有形的物品和无形的服务。具体可以划分为三类：（1）有形的实物产品；（2）服务或提供给消费者的某些有用的活动行为；（3）思想或能够给消费者提供知识或能在思想上获益的观念。

著名的质量管理专家朱兰认为"质量就是适用性"。产品质量是指产品适合于规定的用途以及在使用期间满足顾客的需求。狭义的产品质量是指实物产品的质量，包括实物产品的内在特征，如产品的性能、精度、纯度、成分等；以及外部特征，如产品的外观、形状、色泽、手感、气味、光洁度等。

产品的质量特性一般可概括为性能、寿命、可靠性、安全性和经济性五个方面。（1）性能，是指产品满足使用目的所具备的技术特性，如计算机的运算速度及台灯的亮度。（2）寿命，即产品在规定的使用条件下完成规定功能的总时间，如汽车的行驶里程、食品的保质期。消费者希望产品能耐久使用，特别是高档耐用品，消费者往往根据产品使用寿命来判断产品的质量。（3）可靠性，即在规定使用条件和时间内，产品完成规定功能的能力，如电风扇无故障连续工作时间。（4）安全性，是指产品的制造、存储和使用过程中保证人身与环境免受损害的程度，如防爆开关在接通和断开电路时不冒火花。（5）经济性，这是指产品从设计制造到产品的使用寿命周期中的成本大小，具体表现为用户购买产品的价格和使用成本，如车床的耗电、人工及维修费用。

二　三种产品责任观

企业作为生产性组织，其基本职能应当是为消费者提供安全而又性能良好的商品和服务。但是，由于产品质量引发的各种问题如假冒伪劣产品，又常常将企业陷于备受指责的境地。那么，在产品质量方面，企业负有什么样的责任呢？下面分析关于产品责任的三种经典理论：契约论、当然关切论和社会成本论。

1. 契约论

契约论认为，企业与消费者之间的关系本质上是一种契约关系。消费者购买商品时，自动与企业签订了"销售契约"。企业在自愿且知情的情况下，同意给予消费者具有某些特点的产品；此外，消费者在自愿且知情的情况下，同意向企业支付一笔钱以购买产品。鉴于自愿签订的协议，企业随后有义务提供具备那些特点的产品，消费者有相应的权利获得具有那些特点的产品。[①]

我们知道，在商品交易中，消费者与作为生产者的大公司、大企业尤其是大的垄断集团相比，其经济力量极为弱小，造成了买卖双方交易能力的不平衡。对于特定的商品，由于信息不对称，两者之间有关商品的知识存在着固有的差异。而且随着科学技术的飞速发展，生产技术和工艺日益高度复杂化，消费者缺乏专业知识，难以对所购商品的质量特性作出准确

---

① ［美］曼纽尔·G.贝拉斯克斯：《商业伦理：概念与案例》（第7版），中国人民大学出版社2013年版，第243页。

的判断。所以，契约双方是不平等的，根据契约论来界定赔偿责任常常是不适用的。

契约论只主张对合同义务负责，而不顾及一般性义务。对于那些虽然给消费者造成了损失但在合同中没有规定的情况，必须由消费者自己承担后果。契约论走到极端就是绝对尊重契约条款，同时也可能接受最不道德的条款。

所以，普拉利认为契约论的产品责任观只适用于如下情况：（1）契约双方都拥有同样的专业技术，用于了解某件产品和某项服务的质量；（2）一旦一方出现违约，另一方能够给予有效的惩罚，特别是通过可能性的市场压力。①

2. 当然关切论

当然关切论认为，由于消费者和企业之间关系的不平等，企业处于更加有利的位置，他们有义务确保消费者的利益不被自己提供的产品损害。任何消费者都享有一些无条件的权利。无论商品提供者在契约中写出多少条款，他们都有义务提供超出条款之上的当然关切。

现今的许多商品，由于结构高度复杂，远远超过普通消费者的知识范围，更无法发现产品在设计或制造中可能存在什么缺陷或危险。根据当然关切论的观点，由于厂家和商家是信息优势的一方，他们所拥有的知识和专业技能是消费者难以企及的。所以，他们有义务对消费者提供超出条款之上的当然关切。当然关切论的不足之处是容易将当然关切责任以外的责任推诿给厂家；在多种原因共同造成的事件中，难以得到恰当的赔偿。

3. 社会成本论

社会成本论主张，制造商在任何情况下必须对产品引起的伤害负责。即使制造商在设计和产品制造中实行了所有的应尽关怀，已经采取了所有的合理预防措施，向使用者警告了所有可预见的危险，它们还是应该承担产品的任何缺陷造成的任何伤害成本。根据这个理论，即使伤害来自没有人可以合理预见或消除的产品缺陷，制造商还是有义务承担伤害的风险。

---

① ［美］P. 普拉利：《商业伦理》，中信出版社 1999 年版，第 127 页。

　　由产品设计中无法避免的缺陷导致的"外部"伤害成本，构成社会必须为生产和使用产品支付的部分成本。通过让制造商承担由这些伤害导致的外部成本，以及设计和制造的一般内部成本，所有成本都作为产品价格的一部分被内部化和加总。"该理论的支持者认为，成本内部化会引导人们更有效地利用社会资源。第一，价格会反映生产和使用产品的所有成本，市场力量会确保产品不过量生产，资源不被浪费在产品上。（如果有些成本不包括在价格中，制造商容易消耗资源生产出过量产品。）第二，因为制造商必须支付伤害的成本，所以这会激励他们实行更多的关怀，从而减少事故的次数。因此，制造商会努力降低伤害的社会成本，这意味着资源的更有效利用。为了尽可能从有限的资源中产生最大的效益，即使制造商已经尽可能地减少产品的缺陷，还是应该把产品缺陷导致伤害的社会成本传递给制造商，内部化伤害的成本。第三，伤害成本内部化让制造商在产品的所有使用者之间分配损失，而不是让少数受到伤害的个人承担损失，否则这些个人就必须承担伤害的所有成本。这种成本分配方式似乎比将成本强加在少数受害者身上更加公平。"[1]

　　社会成本论的不足之处是可能造成在轻微灾难事件中对责任的滥用。由于生产中偏离标准所导致的问题，制造商要负法律责任。如果产品在设计上没有缺陷，但是产品本身有危险，而消费者没有被告知正确的使用方法，一旦消费者受到伤害，则生产者也要负法律责任。一个极端的案例是，1992 年，一位 70 岁的妇女被一杯刚从麦当劳外卖窗口买来的咖啡严重烫伤。显而易见的是，当时她将咖啡夹在腿间，并试图开车离开。那杯咖啡温度非常高（约 185 华氏度），泼洒在她腿上后，导致膝部三度烫伤，需要皮肤移植及长期治疗。这位老妇人获得了 286 万美元的巨额赔偿（16 万美元的补偿性罚款和 270 万美元的惩罚性赔款）。[2]

三　质量管理

　　有社会责任感的企业应当积极推进质量管理，努力提高产品质量。企

---

　　① ［美］曼纽尔·G. 贝拉斯克斯：《商业伦理：概念与案例》（第 7 版），中国人民大学出版社 2013 年版，第 252 页。

　　② ［美］墨菲等：《市场伦理学》，北京大学出版社 2009 年版，第 97 页。

业在质量管理方面的进步从未停止过。早期的质量管理着眼于事后检验。比如我国广东地区的科龙电器，在早期的创业阶段，为保证产品质量，对于生产出来的电饭锅，逐一蒸米饭以检验产品质量。当然，企业在生产规模小，产品数量少的情况下，这种事后的产品逐一检验是可以实现的。但是，一旦企业规模扩大，产品数量增加，采用这种初级的质量控制方法就不可取了。而且，事后检验，废品已成事实，很难补救。20 世纪 40 年代，出现了统计质量检验，其主要特点是应用数理统计原理和抽样技术对生产过程进行控制，以预防不良质量产品的出现，即进行事前的、预防性的生产过程控制。到了 20 世纪 50 年代，又出现了全面质量管理。最早提出"全面质量管理"概念的是通用电气公司的菲根堡姆。

1950 年，质量专家美国人 W. 爱德华兹·戴明去日本向许多日本企业的高层管理者教授如何改进他们的生产效率，他的管理方法的核心是采用统计方法分析生产过程的变异性，从而生产均匀的和可预见的产出质量。戴明的质量管理方法后来扩展为全面质量管理。全面质量管理是一种由顾客需求和期望驱动的管理理念，它专注于质量和持续的改进活动。全面质量管理的含义包括：强烈地关注顾客、坚持不断地改进、改进组织中每项工作的质量、精确地度量、向雇员授权，如表 4-2 所示。

表 4-2 全面质量管理的含义

1. 强烈地关注顾客	顾客的含义不仅包括外部购买组织产品和服务的人，还包括内部顾客（诸如发运和回收应收账款的人员），他们向组织中的其他人提供服务并与之发生相互作用
2. 坚持不断地改进	TQM 是一种永远不能满足的承诺，"非常好"还不够，质量总能得到改进
3. 改进组织中每项工作的质量	TQM 采用广义的质量定义。它不仅与最终产品有关，并且与组织如何交货、如何迅速地响应顾客的投诉、如何有礼貌地回答电话等都有关系
4. 精确地度量	TQM 采用统计技术度量组织作业中的每一个关键变量，然后与标准和基准进行比较以发现问题，追踪问题的根源，消除问题的原因
5. 向雇员授权	TQM 吸收生产线上的工人加入改进过程，广泛地采用团队形式作为授权的载体，依靠团队发现和解决问题

资料来源：［美］斯蒂芬·P. 罗宾斯：《管理学》（第 4 版），中国人民大学出版社 1997 年版，第 41 页。

与传统的质量管理相比较，全面质量管理从过去的就事论事、分散管理，转变为以系统的观点为指导进行全面的综合治理；强调不断改进过程质量，从而不断改进产品质量。20世纪90年代，在全面质量管理的基础上，又发展出了6σ，此概念1986年由摩托罗拉公司的比尔·史密斯提出。西格玛（σ）指统计学中的标准差，6σ是一个目标，这个质量水平意味的是所有的过程和结果中，99.99966%是无缺陷的，6σ的操作水平是每100万单位有3.4个缺陷。

需要指出的是，提高产品安全性是质量管理中的应有之义。产品安全是产品质量的一个重要方面，消费者购买产品，首先希望产品是安全的，在此前提下希望产品是有价值的，能够满足需求。由于产品安全性引发的各种风险，不仅危及消费者的财产和人身安全，对于企业也造成了严重负担。所以，提高产品的安全性应当成为企业质量管理的重中之重。

第三节 营销与社会责任

企业满足消费者需求的过程，是通过产品的开发、生产和营销活动来完成的。我们在考察企业和消费者的关系时，必须关注的一个领域是企业的营销活动。本节主要讨论营销的社会影响、社会营销观念以及营销中的社会责任。

一 营销对消费者和社会的影响

"营销是个人或群体通过创造并与他人交换产品或价值，以获得其所需所欲之物的一个社会过程和管理过程。在一个商业的环境中，营销包含了建立并管理与客户之间的盈利性的交换关系。"① 通过营销活动，企业生产经营的成果以产品或服务的形式进入社会，对包括消费者在内的社会成员产生这样或那样的影响。因此，营销成为最容易引发消费者争议的领

---

① ［美］加里·阿姆斯特朗、菲利普·科特勒：《市场营销学》（第7版），中国人民大学出版社2007年版，第7页。

域，也常常受到来自社会的批评。让我们来看看营销对于个人、社会、其他商业组织的不利影响有哪些。

营销对于个体消费者的不利影响，往往表现在，首先，由于销售不稳定或不安全的产品，危害消费者的身心健康和安全。其次是产品价格，利用歧视性定价、掠夺性定价，侵害消费者的利益。最后采用不正当的促销手段如夸大产品特性和功能，诱使消费者购买等。

营销对于其他商业组织的影响首先是破坏了公平的市场竞争环境。一些实力雄厚的大企业能够利用专利和庞大的促销支出，抬高销售成本，防止竞争对手进入该行业，为新进入者制造障碍。其次是采用掠夺性营销活动，即通过设定低于成本的价格，打击竞争者的产品。

营销对于社会的不利影响是过多地宣传物质主义和制造文化污染。营销系统借助于广告和其他营销工具，过分的宣传拥有更多、更昂贵商品的好处，加剧人们对于物质的迷恋。这种对于物质产品的过度宣扬，形成了一种物质主义的观念，助长了人们对于物质财富的过度追求。为了在别人眼里树立成功者的形象，人们必须拥有一座大房子、两辆汽车和最新的高科技用品。在美国，"近2/3的成年人同意穿着'最好的设计师设计的服装'是地位的象征。甚至更多人认为拥有昂贵的珠宝同样是地位的象征。大房子也为流行提供了便利，这意味着美国人有更大的空间来放置他们所购买的各种各样的东西，从面积增加了一倍的主人卫生间、健身房到全部电气化的家庭娱乐中心"①。营销系统在销售产品的过程中，同时也在制造文化污染。我们的生活中到处都充斥着广告。电视中插播的广告打断了严肃的节目；广告插页破坏了印刷品的整体效果；道路上的广告牌破坏了美丽的景色，造成对人们视线的干扰。

由于企业营销活动对消费者个人和社会带来了种种不利影响，反欺骗、反不正当竞争、反污染的呼声从未停止过，客观上推动了企业营销观念的变革。

---

① ［美］加里·阿姆斯特朗、菲利普·科特勒：《市场营销学》（第7版），中国人民大学出版社2007年版，第504页。

二　社会营销观念

在消费者权益意识不断增强和环境保护主义运动不断发展的背景下，企业的营销观念经历了彻底的变革。工业革命以来，主导企业的是生产观念，广阔的市场为企业发展提供了似乎无限的前景，消费者对产品需求很大，以至于企业急迫需要改善生产方式去满足现实的需求。随着市场上产品的增多、竞争的加剧，企业认识到顾客喜欢高质量的产品，推动了产品观念的形成。在这种观念指导下，企业注重产品性能和质量的改进。随着市场上产品种类的日益丰富，企业又进一步认识到只有大规模的推销和促销，才能吸引顾客购买，这就是销售观念的出现。在这一时期，广告开始发挥了重要作用。

那么怎样才能永久性地吸引顾客呢？企业开始把注意力投向顾客的需求和欲望。20世纪50年代出现了市场营销观念。销售观念注重的是将生产出来的产品推销出去，而市场营销观念则认为，生产市场需要的产品，才是获得利润的最佳途径。所以，市场营销观念"从一个定义明确的市场出发，以消费者需求为中心，整合各种营销活动来影响消费者，然后与适合的客户一起创造基于客户价值和客户满意的长期客户关系，并依此获得利润"。①

20世纪70年代，为了抵制工商企业在市场营销中以次充好、虚假宣传、欺骗顾客、损害消费者利益的现象，西方许多国家消费者权益保护运动兴起。市场营销观念开始受到质疑。有的学者认为，市场营销观念回避了消费者欲望和需求的短期满足和长远的社会福利之间的矛盾，企业奉行市场营销观念往往会导致环境污染、资源短缺、物资浪费和损害消费者长远利益等现象。如汽车行业满足了人们对交通方便的需求，但同时却产生燃料的高消耗、严重的环境污染、更多的交通伤亡事故以及更高的汽车购买费用和修理费用等。软性饮料满足了人们对方便的需求，但大量包装瓶罐的使用实际上是社会财富的浪费。清洁剂工业满足了人们洗涤衣服的需

---

① ［美］加里·阿姆斯特朗、菲利普·科特勒：《市场营销学》（第7版），中国人民大学出版社2007年版，第15页。

要，但它同时却严重地污染了江河，大量杀伤鱼类，危及生态平衡。环境恶化、资源短缺、人口爆炸、世界性饥荒和贫困的社会现实，客观上要求有一种新的观念来修正或取代市场营销观念，这种新观念便是社会营销观念。

社会营销观念认为，企业提供产品和服务，不仅要满足消费者的需求和欲望，而且要符合消费者的长远利益。如图 4 - 4 所示，社会营销观念要求营销人员在制定营销战略时考虑到三个方面的平衡：公司利润、消费者需要和社会利益。社会营销观念增强了企业的社会责任意识，推动企业更多地考虑消费者的长期利益和社会公众利益。

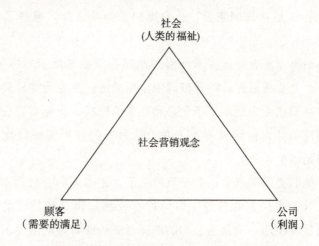

图 4 - 4　社会营销观念下要考虑的三个要素

资料来源：[美] 加里·阿姆斯特朗、菲利普·科特勒：《市场营销学》（第 7 版），中国人民大学出版社 2007 年版，第 16 页。

三　营销中的社会责任

如前所述，企业营销活动对消费者和社会具有广泛而深刻的影响。营销活动中企业负有哪些社会责任呢？这里以消费者为研究对象，来分析企业的责任。

1. 提供安全的产品

消费者是企业产品或服务的使用者。企业通过向消费者销售产品或提供服务，实现其收入与利润，但是我们看到产品安全性的重大意义并没有完全被企业所理解。中国 2008 年发生的"三鹿"奶粉事件，由于三聚氰胺添加剂，导致多名婴幼儿患上肾结石或死亡，最终石家庄三鹿集团不得不宣布破产重组。企业如果不考虑消费者的安全，对消费者不负责任，最终会使企业的经营陷入困境。相反的情况是，如果企业对消费者的安全和生命负责，维护消费者的权益，则能够赢得消费者的青睐和支持，广为传颂的一个案例是强生公司的泰诺胶囊事件。当有人因服用止痛药泰诺胶囊而死于药物中毒时，公司正式声明错误并采取了补救行动，虽然从短期利益来看，公司损失很大，召回了全部产品，并赔付消费者损失。但是从长期来看，行动维护了企业品牌，赢得了广大消费者的信赖。

虽然人们不能不合理地要求所有的产品不顾成本地造得尽可能安全，但仍存在一个企业能够保证的合理的安全期望值。企业有责任使产品的安全性能至少达到技术发展水平所允许和要求的标准。企业有责任确保消费者能够合理地估计风险。理查德·乔治认为人们如果能够合理地考虑风险，必须满足四个条件。

第一，他们必须知道自己处于风险之下。正如人们有权利不被伤害一样，当他们处于受伤害的危险中时同样有权利知晓这种情况的存在。所以，即使消费者使用一个制造公司的产品所受的或有可能遭受的伤害不明显时，制造公司也有义务通知消费者。通知人们伤害风险的义务也要求化学或其他危险或有毒物质生产商有义务告知那些靠近他们生产设备的人们所面临的潜在风险。

第二，如果他们要合理地估计风险，人们不仅必须知道他们正处在风险之下而且还要知道他们所面临的风险的性质和来源。如果风险是来源于一个产品，他们必须知道风险在什么条件下出现。没有这些知识他们就不知道如何估计风险以及是否愿意去冒这个险。如果是经常出现的，例如使用一个锯子，那么使用者知道他或她在使用时必须非常小心。如果风险只在一定条件下，或者误用产品时才会出现，消费者有权知道这些情况，以便决定是不使用这种产品从而避免风险还是在知道危险的情况下冒险使用。

第三，为了估计风险，使用者不仅必须知道风险有多大而且还要知道如何对付——比如，避免或者减少风险。如果一个人买了标明最大时速为80英里的轮胎，他就知道有风险并知道如何去对付它。比如，总是以低于80英里的时速驾车，那么对于他买这样的轮胎可能是合理的。生产者没有警告消费者存在这样的危险就是把消费者在没有获得如何避免风险知识的条件下置于风险之下。这就等于是故意把消费者置于受伤害的危险之中。

第四，为合理地估计风险人们需要知道可采用什么替代方法。那些希望避免乘飞机风险的人知道替代办法可以是乘火车、坐汽车等。再比如，驾驶任何汽车都会产生危险，避免这些风险的唯一办法就是不驾车。我们可以选择，从而避免一些风险。

虽然我们不能简单地或者单一地回答"如何安全才是安全"的问题，但是最起码的合理风险可接受标准和避免标准要求必须告知潜在的使用者他们正冒的风险。产品的生产者有责任来生产满足公众希望的产品并且在不能满足公众希望时有责任通知公众这一事实。当缺陷不明显，或者当产品不能满足公众认为其所用的产品理应达到的一般安全标准时，这种风险应该清楚地标明。①

2. 维护消费者的合法权益

许多国家通过建立和完善相关法律体系，推动企业自觉维护消费者的权益。20世纪60年代，美国肯尼迪总统宣布消费者具有获得安全、信息、选择和发言的权利，并提出保护消费者的法案。1984年12月，我国成立了中国消费者协会，并将每年的3月15日定为消费者权益日。随着消费者权益保护组织的发展和"3.15"宣传活动的深入，消费者权益保护意识和能力日益增强。我国已经形成了由《消费者权益保护法》《产品质量法》《食品卫生法》《反不正当竞争法》等法律、法规以及相关司法解释组成的消费者权益保护法律体系，使消费者权益在法律上有了切实的保障。《消费者权益保护法》第五条规定："国家保护消费者的合法权益不受侵害。"我国《消费者权益保护法》规定的消费者合法权益共有九条：安

---

① ［美］理查德·T. 德·乔治：《经济伦理学》，北京大学出版社2002年版，第251—253页。

全权、知情权、选择权、公平交易权、赔偿权、结社权、获知权、受尊重权、监督权。如表4-3所示。

表4-3 消费者的权利

权利	内容
安全权	消费者在购买、使用商品和接受服务时享有人身、财产安全不受损害的权利。消费者有权要求经营者提供的商品和服务，符合保障人身、财产安全的要求。
知情权	消费者享有知悉其购买、使用的商品或者接受的服务的真实情况的权利。消费者有权根据商品或者服务的不同情况，要求经营者提供商品的价格、产地、生产者、用途、性能、规格、等级、主要成分、生产日期、有效期限、检验合格证明、使用方法说明书、售后服务，或者服务的内容、规格、费用等有关情况。
选择权	消费者享有自主选择商品或者服务的权利。消费者有权自主选择提供商品或者服务的经营者，自主选择商品品种或者服务方式，自主决定购买或者不购买任何一种商品、接受或者不接受任何一项服务。消费者在自主选择商品或者服务时，有权进行比较、鉴别和挑选。
公平交易权	消费者享有公平交易的权利。消费者在购买商品或者接受服务时，有权获得质量保障、价格合理、计量正确等公平交易条件，有权拒绝经营者的强制交易行为。
赔偿权	消费者因购买、使用商品或者接受服务受到人身、财产损害的，享有依法获得赔偿的权利。
结社权	消费者享有依法成立维护自身合法权益的社会组织的权利。
获知权	消费者享有获得有关消费和消费者权益保护方面的知识的权利。消费者应当努力掌握所需商品或者服务的知识和使用技能，正确使用商品，提高自我保护意识。
受尊重权	消费者在购买、使用商品和接受服务时，享有人格尊严、民族风俗习惯得到尊重的权利，享有个人信息依法得到保护的权利。
监督权	消费者享有对商品和服务以及保护消费者权益工作进行监督的权利。消费者有权检举、控告侵害消费者权益的行为和国家机关及其工作人员在保护消费者权益工作中的违法失职行为，有权对保护消费者权益工作提出批评、建议。

总之，消费者是企业的重要利益相关者，企业在处理和消费者的关系方面，有责任维护消费者的合法权益：提供安全的产品；提供正确的产品信息；提供售后服务；提供必要的指导，使消费者正确使用本企业产品；赋予消费者自主选择的权利，自主选择产品。

3. 倡导合理的消费观念

倡导合理的消费观念，引导消费者适度消费，是企业应尽的一份责任。中国古代有着崇尚节俭的传统，李商隐《咏史》说："历览前贤国与家，成由勤俭败由奢。"古人认为节俭的生活方式有助于社会财富的积累和国家经济的繁荣强盛。西方近代以来的重商主义也主张节俭的消费观念，反对各种形式的铺张浪费，反对从国外输入奢侈品。

但是，随着工业化进程的加快，人们的生活模式和消费模式发生了根本性的改变。崇尚物质享受、追求奢靡之风成为一种社会潮流。西方 18世纪孟德维尔的《蜜蜂的寓言》一书，就是这种社会潮流的反映。在这本书中，作者以一群蜜蜂做比喻，说在蜜蜂的社会中，当奢侈之风盛行时，社会各行各业都兴旺，而当节俭之风代替了奢侈之风时，社会反而衰落了。个人为了追求享受，反而推动了社会经济的发展。

20 世纪以来，这种高消费、高消耗、高增长的发展模式加剧了人与自然环境之间的矛盾，也造成了很多社会问题。如肥胖就与人们的消费方式有关。"卡路里摄入量较高的最重要原因是食物的烹调方式：因为食品加工技术的不断改变，准备食物的时间成本大大下降，这样食物的总成本（金钱加上时间）就大大下降，导致人们消费更多的卡路里，结果就是人们的腰围不断增大。"① 20 世纪 60 年代以来，食品加工技术取得了一系列创新性进步，包括真空包装、速冻、改良的保鲜剂和调味剂，还有微波炉。这使得很多食品加工程序由家庭以外的专业制造商来完成并将包装好的预加工食物送到消费者的餐桌上。方便、美味的包装食品，大大减少了人们花在烹调食物和清理厨房上的时间。把这些因素都考虑进来以后，食品消费的全部成本总体下降，人们消费了大量的卡路里。随着越来越多的人变得肥胖，多余的卡路里给人们的健康带来的副作用越来越明显。糖尿病、高血压的范围不断上升，因肥胖而受伤残或引发其他健康问题的人数不断增加。

所以，适度消费，向简朴的生活方式回归，成为越来越多人们的选择。作为提供产品和服务的企业，应该顺应时代发展的潮流，在倡导适度消费、引导健康生活方式方面尽到应有的社会责任。

---

① ［美］罗杰·勒罗伊·米勒、丹尼尔·K. 本杰明、道格拉斯·C. 诺斯：《公共问题经济学》，中国人民大学出版社 2013 年版，第 19 页。

第五章　企业与员工

在古典经济学中，员工被看作是一种生产要素，如同土地、机器和资本一样。然而现代人力资源管理的兴起，改变了企业对员工的传统认识。员工被看作是组织最可宝贵的资源，通过人力资本的投资，可以实现其价值增值。所以，在如何对待员工问题上，企业正在经历着重大的变革。

第一节　企业与员工关系

一　企业与员工关系的历史

企业与员工关系的历史以工业革命为分界岭，可以划分为前后两个时期。前期表现为企业对员工的独裁管理和员工对企业的绝对服从关系，后期演变为企业对员工的民主管理。

1. 工业革命之前：独裁

工业革命之前，企业与员工关系是一种主从关系。这种主从关系在英国的习惯法中有明确的规定，并且它所宣称的东西一直延续到英国和美国的工业社会。英国的习惯法明确地规定，一个企业的所有者是该企业的唯一管理者，他具有实际上不受挑战的特权，用以雇佣、解雇、提升和贬罚员工；他也有权确定工资，规定工时和决定工作条件的质量和性质。从而，这种关系中的从者即工人就没有合法权利对雇主的智慧提出质疑，或对他的决定施加影响。此外，在理论上，工人具有合同自由所提供的保障，如果他觉得自己受到虐待，根据合同，他就有改换雇主的权利。

当然，英国习惯法要求雇主承担下列义务。这些义务包括："为他的雇员保证（1）一个安全的工作场所；（2）安全的工具、设备和机器；（3）足够的和称职的工作伙伴；（4）适当的和合理的就业规则；（5）对不熟练工人给予充分的训练。"① 在 19 世纪以前，工人不具有选举权，所以，在政府的立法、行政和司法机关中，实际上没有人代表他们；既然如此，上述法律责任就没有十分严肃的约束力。

可以看出，工业革命之前，企业对员工的管理具有高度单边的和独裁的性质。"经理特权所根据的基本理由是私有财产体制，这一体制被认为同时具有这样的权力，即财产所有人有权以任何他认为可取的合法方式使用其私有财产，他同样有权指挥任何一个被雇来靠他的财产或用他的财产进行工作的人。"②

这种高度的单边管理是与当时企业的规模有关系的。"应当记得，那时候一般企业规模较小。所以，同工业时代的雇员相比，那时的雇员对就业的场所的确有更多的选择余地。而且，总的说来，雇员的文化水平很低，这一事实使得单边管理不仅是可取的，甚至还可能是必需的。最后，由于企业小，产业主同雇员的关系就是高度私人化的；如果同后来在工业经济中的情况相比，那时他们双方的交涉力量是更为对等的。"③

2. 工业革命之后：民主

在工业化的早期，劳工组织开始形成，工商组织的公司形式也逐渐发展，这些体制性的变化，对经理特权的范围产生了深远的影响。首先，公司制的产生扩大了企业的规模，使企业和员工双方的力量对比发生改变。在工商业组织中，个体所有形式和合伙经营形式大大限制了企业规模的扩大。相反，公司这种组织形式却令人难以置信地扩大了它的规模。结果，生产和雇佣单位的规模飞速增长。这本身就意味着经理特权的某种改变，因为企业和雇员的相对交涉力量已经因此大大变化了。

其次，公司的出现，引起企业所有权和管理权的分离，这就从根本上动摇了经理的特权。"除了引起企业规模的改变，工商业组织的公司形式在产业联系领域中还带来了其他变化。最重要的变化之一，就是产业主和

① ［美］C. A. 摩尔根：《劳动经济学》，工人出版社 1984 年版，第 513 页。
② 同上。
③ 同上书，第 514 页。

经理的分离。"① 两权分离，使公司的所有者退出了企业的经营管理，"活动在产业舞台上的两个主要集团不再是历来的产业主—工人集团，而毋宁说是由个人组成的两个被雇佣集团。其中第一个集团是人数不多的、精选出来的集团，被公司雇来管理产业企业；其中第二个集团是人数大得多的、技术不等的雇员集团。他们被雇来按照经理政策完成或多或少的日常生产任务。这一根本改变，再加上企业规模的扩大，就使得一般公司中的劳资关系再也不是私人化的了"②。

而且，产业工人文化水平的提高，国家政治生活中越来越广泛地采取民主的管理形式及其向家庭、教会、学校的扩展，使人们对经理特权的传统基础产生疑问。产业工人的觉悟日益增长，他们逐渐认识到，社会口口声声保证给予他的民主的自由和权利，如果不能落实到他的工作地点，那么它们就没有多少实际意义。的确，在这个经济体系中，正广泛地发展出一种民主意识，它认为，在国家生活的任何主要领域，都不能允许有一种超乎人类的绝对权力存在；相反，权力应该建立在大众的基础之上。比如，有人提出："民主社会之内的任何管理，都应当是合法的管理，其中也包括产业管理：所谓合法管理，就是它应当代表被管理者的利益和愿望。这种看法认为，公司的所有人或它的经理无论怎样做，都不可能像代表产业主的利益那样真正地在同一时间、同一程度上代表工人的利益。所以，这种看法还认为，应授权工人集团通过它的工会参与那些对它有直接影响的产业管理事宜。"③ 与上述观点相适应，产业工人不断开展组织活动，并通过自己的组织要求更多地分享那些一直专属于产业主—经理的特权。

随着公司制的发展和劳工组织的壮大，传统的独裁管理渐渐被打破了。"最后的结果是，在私有企业的工业经济中，双边代表制的这种管理形式逐渐代替了产业中的产业主—经理单边独裁管制，有时称这种情况为产业民主。取得人民及其组织的合作，这种必要性渐渐代替了由公司经理

---

① ［美］C. A. 摩尔根：《劳动经济学》，工人出版社1984年版，第515页。
② 同上。
③ 同上书，第516页。

任意地控制人民。"①

3. 企业与员工关系的一个案例：欧文的人事管理

在汹涌澎湃的工业革命时代，罗伯特·欧文（1771—1858）是当时著名的社会改革家。丹尼尔·雷恩评价说："他本人是一位有成就的企业家，但是他试图阻止工业主义的前进浪潮以及他所认为的工业主义的罪恶的扩散，因此他要求在改组社会的基础上建立新的道德秩序。"② 由于憎恶他所见到的苏格兰各处工厂中的粗劣做法，诸如雇佣的童工许多年龄甚至不满10 岁，13 个小时工作日，以及恶劣的工作条件，使得欧文成为一个社会改革家。1795 年，他在苏格兰创办了新那拉克工厂，开始致力于工人生活的改变。他的改革主要分为两个阶段。在第一阶段，欧文致力于改进工厂的条件及其职工的家庭情况：建设了住房和街道，在职工商店中以成本价格出售各种必需品，提高了童工的最低年龄并减少了每日工作时间，为工厂提供了伙食设施，并使工厂环境更为吸引人。在第二阶段，欧文致力于以工厂为中心的社区社会改革。他在新那拉克的学校进行教育改革。这些学校吸引了本国和外国的大量访问者。他建立了晚间文娱中心，以解决工人闲暇时间增加的问题。

欧文的改革都是围绕着改善工人的生活和工作条件进行的，所以被誉为人事管理的先驱者。他谴责工厂主们关心他们的设备胜过关心他们的员工。他呼吁："至少要像对待无生命的机器那样重视对于有生命的人的福利。"1813 年前后，欧文在政治上变得更为积极，他提出了一项禁止雇用10 岁以下的儿童和限定儿童每天劳动不得超过十个半小时以及不得上晚班的工厂法案。他在 1824 年按照他的原则在美国印第安纳的新哈莫尼建立了第一个合作社。作为一个改革者，欧文设想出了救济穷人的法律，并提出了解决失业问题的办法。他建议建立"合作农庄"（例如新哈莫尼），在这种以农业为基础的村庄中，大家共同分享剩余产品。他对劳动分工的弊病感到遗憾；在他提出的理想的制度中，每一个人都将干一些不同的工作，因此改行干其他工作就很容易。在他看来，工资制度和资本主义的弊

---

① [美] C. A. 摩尔根：《劳动经济学》，工人出版社 1984 年版，第 517 页。
② [美] 丹尼尔·A. 雷恩：《管理思想的演变》，中国社会科学出版社 1986 年版，第 69 页。

病是使人们生活在最低水平的根源。1834 年，欧文领导了英国的工人运动，这是以采取集体行动来控制生产资料的思想为基础的工人阶级的运动。"虽然欧文的种种改革都失败了，但是，欧文作为一位空想社会主义者却播下了关心工业中的人的因素的初步种子。"① "他领先于他生活的时代 100 多年提出，应在法律上规定工作日时间，制定童工法，普及教育，由公司提供工作餐，以及企业参与社区发展计划。"② "在当代，我们具有这样的信念，工作场所就是社区，一个人在工作场所获得的满足是在民主信念下的和谐社会生活的必要条件之一。罗伯特·欧文以其工厂为中心建立起来的社区，他在雇主和工人之间建立起来的伙伴关系，他在施行福利措施的同时所传播的公正概念，使他理所当然地能被称为现代真正的人事管理的先驱者。"③

二　工会

在讨论企业与员工关系时，不难发现工会在其中所起的推动作用。正是由于工会的产生，改变了企业的强势地位，使广大员工的合法利益得到维护与保障。工会在协调企业与员工关系中扮演着重要的角色。

1. 工会的历史

工会在西方已有两百多年的历史，它是工业化的产物。英国和美国是工会运动发展较早的国家。早期的工会主要是同业工会，即同一行业中的劳动者自发地组织起具有互助性质的社团，以维护自身的权益。例如 19 世纪早期，英国利物浦造船工人的社团，"兼有共济会和职工会的性质，它发给医药费、丧葬费和妻子丧葬费；并且设有一位互助会医生。它抵制一切发生劳资争议的船只，强迫所有在利物浦学过徒的人参加他们的行列，拒绝一切没有学过徒的外行入会，阻止造船厂招收太多的学徒，并限制每日的工作时间"④。

美国早在 1790 年时，熟练的手工艺工人（制鞋工人、裁缝、印刷工，

---

① ［美］丹尼尔·A. 雷恩：《管理思想的演变》，中国社会科学出版社 1986 年版，第 74 页。

② ［美］斯蒂芬·P. 罗宾斯：《管理学》（第 4 版），中国人民大学出版社 1997 年版，第 31 页。

③ ［英］林德尔·厄威克：《管理备要》，中国社会科学出版社 1994 年版，第 13 页。

④ ［英］克拉潘：《现代英国经济史》上卷，商务印书馆 1964 年版，第 271 页。

等等）就组织了同业工会。他们提出了最低工资要求，并组织了"巡视委员会"走访了每家店铺，以确保没有任何工会会员接受最低工资水平以下的工资。在美国，工会会员人数一直呈增长态势，直到 1837 年左右发生大萧条才导致工会会员人数下降。随着美国进入工业革命时期，工会会员人数又开始增长。1869 年，一群裁缝集会并成立了劳工骑士团。到 1885 年，劳工骑士团已拥有 10 万名成员，1886 年，由于其组织的铁路罢工取得了胜利，其成员人数增至 70 万。部分地由于他们专注于社会改革，部分地由于一系列罢工未取得成功，在那以后，劳工骑士团的成员数量锐减，1893 年，劳工骑士团解散。

1886 年，塞缪尔·冈帕斯创立了美国劳工联合会。它主要由熟练工人组成，并且与劳工骑士团不同，它专注于为自己的会员谋求实在的经济收益。劳工骑士团通过阶级斗争来改变社会形态，从而为其成员谋取比较大的利益。而冈帕斯则力图通过提高成员的工资和改善工作条件来实现同样的目标。美国劳工联合会发展得很快，第一次世界大战之后它的会员已逾 550 万人。

20 世纪 20 年代是美国工会运动停滞和下降时期。这种停滞和下降趋势是众多因素影响的结果，包括战后萧条，制造商重新抵制工会，塞缪尔·冈帕斯去世以及 20 世纪 20 年代的表面繁荣。1929 年后期，由于大萧条，成千上万的工人失去了自己的工作。到 1933 年，工会会员人数下降到 300 万人以下。随着支持劳工运动的法律不断制定和完善，以及此后的经济繁荣推动了工会会员人数的迅速增长，到 20 世纪 70 年代，工会会员人数达到了顶峰，大约有 2100 万人。此后，工会会员人数又开始下降，下降到今天的大约 1600 万领薪工人。[①]

2. 工会与法律

在 20 世纪 30 年代以前，美国还没有专门的劳动法律协调劳资双方的关系。法庭强力支持资方对有组织劳工运动的重重阻挠。雇主用来限制工会发展的其他策略，还有禁制令和"黄狗合同"。禁制令是指雇主禁止某些工会活动的法定禁止性权力，这些活动包括罢工和组织成立工会。"黄

① ［美］加里·德斯勒：《人力资源管理》，中国人民大学出版社 2005 年版，第 555 页。

狗合同"是由雇主与员工个人在受雇之初签署的一项书面协议，其中禁止
员工以个人名义参加工会组织及其活动。资方使用并获得法庭的这些防御
性策略，严重阻碍了工会的发展。

20 世纪 30 年代的美国，正处在历史上最严重的经济萧条之中。
失业率高达 25%。与大萧条相伴而生的痛苦使得人们纷纷谴责企业界，
与此同时，全国上下也开始支持和同情有组织劳工运动。大萧条使人们改
变了对工会社会作用的看法。国会于 1932 年通过的《反禁制令法》(《诺
里斯—拉瓜迪亚法》)体现了这一观念。这部法案确立了美国承认劳资谈
判合法性的公共政策，并认可工会的成立及有效运作。虽然该法并未宣布
禁制令为非法，但它极大地限制了联邦法院在劳资纠纷中使用禁制令的权
威。并且，该法同时宣布"黄狗合同"在联邦法庭被视为无效合同。1933
年，国会通过了《国家工业复兴法案》，提出工人拥有组织起来进行劳资
谈判的权利。1935 年又通过了《国家劳工关系法》(《瓦格纳法》)，对于
员工组织起来进行劳资谈判的权利给予了广泛的法律支持。①

3. 工会的目标

从工会的发展历史来看，工会有两套目标：一套是工会保障；另一套
是改善工会会员的工资、工时、工作条件以及福利。② 首先工会极力为自
己寻求保障。他们努力斗争以赢得代表工人的权力，并成为本企业全体员
工的唯一谈判代表。一旦工会本身得到了保障，工会就会为会员努力争取
改善工资、工时和工作条件。工会是劳工运动发展的产物。劳工运动的
基本宗旨就是形成有组织的民主和赋予男女劳动者社会尊严的氛围。劳
工运动作为一个整体，具有几个共同目标："确保（并在可能的条件下
改善）其成员的生活水平和经济地位；强化（并在可能的条件下，确
保）成员个人的安全保障不受市场波动、技术变革或资方决策导致的威
胁或意外事件的影响；对社会系统中的权力关系施加影响，以利于实现
工会的利益和目标；提高所有为生存而工作者的福利，不论其是否工会
成员；建立一种机制来防范资方在工作场所使用的专断、多变的管理政

---

① ［美］R. 韦恩·蒙迪、朱迪·B. 蒙迪：《人力资源管理》，机械工业出版社 2011 年版，
第 365 页。

② ［美］加里·德斯勒：《人力资源管理》，中国人民大学出版社 2005 年版，第 557 页。

策和实践。"①

4. 工会与企业

工会与企业的关系在不同国家有不同的表现形式。美国企业中的劳资关系是对抗性的。这种对抗性关系主要表现在两个方面：一方面，管理者认为管理工作是自己的事，至于工人的劳动贡献已经用工资补偿了，工人不应该再有别的要求，不应该参加管理，也无权过问企业的经营情况。为此，企业的管理者总是利用自己信息上的优势，想尽办法压低员工的工资。另一方面，工人则觉得自己不参加管理，不了解企业的经营情况，企业为了增加利润而想方设法压低工资，自己的劳动成果大部分都被企业拿去了。因为不参加管理，对自己的命运无法控制。企业需要时才能就业获得收入，市场不景气时，自己就会被一脚踢开，连基本的生活来源都没有保障。基于这些原因，工人对企业完全不信任，对管理者们怀有敌对的情绪，认为只有组织工会，通过斗争才能保障自己的权利。只有通过罢工或者以罢工相威胁，给企业造成足够大的损失，才能迫使企业让步，给自己增加工资和提供就业保障。②

与美国不同，日本实行的是企业内工会，即以企业为单位组织工会。这种工会制度与日本企业实行的以终身雇佣制和年功序列制为特征的人力资源管理制度有密切的关系。终身雇佣制是指工人进入企业后，除了一些特殊情况，如违法或严重违反企业规定，一般都能在企业中工作到退休。日本作为市场经济发达的国家，在劳动力市场上存在着自由的雇佣和被雇佣的选择，日本的法律也规定了雇佣和就业的自由。但是，在一般情况下，企业和员工双方都不愿意破坏终身雇佣的关系。从员工方面看，日本企业的员工都不愿意更换工作，具体表现在两个方面：一是日本企业里的员工就业非常稳定，更换工作的人数很少，使得日本的劳动力市场，特别是已经就业的员工更换工作的二次劳动力市场很不发达；二是劳动力市场对更换工作者有相当的歧视，假如员工中途更换工作，工资平均要损失一半左右，至退休时，其收入仍只相当于同类员工未更换工作者的 2/3。从

---

① ［美］R. 韦恩·蒙迪、朱迪·B. 蒙迪：《人力资源管理》，机械工业出版社 2011 年版，第 334 页。

② 林忠、金延平主编：《人力资源管理》，东北财经大学出版社 2012 年版，第 13 页。

企业方面看，对员工进行了大量的培训以后，一般也不愿意员工离开企业，因此，即使在经济处于萧条时，也不轻易解雇员工，而是在企业内部通过缩短工作时间、调整工资水平等方式维持就业，尽量照顾员工的生计；企业内出现结构性过剩人员时，一般通过扩大营业部门和开发新产品等措施来吸收剩余人员；对于不能胜任本职工作的员工，企业则通过内部职业培训提高其工作能力，将其安排在合适的工作岗位上。因而，重视维持雇佣的稳定是日本企业的普遍倾向。

年功序列制与终身雇佣制紧密相连，主要表现在工资和晋升两个方面。根据这种制度，新员工进入企业后，其工资待遇按照资历逐年平均上升，没有明显的差别。在以后的职业生涯中，员工的工资待遇也是随着工龄的增加而持续上升。从晋升方面来看，员工的职位提升除了与资历条件密切相关外，还与职工的业绩、能力、学历和适应性有关，它的差距会依每个人能力和贡献的不同而逐渐显现。

基于终身雇佣制和年功序列制，日本企业形成了比较和谐的劳资关系。由于日本企业中的员工利益主要是和本企业相连的，各个企业之间的情况又差别很大，因此，工会都是以企业为单位组成的，而不像美国那样跨企业和跨行业。"这种以企业为单位的工会制度同终身雇佣制和年功序列制一起被认为是日本人力资源管理模式的三大支柱。日本的企业内工会，对建立和谐的劳资关系，促进企业的发展起着积极的作用。一方面，它在某种程度上代表员工同资方交涉，为员工争取利益；另一方面，它又与资方合作，共同保证企业的生产经营活动顺利进行。"[1]

日本的历史和文化部分地解释了为什么他们的公司会如此慷慨大方。日本长期的封建时期深深地根植于一种文化模式之中，这种文化模式的价值基础是由古代中国文化传播而来的。这种价值在当时得到了发展，它包括追求严格的地位等级制度、对统治者绝对效忠的义务、强调集体利益而非个人福利，以及相信家长制的政府会向公民提供福利，等等。今天，这些价值被重新塑造，以适应公司与工人之间的关系。就像封建制度下，日本诸侯对君主怀有强烈的忠诚一样，工人对他们的公司也抱有这样的忠

---

① 林忠、金延平主编：《人力资源管理》，东北财经大学出版社 2012 年版，第 14 页。

诚，并将集团的利益置于个人利益之上。反过来，公司有像父母一样乐善好施的义务，也慷慨地帮助它的员工。

在美国，工会老是抱有敌对情绪。他们不得不要求联邦法律保护他们组建工会的权利，从而与公司行业斗争，争取更高的工资和福利待遇。但在日本，数个世纪以来，儒家文化强调和谐的人际关系，避免了类似的裂痕的扩大。工会从未变得强大和团结过。其中大多数工会都是公司组织的，他们几乎从不罢工，也不声嘶力竭地提出要求。在日本的政治体系中，企业与政府各部门保持着非常密切的合作，共同促进经济增长。他们不像美国公司那样，要同数不清的执行工作场所法规的管制机构打交道。①

三　劳动关系

1. 劳动关系的含义

劳动关系，又称劳资关系、劳工关系。它指的是企业内劳动者和劳动力使用者之间的社会经济利益关系。劳动关系由主体、内容和客体三要素组成。

劳动关系的主体由管理方和雇员（或称资方和劳方）两个系列群体组成。管理方，是在就业组织中具有重要的经营决策权力的人或团体。作为劳动力的需求主体，管理方在劳动过程中处于支配者的地位。雇员，是本身不具有经营决策权力并从属于这种决策权力的工作者。他们在劳动关系中，处于被支配者的地位。此外，劳动关系主体还涉及员工团体、雇主协会和政府。员工团体是指因共同利益、兴趣或目标而组成的员工组织，如工会和行业协会等。其目标是代表并为其成员争取利益和价值。雇主协会是管理方团体的主要形式，以行业或贸易组织为纽带。主要任务是同工会或工会代表进行集体谈判，在劳动争议处理程序中向其成员提供支持。政府在劳动关系中，代表国家运用法律、法规和政策对企业劳动关系的运行进行调控、协调和监督。

劳动关系的内容是指主体双方依法享有的权利和承担的义务。劳动关

---

① ［美］乔治·斯蒂纳、约翰·斯蒂纳：《企业、政府与社会》（第 8 版），华夏出版社 2002 年版，第 646 页。

系的客体是指主体的劳动权利和劳动义务共同指向的事物，如劳动时间、劳动报酬、劳动纪律、福利保险、安全卫生、教育培训、劳动环境等。

2. 劳动关系的内容：权利与义务

劳动关系的内容主要规定了劳动主体双方的权利与义务。我国《劳动法》第三条规定："劳动者享有平等就业和选择职业的权利、取得劳动报酬的权利、休息休假的权利、获得劳动安全卫生保护的权利、接受职业技能培训的权利、享受社会保险和福利的权利、提请劳动争议处理的权利以及法律规定的其他劳动权利。"概括而言，员工在劳动关系中具有以下几个方面的基本权利：

（1）自由选择职业的权利。在市场经济中，企业与员工之间的关系是一种自由平等的契约关系，个人可以自由地选择企业，企业也可以自由地选择员工。员工可以根据自己的意愿变换工作，企业也可以自由解雇员工。理论上双方之间是平等的，其实这种平等往往难于实现。原因在于，市场经济条件下实现充分就业是可望而不可即的，在大多数情况下都是劳动力的供给大于需求，这样，企业自然就处于优势地位。而工人必须依靠自己的劳动才能获取自己和家人所需的生活必需品，他们必须工作，因此，员工实际上无法自由地选择自己的职业。同时，在企业与员工双方的合约谈判中，企业讨价还价的能力要比个人强，可以在谈判中处于强势地位。因此，自由选择职业的权利，强调的是雇佣双方必须是自愿达成协议。

（2）获得公平报酬的权利。更确切地说，是获得合理工资的权利。合理工资是一个历史的概念，在 19 世纪，合理工资可以定义为足够家庭中的男主人维持家庭和家庭成员过上与其他社会成员相当的（与他所处社会阶层同等的）生活水平的工资。在这种情况下，工龄是决定工资多少的主要依据。20 世纪以来，随着民主平等观念的深入人心，企业普遍采用"同工同酬"的工资原则。同工同酬并不是要求同一企业或者同一部门的员工在工资上应该基本接近，而是强调员工无论性别、年龄、民族等差异，只要他们技术、能力以及工龄一样，就应该获得同样的报酬。

（3）健康和安全工作的权利。健康和安全是员工为企业工作的前提，也是员工应该拥有的基本权利。但是在有些情况下，一些行业、工种的工作具有职业危害性，那么，在这个时候，应该做到：在开始接受工作时就应该详细知道自己所要承担的健康、安全风险；应该自主、自愿承担风险，不受强制；应该为承担的健康、安全风险得到补偿，除了工资增加之外，还应有适当的保险和社会保障；企业与员工应该都具备减少或者降低风险的必要知识。

（4）公民权受尊重。一般情况下，我们认为公民的权利是国家宪法赋予的，应该在全社会得到尊重。但是，在企业实践中，关于员工在企业内的公民权却是一个争议很大的问题。主要争议在于什么是企业内公民权，它包括哪些方面。贝拉斯克斯认为企业内公民权主要是一种道德权利，包括隐私权、良知的自由决定权、员工参与影响自身决策的权利、正当程序权、工作权利、组织工会的权利。① 卡罗尔提出"雇员权利"的概念，在更一般的意义上讲，雇员权利可能是指合法的和可以实施的权利要求或者特权，这些权利是通过雇员群体以一种特殊的方式从占优势的体制中取得的，是授予雇员或者用来保护雇员的。这类权利包括：（1）没有理由不能被解雇的权利；（2）正当程序和公平对待的权利；（3）自由的权利，特别是表达自由和言论自由。②

哈佛大学商学院的戴维·尤因是"员工在企业内公民权利"的主要代表人物，他对美国企业与雇佣关系进行了系统的研究。他认为，既然宪法赋予公民各种权利来保护自己的利益，防止政府滥用权力，那么员工在企业内也需要类似的公民权来保护自己的利益，防止企业或者管理者滥用权力。"正如政府权力应该尊重公民的权利，经理权利也必须尊重员工的道德权利。这些权利是什么？员工的道德权利和公民权利极为相似：隐私权、同意权、言论自由权等。"③ 尤因提出了员工权利宪章，它由一套明确界定的权利构成，当雇员维护自己的权利时，用来保护他们不会被解雇、降职或受到其他的处罚。

① ［美］曼纽尔·G. 贝拉斯克斯：《商业伦理：概念与案例》（第7版），中国人民大学出版社2013年版，第332—345页。
② ［美］阿奇·B. 卡罗尔、安·K. 巴克霍尔茨：《企业与社会：伦理与利益相关者管理》，机械工业出版社2006年版，第315、316页。
③ ［美］曼纽尔·G. 贝拉斯克斯：《商业伦理：概念与案例》（第7版），中国人民大学出版社2013年版，第332页。

而以唐纳德·L.马丁为代表的另外一些学者认为，所谓员工权利宪章是不必要的，而且具有很大的副作用。首先，市场过程不同于政治过程，市场过程在某种程度上能够自发地保护参与者，互利性质的"随意雇佣"关系基本能够保护员工的利益。"虽然公民只能以巨大代价（通过改变公民身份）规避政府权力，但是员工能够较轻松地（换工作）规避管理层的权力。改变公民身份的代价相对较高，因为公民需要公民权利来隔绝无法规避的政府权力。员工不需要相似的员工权利来保护他们规避公司权力，因为公司权力的影响很容易规避。"① 其次，在企业内实行员工权利宪章会大大提高激励和约束员工所需的信息收集成本，从而降低企业经济利益以及员工的经济利益。

虽然在公民权利问题上存在不同观点，但是，公民权受尊重却是各国宪法的基本条款。比如我国宪法规定公民享有言论自由、宗教信仰自由、人身自由不受侵犯、人格尊严不受侵犯等公民权利。宪法作为国家的基本法律制度，其他的法律制度应当与其保持一致，在公民权问题上也不例外。

与员工基本权利相对应，也就产生了员工的基本义务。我国《劳动法》第三条规定："劳动者应当完成劳动任务，提高职业技能，执行劳动安全卫生规程，遵守劳动纪律和职业道德。"我们从以下几个方面阐述：首先是为企业劳动的义务。企业雇佣员工并付给员工报酬，是要员工完成一定的工作，为企业创造价值。这种关系一般在合同中有明确的意思表示，即使没有明确的表示，也是自然而然隐含了的。员工在企业中所从事的工作，一般由职务说明书和职务规范进行确定，但更为重要的是，员工应该热爱劳动，勤奋工作。其次，遵守法律和道德规范。员工在工作中应当知法守法，遵守社会公德和职业道德。最后，忠诚于服务企业。员工应当忠于职守，敬业爱岗，履行服务义务。

以上探讨了劳动关系中员工一方的权利与义务，再来看看企业一方的权利与义务。概括而言，企业的主要权利有：依法录用、调动和辞退员

---

① ［美］曼纽尔·G.贝拉斯克斯：《商业伦理：概念与案例》（第7版），中国人民大学出版社2013年版，第332页。

工；决定企业的机构设置；制订工资、报酬和福利方案；依法奖惩员工。企业的主要义务有：依法录用、分配、安排员工的工作；保障工会和职代会行使其职权；按员工的劳动数量、质量支付劳动报酬；对职工的教育培训；改善劳动条件，搞好劳动保护和环境保护。

第二节　工作场所中的员工

尽管法律上规定了企业和员工双方的权利义务关系。但是，我们看到，在工作场所经常发生员工合法权益被侵害的现象，比如不断出现的矿难、血汗工厂等。本节主要讨论工作场所中员工的权益保障问题。

一　工作的意义

关于工作的意义，普遍的看法是它是我们谋生的基本手段。"工作的最基本的伦理基础在于，每一个人都是社会的负担，为了维持人类生存所必要的能量，他们应当承担起相应的责任。"[1] 工作作为一种生存手段，对于人们具有重要的工具价值。在历史上，人们对于工作的意义在不断地深化。"比如，亚里士多德认为，艰苦的劳动剥夺了对于一个人发展个性所必要的休闲活动。早期的基督教徒认为，上帝命令男人和女人为了生计而工作，工作也开始与提升精神境界相联系。后来，欧洲的宗教改革产生了一种新的宗教伦理观，使努力工作、节俭和忠诚成为拯救灵魂的重要组成部分。上帝让每一个人都在他们的社会中从事一项工作，并且他们这项工作中的劳动也使上帝得到了颂扬。艰苦的劳动还会带来物质上的回报，甚至是大量的财富，这也反映了上帝对此的赞同。这套思想体系就是世人熟知的新教伦理。"[2] 20 世纪 30 年代，埃尔顿·梅奥在《工业文明的人类问题》中总结了霍桑实验的结论，提出工人不仅是经济人，而且是社会人。社会人假说使我们看到了工作对于人们的意义不再是维持生存，而是满足社会心理的需要。贝拉斯克斯也认为，工作不仅具有工具价值，而且具有

---

① ［美］乔治·斯蒂纳、约翰·斯蒂纳：《企业、政府与社会》（第 8 版），华夏出版社 2002 年版，第 629 页。

② 同上书，第 630 页。

内在价值。他总结了如下几点。①

第一，工作是每个人对社会做出的基本经济贡献。我们为雇主做的工作最终会生产出为社会提供收益的产品和服务，它们构成了我们对社会的主要经济贡献。通过工作我们觉得自己有价值，失业对我们的消极影响说明我们承认工作是对社会的贡献。

第二，工作能够让我们发挥人类的潜能。在工作中，我们实践和发展了天赋、能力和技能，它们后来成为我们的部分特点。教师发展出特有的学习技能和态度，他们逐渐认同自己的教师身份；服务员获得了上菜的技巧和能力，逐渐认同自己是一名服务员。通过工作，我们变成了今天的自己，我们的工作在很大程度上决定我们会变成什么样的人。通过工作我们也发挥了自己的性格。我们学会调整自己，坚韧勤奋、努力多产、信任可靠、自律、负责和创新。随着我们变换工作，我们学会新技能和思考与解决问题的新方式。我们学会与不同的人相处，与他们合作，发展新的友谊，获得归属感。

第三，工作是自尊和自重的根本来源。工作创造价值，这就是授予薪酬的原因。我们的工作最终生产出有足够价值的产品或服务，某个人会付钱购买。我们在价值创造中发展的合作能力是我们自尊和自重的来源。

因此，我们拥有工作权利的原因很简单。工作是一种生存手段，是我们对社会的主要经济贡献，它变成了我们自我认同的一部分，促成了我们的性格发展，是我们自尊和自重的来源。

二 工作场所的变革

由于外部环境的影响，我们的工作场所正在经历前所未有的变革。改变工作场所的外部力量主要有：（1）人员变化；（2）技术更新；（3）结构变化；（4）竞争；（5）政府干预。② 这些力量相互影响，共同推动着工作场所的变革，这种变革又进一步推动了企业与员工关系的发展。

---

① ［美］曼纽尔·G. 贝拉斯克斯：《商业伦理：概念与案例》（第 7 版），中国人民大学出版社 2013 年版，第 341 页。

② ［美］乔治·斯蒂纳、约翰·斯蒂纳：《企业、政府与社会》（第 8 版），华夏出版社 2002年版，第 632 页。

1. 人员变化

企业人员变化的主要特点是员工队伍的多元化和工人的老龄化。随着经济全球化的发展，员工队伍的多元化特征日趋明显。特别是在一些跨国企业当中，员工队伍中的女性、少数民族在不断增长。人员的变化使一些企业出现了多样化管理。"多样化管理是指广泛采取积极的措施，促进劳动力的多样化，从而改变公司的文化观和价值观，进而，不论在种族、信仰、性别、年龄、宗教、性观念或残疾人照顾等方面，都对雇员更友好。"① 多样化管理具有多种好处。由于现代企业普遍强调团队合作的重要性，多样化的努力促进了团队各成员的多文化价值观，从而减少了合作中的摩擦和障碍。多样化管理下的团队能够做出更好的商业决策，因为决策中可以考虑得更全面。劳动力的多样化，也为企业在不同地区和国家销售产品创造了有利条件。

另外，随着人口结构的变化，工人老龄化趋势越来越成为一种普遍存在的现象，老龄化使企业面临人才短缺的危机，这种情况在西欧和日本出现得比较早。一直以来，美国通过移民政策来缓解因老龄化造成的劳动力压力，日本则鼓励老年人出来工作，延长退休年龄来应对工人老龄化的挑战。

2. 技术进步

技术进步对工作有许多影响，它影响到能找到工作的数量和种类。一方面，新发明创造了许多新的职位，比如飞机的发明，创造出了飞行员和空中乘务员等工作。另一方面，新技术的采用，又减少了对人力的依赖。比如自动化使得技术含量低的制造业和采矿部门的工作大量流失，机器人技术的发展，使得流水线上增加了机器人的使用，造成流水线上的工作大大减少。

3. 结构变化

产业结构的变化正在重塑人们的工作前景。首先，农业部门的工作已经丧失了其统治地位，成为了几乎不太重要的角色。其次，制造业的就业

---

① ［美］乔治·斯蒂纳、约翰·斯蒂纳：《企业、政府与社会》（第8版），华夏出版社2002年版，第700页。

人数在不断下降。最后，服务业出现爆炸式的增长，包括零售业、运输业、健康护理以及其他增加制造业产品价值的行业。

4. 世界经济中的竞争压力

由于消费者要求享受到更高的质量、更迅速的服务和新产品更快捷的发展，势必加剧企业之间的竞争。很多企业为了节约劳动成本，将技术含量低的制造业或服务工作转向发展中国家，利用当地廉价的劳动力优势进行生产。比如，耐克公司所有的运动鞋都转移到低工资国家生产，以降低成本。

5. 政府干预

从工会的发展史可以看出，20 世纪 30 年代以来，随着工会地位的提高，工人的合法权益日益得到维护。政府通过颁布法令、法律，干预就业、工作时间、员工安全与健康、劳动环境、工资与福利等一系列与工作场所相关的问题。

三 员工的劳动保障

员工的劳动保障是指企业为了确保员工劳动能力所提供的物质条件，包括工资与津贴、工作时间、劳动安全卫生等。

1. 工资与津贴

工资是企业薪酬的主要形式，是企业依据国家的法律规定和劳动合同，以货币形式直接支付给员工的劳动报酬。我国《劳动法》第四十六条规定："工资分配应当遵循按劳分配原则，实行同工同酬。"第四十九条规定："确定和调整最低工资标准应当综合参考下列因素：（一）劳动者本人及平均赡养人口的最低生活费用；（二）社会平均工资水平；（三）劳动生产率；（四）就业状况；（五）地区之间经济发展水平的差异。"第五十条规定："工资应当以货币形式按月支付给劳动者本人。不得克扣或者无故拖欠劳动者的工资。"第五十一条规定："劳动者在法定休假日和婚丧假期间以及依法参加社会活动期间，用人单位应当依法支付工资。"

津贴是对员工从事特殊条件下的工作如高温作业、井下作业等给予补偿的一种工资形式。比如深圳市 2005 年通过的《深圳市高温天气劳动保护暂行办法》第十一条规定，每年 7 月至 9 月期间，用人单位应向露天作业的员工发放高温保健费。高温保健费按每人每月不低于 150 元的标准发放。高温保健费不计入工资总额。

2. 工作时间

工作时间又称劳动时间。我国《劳动法》第三十六条规定，国家实行劳动者每日工作时间不超过八小时、平均每周工作时间不超过四十四小时的工时制度。第三十八条规定，用人单位应当保证劳动者每周至少休息一日。第四十一条规定，用人单位由于生产经营需要，经与工会和劳动者协商后可以延长工作时间，一般每日不得超过一小时；因特殊原因需要延长工作时间的，在保障劳动者身体健康的条件下延长工作时间每日不得超过三小时，但是每月不得超过三十六小时。

第四十四条规定，有下列情形之一的，用人单位应当按照下列标准支付高于劳动者正常工作时间工资的工资报酬：（一）安排劳动者延长工作时间的，支付不低于工资的百分之一百五十的工资报酬；（二）休息日安排劳动者工作又不能安排补休的，支付不低于工资的百分之二百的工资报酬；（三）法定休假日安排劳动者工作的，支付不低于工资的百分之三百的工资报酬。

3. 劳动安全卫生

劳动安全卫生的内容包括安全生产、职业卫生、工伤保护等。我国《劳动法》第五十二条规定，用人单位必须建立、健全劳动安全卫生制度，严格执行国家劳动安全卫生规程和标准，对劳动者进行劳动安全卫生教育，防止劳动过程中的事故，减少职业危害。

生产安全事故是指企业员工在企业生产活动所涉及的区域内，由于生产过程中存在的危险因素影响，突然使人体组织受到损伤或使某些器官失去正常机能，以致人员负伤或死伤的一切事故。伤亡事故是任何企业都不希望出现的，因此做好防范措施非常必要。多数伤亡事故都与人有着某种直接的关系，所以应加强人员的安全生产教育，提高员工的安全意识；对员工进行安全培训，教给员工安全工作规定和程序，及时告诉员工哪里存在潜在的危险，并帮助他们建立安全意识；进行行为安全教育，使员工在工作现场学会正确地采取行动，避免造成事故的行为发生。

职业病是指劳动者在生产劳动及其他职业活动中，由于职业性有害因素的影响而引起的疾病，这包括由于吸入、吸收、吞咽、直接接触有毒物质或有害媒介所引起的急性或慢性疾病。职业病不同于突发性事故或疾病，其病症要经过一个较长的逐渐形成期或潜伏期后才能显现，而且，职业病多表现为体内生理器官或生理功能的损伤，因而是只见疾病不见外伤。职业病属于不可逆性损伤，很少有痊愈的可能。换言之，除了促使患者远离致病源自然痊愈之外没有更为积极的治疗方法，因而对职业病预防问题的研究尤为重要，可以通过作业者的注意、作业环境条件的改善和作业方法的改进等管理手段减少患病率。

劳动者在生产过程中，生产工艺过程、劳动过程及外界环境的各种因素，对劳动者肌体的机能状态和健康水平有一定影响，容易引发职业病。为了保护劳动者和保证生产的顺利进行，企业有必要制定措施防范职业性有害因素。我国《劳动法》第五十四条规定，用人单位必须为劳动者提供符合国家规定的劳动安全卫生条件和必要的劳动防护用品，对从事有职业危害作业的劳动者应当定期进行健康检查。

4. 女职工和未成年工特殊保护

我国《劳动法》第五十八条规定，国家对女职工和未成年工实行特殊劳动保护。首先，在生产劳动过程中，禁止女工从事特别繁重的体力劳动和有毒有害的工作。我国《劳动法》第五十九条规定，禁止安排女职工从事矿山井下、国家规定的第四级体力劳动强度的劳动和其他禁忌从事的劳动。

其次，建立、健全女员工在月经、怀孕、生育、哺乳期的特殊保护制度。《劳动法》第六十条规定，不得安排女职工在经期从事高处、低温、冷水作业和国家规定的第三级体力劳动强度的劳动。第六十一条规定，不得安排女职工在怀孕期间从事国家规定的第三级体力劳动强度的劳动和孕期禁忌从事的劳动。对怀孕七个月以上的女职工，不得安排其延长工作时间和夜班劳动。第六十二条规定，女职工生育享受不少于九十天的产假。第六十三条规定，不得安排女职工在哺乳未满一周岁的婴儿期间从事国家规定的第三级体力劳动强度的劳动和哺乳期禁忌从事的其他劳动，不得安排其延长工作时间和夜班劳动。

未成年工是指年满十六周岁未满十八周岁的劳动者。《劳动法》第六十四条规定，不得安排未成年工从事矿山井下、有毒有害、国家规定的第四级体力劳动强度的劳动和其他禁忌从事的劳动。第六十五条规定，用人单位应当对未成年工定期进行健康检查。

第三节 企业对员工的责任

企业和员工是相伴相生的关系。企业的发展自始至终离不开员工队伍的支持。企业不仅要遵守法律，维护员工的合法权益，而且有义务履行对员工的社会责任，这包括培训员工、不歧视员工、给予员工公平的报酬、维护员工安全与健康。

一 培训员工

现代人力资源管理的一个重要特点就是，视员工为企业的财富，重视对员工的培训。从企业角度看，培训员工能够增长员工知识技能，增强忠诚度，促使员工更好为企业做贡献。对员工个人而言，一个人技能得到不断提高，反过来就可以抓住新的机遇，获得更好的工作岗位，提升自我能力。通过培训使员工胜任更加富有挑战性的工作，这也是一种极具人性化的人力资源管理方法，它有助于员工向多面性发展。"交叉利用和交叉培训可以保证员工从事多种不同的工作。这是一种特别的训练方法，它可以让员工去完成多种任务。它也是克服专业化的局限性一个较好的方法，正如我们在亚当·史密斯的钉子厂所看到的那样。过度专业化导致工人的厌烦情绪，而交叉培训和交叉利用让工人体会到一种更全面的工作方式，从而避免了工作的厌烦情绪。这种培训给工人提供了更多的机会，从而增强了员工的自主性，同时工人掌握了更多的技能，有了更加丰富的经验。"[1]

二 不歧视员工

国际劳工组织在《关于就业和职业歧视公约和建议书》中对歧视的定

---

[1] ［英］诺曼·E. 鲍伊、帕特里夏·H. 沃哈尼：《伦理学》，经济管理出版社 2009 年版，第 57 页。

义是：任何根据种族、肤色、性别、宗教、政治观点、民族、血统或社会
出身所作的区别、排斥或优惠；其结果是取消或有损于在就业或职业上的
机会均等或待遇平等，从而构成歧视。

工作场所的歧视问题由来已久。在美国，历史上主要表现为种族歧
视，随着包括解放奴隶的《解放宣言》，以及《公民权利法案》的实施，
针对歧视的法律不断得到完善，大大减少了工作场所的歧视。在我国，由
于长期的男尊女卑思想的作祟，工作场所的性别歧视比较严重。我国《劳
动法》《劳动合同法》等法律法规对于维护工作场所的性别平等有明确的
规定。我国《劳动法》第十二条规定，劳动者就业，不因民族、种族、性
别、宗教信仰不同而受歧视。第十三条规定，妇女享有与男子平等的就业权
利。在录用职工时，除国家规定的不适合妇女的工种或者岗位外，不得以性
别为由拒绝录用妇女或者提高对妇女的录用标准。《劳动合同法》第四十二
条规定，女职工在孕期、产期、哺乳期的，用人单位不得解除劳动合同。

三　公平报酬

企业应该为员工提供公平的工资报酬。但是企业始终面临设定公平工
资的困境。因为，从员工的角度看，工资是维持员工及其家庭基本生活需
求的主要方式。从企业的角度看，工资是必须压低的生产成本，以免产品
在市场中价高无销路。虽然无法用数学公式精确计算出公平工资，但企业
在决定公平工资和薪酬时至少应该考虑以下一些因素。[1]

1. 该行业和该地区的现行工资。虽然行业或地区的劳动力市场可能
受到操纵或扭曲（例如，由工作短缺导致），但是如果它们具有竞争性，
而且我们假设竞争市场是公正的，那么现行工资至少可以从总体上提供公
平工资的粗略指标。此外，如果要向员工提供满足其家庭需求的工资，那
么该地区的生活成本必须被考虑在内。工资应该让员工满足他们的基本需
求，包括食品、住房、服装、交通、教育等。

2. 企业的能力。一般来说，企业的利润越高，它可以并且应该支付

---

① ［英］曼纽尔·G. 贝拉斯克斯：《商业伦理：概念与案例》（第 7 版），中国人民大学出版
社 2013 年版，第 326 页。

员工的工资越高；企业的利润越少，它可以提供的越少。当公司完全可以支付公平工资时，在垄断市场中利用廉价劳动力（例如在很多与世隔绝的区域和发展中国家发现的那些劳动力）就是剥削。

3. 工作性质，包括风险、技能要求和需求。涉及更高健康和安全风险，要求更多训练或经验，施加更重的身体或情绪负担，或需要更大投入的工作应该有较高的补偿水平。

4. 最低工资法。法律要求的最低工资为工资设定了底线。在多数情况下，低于底线的工资不公平。即使政府没有执行最低工资标准，最低工资法也应该得到尊重。

5. 与其他薪酬的关系。如果组织内工作大致相同的工人得到了差不多的薪酬，那么组织的薪酬结构是公平的。

四　维护员工健康与安全

首先来看耐克与血汗工厂的案例。血汗工厂被用来描述存在无数健康与安全危险、工作条件差、工资低的工作场所。在血汗工厂里，工人的健康与安全无法保障。血汗工厂在发展中国家比较严重，一些跨国公司将生产外包给发展中国家的工厂，这些工厂不由购买它们商品的公司所有。比如耐克，在美国进行运动鞋的设计，和亚洲地区的工厂签约，让它们根据设计生产鞋子。虽然耐克决定工厂生产鞋子的材料、设计、质量和数量，但是工厂本身由耐克之外的其他方拥有和管理。这些工厂工作条件低劣，工人要付出很多健康与安全代价。随着这些血汗工厂内幕被一步步披露，消费者开始抵制耐克产品。90年代以来，在外界的强大压力之下，耐克开始关注企业的社会责任。1991年，耐克起草了行为准则，这是它改善工厂环境迈出的第一步。耐克要求他的生意伙伴、承包商共同承诺在四个关键领域从事最佳实践和持续改进：管理实践、环境责任、工作安全、全面促进所有员工的福利。1998年，耐克发展了三大审计工具帮助提高透明度，更好地评估耐克的签约工厂对公司规范的遵循情况。①

---

① ［美］O.C.费雷尔、约翰·弗雷德里希、琳达·费雷尔：《企业伦理学——伦理决策与案例》（第8版），中国人民大学出版社2012年版，第312页。

耐克与血汗工厂的案例促使我们思考企业对于员工安全与健康方面所肩负的责任是什么。工作环境的好坏直接影响到员工的身心健康和工作效率。为员工提供一个没有危险因素的工作场所和工作场地，是企业义不容辞的责任。工作场所的危险不仅包括较为明显的机器伤害、触电或烧伤，还包括极端冷热、机械噪声、岩石灰尘、纺织纤维灰尘、化学气味、腐蚀物、有毒物和辐射等。对于可见的和已知的危险，其预防是相对容易的。我们知道，工作场所中的危险有一些是在多年以后才被人们发现的，如石棉纤维和锰。虽然在 20 世纪 50 年代人们就怀疑吸入石棉纤维会导致肺部疾病，但是直到 60 年代人们才确定它和肺癌之间的联系。所以，企业如何尽到员工安全与健康方面的责任，是一个不容忽视的重大问题。

企业有责任在合理的、可行的范围内确保为其员工及其他有关人员（如承包商）提供安全健康的工作环境，有义务做到：提供安全的设备并确保它的使用符合正确的操作步骤；确保员工不从事危险活动；检查确认所有的岗位操作步骤是安全的；提供安全健康的工作环境，包括适当的采光、供热、通信条件等；对公害、危害及其监控进行评估；制定并监控各项预防性措施；确保员工得到完善的安全、健康信息；提供必要的培训，增强员工的安全意识和安全知识。

在以下四种情况下，企业有责任消除危险。（1）如果工作场所的健康与安全危险不能以适当成本消除，那么企业有义务资助对于那些危险的研究，清晰明确地告知工人这些危险，尤其是那些危及健康与生命的危险，有义务为工人遭受的任何伤害做出补偿。（2）企业应该提供其他相似、竞争的劳动力市场中反映风险补偿的现行工资，使得工人的工作风险得到充分补偿。（3）为了确保其工人不受到未知风险的伤害，企业应该为他们提供适当的健康保险计划及适当的残疾保险。（4）企业有义务（独自或通过行业协会与其他企业合作）收集有关特定工作健康危险的信息，使工人能够得到所有这些信息。①

---

① ［美］曼纽尔·G. 贝拉斯克斯：《商业伦理：概念与案例》（第 7 版），中国人民大学出版社 2013 年版，第 329 页。

　　总之，企业应当培训员工、平等对待员工、为员工提供公平报酬、维护员工安全与健康。除此之外，企业还应当努力提高职工福利。职工福利是企业对员工责任的一个重要方面，职工福利分为法定福利和企业福利。法定福利是指政府通过立法要求企业必须提供的，主要包括医疗保险、失业保险、养老保险、工伤保险、生育保险等。企业福利是企业在没有立法要求的前提下主动提供的福利，比如企业年金、带薪休假、住房补贴、交通补贴等。企业应当在力所能及的情况下，积极改善职工福利，满足员工的合理需要。

第六章 企业与社区

从社会责任的演变来看，最初是指要求企业管理者做一个有道德的人，后来演变为要求企业管理者对员工负责，而现在，关注社区，解决社会问题，推动社区发展则成为企业社会责任的重要内容。企业已经成为推动社区发展的重要力量。本章探讨企业对社区的影响以及企业如何通过履行责任推动社区发展。

第一节 企业对社区的影响

社区，这种相对独立的地域性社会，可以说是工业社会的产物。作为企业的重要利益相关者，企业对社区既有积极的影响，也有消极的影响。本节主要探讨社区概念的演变以及企业对社区的影响。

一 社区概述

人们在社会生活中结成的一定的社会关系，是离不开一定的地域环境的。人们在一定的地域内形成的一个区域性生活共同体是社会结构中十分重要的组成单元，社会学家称之为"社区。"作为地域性的聚居共同体，早在原始社会，即人类进化到群体相对定居时期就已经出现了。而作为社会学家的一个范畴和研究对象，"社区"概念则出现在工业社会的发展过程中。1887年，德国现代社会学的奠基人滕尼斯写了《社区与社会》一书论述社会的变迁。在滕尼斯看来，人们相互的社会关系可以分成两类，一类是基于情感、恋念和内心倾向的关系，一类是为了达到某种目的而建立在占有物的合理交易和交换基础上的关系。滕尼斯认为，这两类社会关系的性质是不同的，前者是一种依存关系，即共同体状态，后者是利益关系，人们图谋自己的利益而结合。滕尼斯认为社会在由前一种状态向后一种状态变化。

"滕尼斯把通过血缘、邻里和朋友等基于情感、恋念和内心倾向关系建立起来的人群组合称之为共同体。他认为，这种共同体是根据人们的自然意愿结合而成的，人们的关系建立在习惯、传统和宗教之上，人们之间有着亲密的、面对面的直接接触，能够强烈地感受到群体的团结，并受传统的约束。在这里人们交往的目的和手段是一致的，传统的乡村是共同体的典型代表。"①

20 世纪以来，注重经验研究的美国社会学家在接受和阐发滕尼斯的"社区"思想时，立足现代工业社会，特别是通过对美国现代城市社区的研究，强调了社区概念的地域性。第一个较为明确地给社区下定义的是以人文区位学研究著称的芝加哥学派的代表人物 R. 帕克，他认为："对一个社区所能做的最简单扼要的说明是：占据在一块被或多或少明确地限定了的地域上的人群的汇集。但是，一个社区还不止这些。一个社区不仅仅是人的汇集，也是组织制度的汇集。"② 帕克的这个定义赋予其在一定地域共同生活的社会群体的含义。

综上所述，我们认为，社区一般是指聚集在一定地域内的个人、群体和组织在社会互动的基础上，依据一定的社会文化规范结合而成的地域性社会生活共同体。社区作为一个相对独立的地域性社会，通常由以下基本要素构成。

1. 以一定的社会关系为基础的人群。社区的实质是相互关联的人群，由一定的经济、社会和文化联系起来的人群，这是社区存在的基础。一定规模的人群，结成一定的社会关系，组织起来共同从事社会活动，只有这样，才能形成一个地域性的社会生活共同体，构成一个社区。

2. 一定范围的地域空间。地域是人们活动的场所。社区总要占有一

---

① 吴增基、吴鹏森、苏振芳主编：《现代社会学》（第 3 版），上海人民出版社 2005 年版，第 238 页。

② 同上书，第 256 页。

定的地域，如村落、集镇等，然而社区并不是纯粹的自然地理区域，从社会角度看，社区是一个人文区位，是社会空间和地理空间的结合。

3. 一定的组织形式与规范。社区是一个地域性的社会生活实体，为了维系人们之间各种持续稳定的社会关系，实现人们的利益，其成员在互动中结成一定的组织形式并形成相应的制度和规范。广义的社区的组织可以包括非正式的社会群体和正式的社会组织，如家庭、邻里和经济、政治、文化、福利机构等。社区的各种规范是人们行为的共同准则，是社区组织正常运转的重要保证，由社区制定的各种乡规民约往往对社区生活有着重要的调节和引导作用，有利于社区利益的整合和社区生活的协调稳定。

4. 一定特征的社区文化。社区文化是社区居民在长期的共同生活中积淀而成的共同的价值观念、行为规范、风俗习惯、生活方式等的总和。社区文化是维持社区存在与发展的内在要素。社区在形成和发展的过程中，由于经济、历史、宗教、种族或民族等因素的影响，会形成与其他社区相区别的特有的文化，它是人们在社区这个特定的地域性社会生活共同体中长期从事物质与精神活动的结晶。社区文化是一个社区与另一个社区相区别的主要标志，也是一个社区内在凝聚力和认同感的基础。正是对这种特定文化观念的认知和共享，塑造了人们的社区心理和思维方式；反过来，又影响和形成了社区一定的生存活动方式。

5. 一定的地缘认同感。社区居民，由于其生活的相互依赖性，对于自己生于斯、长于斯的区域，都有一种心理上和情感上的归属意识，这就是社区的认同感。这种认同感是社区之所以形成和存在的心理基础，也是衡量社区发育程度的重要指标。正是这种社区认同感，使社区能够成为一个有共同利害关系的群体、能够作为集体行动的单位。

随着现代科学技术的进步与发展，社区的概念也在发生着深刻的变化。"当我们谈起一个社区时，通常意味着这么一个直接的场面：企业所在的镇、市或是州。在我们这个企业全球化的时代里，通信的即时性和旅行速度的加快使一个地区、一个国家甚至整个世界变成了相联系的一个社区。从欧洲的疯牛病到非洲的艾滋病的流行，企业被世界的各种事件所影响。传统的地域界限被通信技术和高速旅行所打破。企业社区包含了整个世界。"①

　　宋林飞认为现代意义上的社区是一个三维立体结构。①节点，即人口、住所等聚集点，是社会关系交叉与汇合的地方。根据交织在一起的占主导地位的社会关系的性质，可以分为服务性节点、文化性节点等。只有个别节点的社区是初级社区，例如村庄、集镇、城市中的新建居民区等。具有多个节点并且自成系统的社区，是二级社区，例如，一个城市。具有相互联系的多个节点系统的社区，叫三级社区，例如，几个边缘已经连接起来的城市所形成的城市聚集区。②域面，即节点的作用力所能达到的地域，以及节点所吸引的全体人口及其日常活动。人迹不到的地域是旷野而不是社区；几个人或几十个人，一般也不构成社区。当人们相互之间能够进行最大多数日常活动时，这时的人口规模及其活动的地理范围，就是社区存在的人口与地域界限。域面是自然因素与社会因素的结合，其中人口特质、生态特质、地理特征与人工设施，为人们的日常活动提供环境条件。地理、生态的状况与变化属于社区的原生环境（或第一环境）；被人类活动改变或破坏了的生态与地理状况，属于社区的次生环境（或第二环境）；由人工建造的房屋等设施构成人工环境（或第三环境）；由交往、文化等因素，构成公共生活环境（或第四环境）。③流网，即人流、物流、信息流、交通流等交织起来的状态，是处于运动变化的网络。人流，包括人口的自然增减与机械增减，包括人口的早出晚归等常规流动以及探亲、出差旅游等临时的流动。物流，包括粮食、日用品等物质资料的输入与输出，包括废物排放或输出。信息流，包括接受外界的政治、经济、文化等信息以及输出经过加工的有关信息，包括各种消息在域面内的传播。交通流，即人流、物流、信息流的运载与担负过程。流网反映一定地域内各种社会关系的发展水平的持续程度，体现社区各个发展阶段的动态面貌，以及多种变量。②

---

　　①　［美］阿奇·B.卡罗尔、安·K.巴克霍尔茨：《企业与社会：伦理与利益相关者管理》（第5版），机械工业出版社2004年版，第288页。
　　②　朱力、肖萍、翟进：《社会学原理》，社会科学文献出版社2003年版，第198页。

二　企业对社区的影响

社区是工业社会的产物。因此,企业对于社区必然会产生这样或那样的影响。当我们考虑企业和社区的关系时,一方面要看到企业对于社区所做出的积极贡献,例如捐助慈善事业、支持社区的教育和文化、关心社区居民的福利与健康;另一方面要看到企业对社区造成的危害,例如污染环境、由于经营不善造成人们失业等。德鲁克在《管理——任务、责任、实践》一书中所举的联合碳化物公司的例子很能说明问题。

联合碳化物公司是美国一家主要的化学公司,其总部在纽约,但该公司原来的许多工厂都依赖于西维吉尼亚州的煤。而且,除了少数大煤矿以外,该公司仍是该州最大的雇主。因此,该公司的高层管理当局要求本公司的一些年轻工程师和经济学家拟订一项为西维吉尼亚州创造就业机会的计划,特别是要把公司的新工厂设备安置在该州的主要失业地区。该州最困难的地区处于同俄亥俄州交界的最西端。但这个计划的拟订者却不能为该地区找到一个有吸引力的计划。而这个地区却又最需要就业机会。在西维吉尼亚州的维也纳小镇中以及周围地区,处于完全失业的状况,而又找不到新的工业。能在维也纳地区开设的唯一工厂是一种采用陈旧生产过程的铁合金工厂,而其成本很高,同联合碳化物公司的竞争者已在应用的更现代化的生产过程相比,处于不利的地位。

即使对于旧生产过程来说,维也纳镇也是一个不合乎经济的地方。生产过程需要大量的质量相当好的煤,而该地区唯一可以得到的煤是含硫量很高的,以至在使用以前必须花费很多的钱去处理和净化。而且,即使在花费了这样大量的资本投资以后,这种生产过程还是不可避免地产生大量噪声和污物,排放出大量的烟灰和有毒气体。

而且,铁路和公路交通设施都没有位于西维吉尼亚州内,而必须渡过河到俄亥俄州去。而把厂房设在那里就意味着常刮的西风会把工厂烟囱中排出的烟灰和硫气正好吹到河对岸的维也纳镇上。

可是,在维也纳镇建厂,将为该镇本身提供 1500 个就业职位,并为不远的一个新煤田提供 500 个到 1000 个就业职位。而且该新煤田可采用露天开采法,因而可免除该地区陈旧煤矿中日益严重的事故和有害健康的状况。联合碳化物公司的高层管理当局得出结论说，社会责任要求该公司在那里建立新工厂，尽管在经济上说是处于边际状态。

该工厂配备有当时最先进的反污染装置。那时在大城市的电力厂也只能满足于回收烟囱中排出的一半烟灰，而维也纳工厂的装置却能回收75％——至于从高含硫的煤中排出来的二氧化硫气体，任何人也没有办法。

当1951年该厂开工时，联合碳化物公司成了英雄。政治家、社会名流、教育家都赞扬该公司承担起了社会责任。但在10年以后，从前的救世主很快就成了社会公敌。随着整个国家日益关心于污染问题，维也纳镇的居民开始愈来愈厉害地抱怨从河对岸飞到他们镇中和家里的烟灰和有毒气体。大约在1961年，一位新的镇长由于其"同污染作斗争"即"同联合碳化物公司作斗争"的政纲而当选了。该厂过了10年成为"全国的丑闻"。即使绝不能讲对工商业抱有敌意的《商业周刊》也于1971年2月在一篇题为《一家制造污染的公司尝到了恶果》一文中对联合碳化物公司进行谴责。①

联合碳化物公司的案例表明，企业对于社区的影响既有有利的一面，也有不利的一面。企业可以采取某些积极举措，增进社区利益，也有可能由于自身行为造成对社区的不利影响。下面对这两个方面的影响具体说明。

企业对社区的积极影响主要有：（1）促进社区就业。比如联合碳化物公司在维也纳镇建厂，为该镇提供1500个就业职位，并为不远的一个新煤田提供500个到1000个就业职位。企业通过为社区创造就业机会，进而带动当地经济发展。就业意味着生活有保障，收入有保障，对社区居民的生活改善无疑具有重要的促进作用。而且，企业的发展，也是带动当地经济发展的引擎。（2）为社区居民提供产品和服务。企业不仅能够带动就业，而且企业的产品和服务能够供应本地市场，为社区居民带来便利。特别是从事第三产业或服务业的企业，比如连锁超市、金融保险、餐饮等，

① ［美］彼德·F. 德鲁克：《管理——任务、责任、实践》，中国社会科学出版社1987年版，第404页。

能为社区居民提供方便快捷的服务。（3）参与社区的教育、文化、卫生、健康事业。企业通过创办学校、美化环境、建设娱乐和运动设施，参与社区教育、文化、卫生、健康事业的发展，这些对于提高居民生活质量、改善社区环境具有重要作用。（4）企业捐助活动。企业通过捐助慈善事业，用于改善特定人群的生存状况，如养老院、福利院等，回报社区，回报社会。企业对社区的积极影响主要是通过参与社区事务和捐赠来实现的。通过这些有意义的活动，企业不仅提高了社区生活质量，而且带来了自我利益的实现。因为在帮助别人的过程中，企业也处在帮助自己的位置上。

企业对社区的消极影响也是不容忽视的，这也往往是公众谴责企业不负责任的原因。（1）环境污染。对于从事制造业的企业而言，造成环境污染是不争的事实。特别是一些化工企业，排放的废水、废气、废渣，严重污染了居民的生活环境，影响居民的健康。（2）工厂关闭引起的失业。企业在经济状况好的年份，扩大生产规模，就业需求增长。而在经济状况差的年份，生产规模缩减，就业需求下降，严重的则关闭工厂，造成失业。失业带来的是生活失去保障和社会的不稳定。

三　企业跨文化管理对社区的影响

跨文化管理是指企业在海外经营过程中识别、协调和处理文化差异，改善经营业绩的过程。随着企业海外投资的增多，企业面临着不同于本国的经营环境。其中的一个重要问题是，由于文化差异，企业面临与当地文化的冲突与融合。企业跨文化管理对社区的影响有积极的一面，因为企业跨国经营，开辟新市场、开发新产品，促进当地经济的发展。例如中国的民营企业华为公司。华为公司在140多个国家开展业务，并在全球设立了23个研发中心及数十个专项能力中心，通过全球化资源配置，共享能力，提升效率；同时，这些机构也给当地带来了大量的就业机会与经济效益。以欧洲为例，华为在欧洲雇佣了5000多名本地员工，间接带动合作方下游就业6000多人，2011年在欧洲当地的采购额达到29亿欧元。通过本地化经营运作，促进当地就业，推动了当地科技与经济发展，构建了和谐营商环境，也获得了继续发展的空间。在非洲，为21个国家建设了32个3G网络，铺设了18000公里光纤，使原来连固定电话都打不上的非洲人民，一步到位进入了移动宽带时代。①

但是，企业在跨文化管理背景下，始终面临着与当地文化的冲突与融合，这使得跨文化管理对当地社区的影响变得更为复杂。这里以魁北克水利公司和中国铝业两个案例来说明跨文化管理对社区影响的复杂性。

1. 魁北克水利公司

作为加拿大魁北克省的一个大型的公用事业机构，魁北克水利公司提出在加拿大北部的荒野建立一个大型水电站。该公司计划建一个横跨 Great Whale 河峡谷的长 17 英里的大坝，大坝将靠近 Great Whale 河河口，即 Great Whale 河注入 James 湾的地方。大坝将在该地形成一个 9100 平方英里的水库，仅仅留下一些孤立的山峰和高地，形成了岛屿。这个地区大部分是开阔的冻土地带，其余部分是树木。其向东绵延 300 英里，靠近纽芬兰边境；向北延伸 200 英里，接近北极圈。冬天，这里的雪很大；夏天，这里降雨频繁。该地土壤坚固，水无法渗透到地下，而是汇成溪流。这一地带往西是缓坡，这些溪流就汇聚到临海岸的 Great Whale 河。该坝将在这一广阔地带截留大量的水用来发电。

利用大坝，可以建立一个发电量为 1.4 兆千瓦的水电站，这相当于 14 个现代燃煤或核能发电厂，而不会产生使用煤或核能时释放出的酸性气体或放射性废物。近一半的电力将输往魁北克北部，以满足该地区的工业化发展需要。其余的电力将卖给新英格兰地区的 6 个州及纽约市，这样一来，这些地区的公共事业单位在今后 10 年内就不用为额外增加的电量需求而发愁了。因为魁北克电力公司属于魁北克省，所以出售这些电力的收益可以用于整个省（包括南部和北部）的教育和公共卫生事业。

数年来，美国某地区一直依赖进口国外石油来满足家庭供暖和工业扩张的需要，这个大坝所发的电正好能满足这一地区的能源需求。出售电能所得的利润又可解决加拿大某地区中小学教育和公共卫生经费常年不足的问题。公共医疗卫生条件的改善将降低婴儿的死亡率，并延长当地人的寿命。教育条件的改善将提高该地区学生的毕业率，从而个人收入也随之增

---

① 胡厚崑：《企业公民与持续发展》，http://www.huawei.com/ilink/cn/about-huawei/newsroom/press-release/HW_124847。

长。这个项目可能产生的唯一问题就是会遭到住在这一地区的大多数克里人和因纽特人的反对，因为这些地区 2000 户人家的家园将会被淹没。克里人的部落首领拒绝出售这些土地（其实也从来没有什么正式条约说明这些土地属于他的部落）。他说："要向白人解释清楚土地是我们生活的一部分，这真的很难。就像岩石、树木、海狸和驯鹿一样，我们是这里的一部分，我们是不会离开这里的。"然而，这两个部落中的一小部分人，大约800 户人家，非常愿意卖掉土地，以一种他们认为更现代、更舒适的方式生活在寒冷、无法忍受的气候条件下。①

2. 中国铝业在南美

近年来，随着中国经济的增长，许多企业开始向海外扩张。中国铝业在秘鲁准备开采一座蕴含价值 500 亿美元矿产资源的矿山，然而在一切开采工作就绪之际，中铝在安顿矿山周围原居民时却遇到了难题。当地的一个小镇有 5000 名居民，该镇居住条件简陋，供电断断续续，没有干净的自来水。由于该镇是坐落于计划中的矿区，矿坑在 8 年后就会挖到当地居民的家中。所以，为了搬迁该镇，中铝在大约 10 公里以外建起了一座新镇。新镇规划良好，基础设施齐全，甚至还建造了一条运河，以防附近的水坝因地震坍塌而发生洪灾。其他方面，单是教堂就建了 7 座，以满足不同教派人士的需求。所有矿山附近的原住居民都将免费拥有新镇的住房。尽管如此，由于文化传统等因素，仍有部分居民"不领情"。当地矿工的妻子祖丽说："即使我们搬到新的地方，说不定不久又会让我们走了。"他们认为，这次搬迁有点颠沛流离的感觉。中国铝业表示他们不会强迫任何人搬迁，当地居民在受采矿影响之前，还可以在原地居住 8 年。一部分原居民已经开始搬迁，中铝为他们支付了搬迁费用。同意搬迁的居民凯撒说："我可是在这里住够了，我的孙子需要一个条件更好的成长环境。"②

这两个案例说明，在跨文化管理背景下，企业面临自身利益与当地文化传统的冲突问题。

企业应当置社区文化传统于不顾吗？答案显然是否定的。那么，如何

---

① 本案例来自［美］拉瑞·托恩·霍斯默《管理伦理学》，中国人民大学出版社 2005 年版，第 3 页。

② 本案例来自全球金属网，www.ometal.com。

解决呢？《考克斯圆桌商业原则》为全球化背景下企业的经营活动提供了一个共同遵循的道德指南。

《考克斯圆桌商业原则》的序言指出："就业与资本的流动使经济活动及其影响不断地全球化。在这种背景下，法律和市场的制约很必要，但是还不能充分指导商业行为。公司的基本职责是对公司行为和政策负责，并尊重利益相关者的尊严与利益。而共同的准则（包括对共同繁荣的承诺）对小规模人群和全球人群同样重要。由于上述原因，同时由于商业可以有力地带动积极的社会变化，我们提出以下原则作为商业领导者的讨论基础和履行公司责任中的行为基础。我们也肯定道德准则在经济决策中的合法性与中立性。没有道德准则，就没有稳定的经济关系和全球的可持续发展。"在跨文化管理过程中，企业如何处理与社区的关系？让我们来看看《考克斯圆桌商业原则》的规定。

原则1 公司责任：从股东变为利益相关者。公司的作用是创造财富和就业，并以合理的价格及与价格相应的质量向消费者提供适合销售的产品和服务。为发挥该作用，公司必须保持其经济健康和活力，但是公司生存并不是公司的唯一目标。公司的另一个作用是与公司顾客、雇员和利益相关者分享创造的财富，提高他们的生活水平。供应商和竞争商应该本着诚实公正的精神履行义务，相信这样才会带来更多的商机。公司是地方性、全国性、地区性和全球性社区（人群）中勇于负责任的成员，影响着所在社区的未来。

原则2 公司对经济和社会的影响：面向革新、公正与全球性社区。建立在海外的发展、生产或销售公司应通过创造就业机会，提高当地人们的购买力为所在国家的社会进步做出贡献，同时应关注所在国家的人权、教育、福利，激发社区生命力等。此外，公司应通过革新、有效地使用自然资源、自由公平的竞争，为所在国家和全球的经济、社会进步做出贡献。这种贡献是广义的，包括新技术、生产、产品、经销和通信等。

跨文化管理企业对于社区的责任是什么呢？《考克斯圆桌商业原则》的第三部分指出，我们相信，公司作为一名集体成员，即使力量不大，也能够为所在社区投入改革力量，改善当地的人权状况。因此，公司对公司所在地的社区负有以下责任：尊重人权与民主制度，并尽可能改善人权与民主状况；承认国家对整个社会的合法义务，支持、执行通过商业与社会的其他行业部分之间的和谐关系促进人类发展的公共政策；在经济发展困难的国家和地区，一些力量致力于提高健康、教育、工作场所安全等标准，公司应与它们合作；促进可持续发展；在物理环境保持和地球环境保持中起领导作用；支持地方社区的社会秩序、治安防卫和多样性；尊重地方文化的完整性；支持所在社区，做优秀的社区成员。具体的方式有：慈善捐款、捐助文教、雇员参与民事与社区事务等行动和活动。

第二节　社会责任与社区发展

社区发展这一概念特指第二次世界大战以来由联合国倡导的一项世界性运动，它强调通过研究社区的共同需要，依靠社区自身的力量，充分利用社区内部资源，采取互助、自治行动等，去改变传统农村的落后状况或改善现代城市的生活环境，解决社区中存在的社会问题，从总体上促进经济和社会发展的过程。本节主要从社会责任的角度分析企业在社区发展中所应尽的责任与义务。

一　社区发展

社区发展作为改善社区生活的自觉努力，起源于产业革命后欧美城市的社区组织工作，其活动是以卫生、福利、文化娱乐为中心来推动社区规划与协调发展，内容涉及社区环境规划、社区工业规划、社区福利组织等。[①]

20世纪三四十年代，一些发展中国家的有识之士，开始探索政府与社区合作的发展模式，以期开发社区民间资源，发展社区自助力量，以社区发展推动社会经济的发展。20世纪30年代，中国在以晏阳初、梁漱溟、陶行知等为代表的一批知识分子的推动下，兴起了"乡村建设"运动，运动的倡导者们组织和培训乡村建设的工作人员，开展农村社会调查，制订乡村建设规划，并身体力行深入到农村去，从农民的文化教育入

---

① 张敦福主编：《现代社会学教程》，高等教育出版社 2001 年版，第 177 页。

手，推广农业生产技术，提供医疗卫生服务，倡导文明家庭生活。1939年，埃及开始在农村建立社区中心，通过吸引农民参加社区的活动和建设，来促进埃及农村经济社会的发展。中、埃等国这些建设农村社区的开创性实践，成为第二次世界大战后世界性社区运动的先驱。①

第二次世界大战后，许多国家尤其是不发达国家面临着贫困、疾病、失业、经济发展缓慢等一系列社会问题。联合国以工业国家社区组织工作的经验为基础，结合发展中国家开展成人教育、农业技术推广、合作社运动、乡村建设运动等方面的实践，提出并倡导通过社区发展达成社会进步。

1955年，联合国提出了社区发展的目标和原则。其中关于社区发展的目标如下：（1）提倡互助合作精神，鼓励社区居民自力更生解决社区的问题；（2）培养社区居民的民主意识，在社区发展过程中促进居民积极参与本社区的公共事务；（3）加强社区整合，促进社区变迁，加速社会进步的进程。

提出的10条基本原则是：（1）社区各种活动必须符合社区基本需要，并以居民的愿望为根据制订首要的工作方案；（2）社区各个方面的活动可局部地改进社区，全面的社区发展则需建立多目标的行动计划和各方面的协调行动；（3）推行社区发展之初，改变居民的态度与改善物质环境同等重要；（4）社区发展要促使居民积极参与社区事务，提高地方行政的效能；（5）选拔、鼓励和训练地方领导人才，是社区发展中的主要工作；（6）社区发展工作特别要重视妇女和青年的参与，扩大参与基础，求得社区的长期发展；（7）社区自助计划的有效发展，有赖于政府积极的、广泛的协助；（8）实施全国性的社区发展计划，须有完整的政策，建立专门行政机构，选拔与训练工作人员，运用地方和国家资源，并进行研究、实验和评估；（9）在社区发展计划中应注意充分运用地方、全国和国际民间组织的资源；（10）地方的社会经济进步，须与国家全面的进步相互配合。

最初联合国的社区发展计划侧重点在发展中国家，尤其是广大农村地区。联合国专门设置了土地改革、垦荒、水利建设以及教育培训等项目，

---

① 吴增基、吴鹏森、苏振芳主编：《现代社会学》（第3版），上海人民出版社2005年版，第256页。

以资助一些落后国家农村地区的发展。1957 年开始，联合国的社区援助项目向发展中国家的城市延伸，如城市住宅和贫民区改造计划等。20 世纪 70 年代后，联合国的社区发展计划愈来愈关注社区成员的"社区参与"和社区管理水平的提高，强调社区与经济社会的协调发展。

二　企业对社区发展的责任

德鲁克认为："现代组织之所以存在就是为了向社会提供某种特别的服务，所以它必须存在于社会之中，存在于一个社区之中，与其他机构和人物相处，在一定的社会环境中工作。它还必须雇佣人们来做它的工作。它对社会的影响不可避免地超出它所以存在而作出的贡献。"① 因此，企业对于所在社区的责任可能在两个领域中产生：一个领域是机构对社会的影响；另一个领域是社会本身的问题。如何履行这两方面的责任呢？

1. 消除不利的影响

德鲁克认为企业的影响是一种非生产性成本。"事实上，它们总会带来成本和威胁。这类影响消耗资源、浪费原材料，至少也分散管理当局的精力，而无益于产品的价值或顾客的满足。它们是'摩擦'，即非生产性成本。"② 德鲁克举例说铁合金工厂的目的不是制造噪声或排放有毒气体，而是为顾客制造高质量的金属。但为了达到这个目的，必然会产生噪声、高温并排放出有毒气体。对社会的这些影响，对组织的目的来讲，是附带的，但在很大程度上又是不可避免的副产品。德鲁克强调，无论是有意造成的还是无意造成的，人们必须对他们所造成的影响负责。负责任的态度就是应该使这些影响尽量缩小。"一个机构在自己特殊目的和特殊使命以外的影响愈小，则其行为愈好，愈是负责，愈是能成为一个受欢迎的公民、邻居和贡献者。"③

企业的首要责任是冷静而实际地确定和预测有些什么影响，这是第一步。接下来企业应当着手考虑如何消除这些影响。德鲁克指出："凡

---

① ［美］彼德·F. 德鲁克：《管理——任务、责任、实践》，中国社会科学出版社 1987 年版，第 412 页。

② 同上书，第 415 页。

③ 同上书，第 414 页。

不属于机构的宗旨和使命的对社会、经济、社区和个人的各种影响应维持在尽可能低的程度，最好能予以消除。不论这种影响是在机构内部的，对社会环境或物质环境的，都是愈少愈好。如果能通过取消那种产生影响的活动来消除其影响，那是最好的——而且实际上是唯一真正有效的解决办法。"①

如果不能取消那种产生影响的活动，最理想的办法是把这些影响转化成对企业有利的机会。德鲁克举例说，道化学公司在第二次世界大战以后不久就确定，空气和水污染是一种不好的影响，应予消除。早在公众激烈反对环境污染以前，道公司就在其工厂中采取了完全消除污染的措施。它在那个时候就采取系统的步骤把烟囱和水道中排除出来的有毒气体和有毒物质转化成为可以出售的产品，并为这些产品创造出各种用途和市场。

企业应当努力把对社区的不良影响转化为对企业有利的机会。但在许多情况下，却做不到这一点。更经常的情况是，消除一种不良影响就意味着增加成本。例如，汽车安全带，在 20 世纪四五十年代，福特汽车公司生产出一种汽车，在座位上备有安全带。但销售量却一落千丈。福特公司不得不停止销售这种带有安全带的汽车。在这种情况下，除非本行业中的每一个企业都作为同一规则来接受，否则，它就会成为竞争中的不利因素。"只要一种不良影响必须通过增加成本才能消除，管理当局就必须预先考虑并拟定出某项能以最少的成本而使公众和企业得到最大利益来解决问题的规章。然后，管理当局要努力使恰当的规章成为法规。"②

2. 解决社会问题

社会问题是社会的病态或失调现象，它指的是，由于存在某些使社会结构和社会环境失调的障碍因素，影响社会全体成员或部分成员的公共生活，对社会正常秩序甚至社会运行安全构成一定威胁，需要动员社会力量进行干预的社会现象。比如贫困、失业、环境退化、人口老龄化、犯罪，等等。企业的职能就在于通过把一项社会问题转化为企业的一项机会来满足一项社会需要，同时也为本机构服务。德鲁克强调，解决问题的途径可

---

① 〔美〕彼德·F. 德鲁克：《管理——任务、责任、实践》，中国社会科学出版社 1987 年版，第 421 页。

② 同上书，第 423 页。

能不在于新技术、新产品、新服务，而在于社会创新，组织起创新力量来把社会问题转化为做出成就和贡献的机会。

但是，并不是每一个社会问题都可转化为一种做出贡献和成就的机会。事实上，最严重的社会问题往往不能采取这种办法来解决。德鲁克指出，对于那些成为慢性病或退化的弊病的社会问题，管理当局也应当主动承担责任积极想办法解决。"企业的健全是管理当局的责任，而健全的企业同病态的社会是很难相容的。健全的社会要求有一个健全的或至少能行使职能的社会。社区的健全是成功而发展的企业的一个先决条件。"① 一个典型的例子是默克公司（Merck）对河盲症的治疗。

Merck 公司是位于新泽西州 Whitehouse 地区的一家大型（拥有 62300 名员工）制药公司。这家公司主要以在研发上的能力而著称。确切来说，有几千种处方药由公司的技术人员提出，并在其实验室中研制出配方，再经过在动物身上以及后续的在人身上进行试验，得到改进，然后经过政府核查批准，最后在世界范围内生产销售，并带来了优异的财务业绩。1994年，即写本案例的时候，该公司的年收益略高于 20 亿美元。然而，该公司却提议花费 1 亿美元来生产和开发一种被称为"孤儿药"的药物，用以防治一种叫作"河盲症"的热带疾病。

孤儿药是一种只有很少或甚至根本没有商业潜力的处方药。不幸的是这种药在医学研究中出现得非常频繁。通常，这种药针对的是一种很少见的病，其市场范围很窄或是保险范围极其有限，以至于生产这种药的公司无法收回其花在开发、试验、核准、生产及营销上的成本。大多数制药公司仅仅在还处于构想阶段的初期就放弃了孤儿药的研制。Merck 公司却非比寻常。该公司完成了整个过程，从构想到分销阶段。但是，由于大多数 Merck 公司所研究的孤儿病都非常罕见，因而至少其所投入的费用是有限的。但河盲症却不是这样，它折磨着大量生活于世界上很多极其贫穷地区的人。在那些地区的病人和政府部门都没有能力负担这种药所需的费用，这种药必须免费提供。

---

① ［美］彼德·F. 德鲁克：《管理——任务、责任、实践》，中国社会科学出版社 1987 年版，第 431 页。

河盲症，学名叫作盘尾丝虫病，在中非及中亚的一些山区折磨着1800万人。它由一种只在快速流淌的河溪中产卵的小黑蝇叮咬引起，这也正是这种病只在那些有着充足降水量的山区存在的原因，也是热带地区最普遍的疾病控制方法——从空中喷洒药剂——失效的原因。几乎不可能在快速流淌的山间小溪中，维持杀虫剂足够杀死这种黑蝇的幼虫的药效。蚊子也是用吸血的方式来把疟疾传染给人的，但通过空中喷洒药剂的方式杀灭蚊子就要容易得多，因为它们是在静止的池塘及沼泽产卵，在这些地方，杀虫剂能够在很长的时间内仍然保持很高的效力。

这种黑蝇叮了人之后，在吸血的过程中，常常把它身上所携带的一种小的寄生虫的幼虫传播到人的血液中。这种寄生虫本身并没有什么直接的损害，但是一旦其成熟以后，就会产下成千上万叫作微丝蚴的极微小的后代，这些东西会在身体组织里扩散。它们往往会在皮肤中聚集，由此引起极其严重的瘙痒，并最终导致皮肤损伤、感染及变形。很多染病者由于无法忍受严重的瘙痒而自杀。那些活着的人们，在多年的折磨之后，这种微丝蚴侵入到了他们眼中，从而致盲。

河盲症是一种可恶的疾病。直到20世纪90年代早期，也没有任何疗法，甚至连发现一种疗法的希望都没有。被这种疾病折磨的国家都是中非和中亚的第三世界国家，它们没有任何经济来源来支持医药研究。这些国家感染这种病的人都极其贫困——部分原因也是由于这种使人衰弱的疾病而导致——并且没有任何钱来支付治疗的费用。此外，在科学上，也很难研制出这么一种药——能够杀死血液中的寄生虫和身体组织里的微丝蚴，同时又不使病人致死或是受到严重伤害。

20世纪80年代中期，Merck公司的兽药研发部门的研究人员展开了一系列的微生物培养研究，其目的是发现一种疗法，用以治愈在美国受到寄生虫感染的牛、马、猪以及其他一些农场家畜。其中一种新的培养菌，编号为Mectizan，是一种失败的品种。它看上去没有什么希望治愈任何一种主要动物疾病了，虽然把它用于清除马身体里的一种从国外传染过来的相对来说危害不大的肠胃寄生虫非常有效。

这些研究人员中，William Campbell博士注意到在马身上发现的那种看上去没什么危害的微丝蚴与在人身体里发现的那种致盲的微丝蚴在基因上有着惊人的相似。Campbell 决定利用 Merck 公司自由的科研方针，对此开展研究，这项方针允许他花费最多可达 50 万美元的资金，投入最多可以为期一年的自己的时间去研制一种还没有得到任何正式商业前景评估的药方，而这种评估将会是必需的。几个月内，他很快就能够演示，这种叫作 Mectizan 的新培养菌，能够对在培养出来的人体组织中的河盲症微丝蚴有效，并产生很好的效果，但不能保证它就能对生长在真正的人体中的这种寄生虫有效，同时不会严重地影响人体健康。

必须找到一种动物，最好是老鼠或白鼠而不是狗或猫，用来做健康影响测试，这比目标影响测试更重要。许多人基于人道主义考虑，反对使用智能的又对人类有感情的家畜，如猫和狗来做医药研究。Campbell 博士通过基因修改，培养出一种能够感染微丝蚴的老鼠，这种微丝蚴能够致盲。新药 Mectizan 对河盲症疗效显著，且没有明显伤害老鼠。也许治疗世界上 1800 万人患上的河盲症是可能的。但是，在每一种新药的试验阶段都要进行的商业潜力评估很快确认了它的商业意义，这也正是每一个人，包括 Campbell 博士已经知道的。感染河盲症的人们及其国家都极为贫穷，无法负担医药费。尽管没有商业潜力，Merck 公司的董事会依然投票支持人体试验。

Merck 公司的人体测试既有道德问题，又有财务问题，因而只能使用志愿者，在这种情况下，还不清楚中非及中亚的那些部落的人们是否会完全理解参与试验的危险。他们希望被治愈，也确实有这种可能性，他们不希望受到伤害，但不幸的是，这是可能发生的。为确保测试过程的科学性，会给大约半数的志愿者无效的安慰剂，这样可以确定是药品而不是环境中的其他因素治愈了疾病。

进一步在现场密切监视测试过程也是必需的，因为研究人员并不了解可能产生的负面效果，就显然不可能这样做，即研究人员仅仅到一个受感染地区，交给他们同样数量的 Mectizan 与安慰剂说："再见，我们 3 个月后再来看你们，看你们是否还活着。"

医务人员必须在现场对效果进行判断、对结果进行测试、对反应进行处理并对病人进行安慰。这些医务人员将要承受感染上这种疾病的巨大风险。可以修建密封的带空调的宿舍及医疗中心，用来保护医务人员不受这种黑蝇的侵袭，但在这些偏远贫穷的地区，这样做要花费大量的资金。而且，这并不能就保证这种保护措施能够完全有效。此外，向这些受这种疾病困扰的偏远地区运输物资，也会增加更多的风险和更大的开销。这些初步的人体测试所需要的经济成本估计为 5000 万美元。

Merck 公司启动了初步的人体测试的投资。公司从内部及其他一些持不同宗教信仰的组织中招募了医务及科研人员。测试非常成功。接下来，这种药物就必须要接受政府许可机构的核准了。这又需要在这种机构的监督下重新进行一系列测试。Merck 公司选择了让法国药品理事会监督它们新的测试，而非美国的食品与药品管理局，因为在非洲和亚洲的政府官员及医务人员眼中，法国政府的测定结果会比所做的同样的结果更具有说服力。这是由于法国曾经在中非和中亚的山区建立过殖民地，而被河盲症所影响的主要正是这些地区。并且，法国医务人员在这些地区曾经受到的尊敬至少部分还延留至今，但法国理事会却不提供任何资金支持。这些新的许可测试又为 Merck 公司增加了另外 5000 万美元的成本。

同样，这些测试又是非常的成功，并且，政府的许可证明很快被法国批准，美国政府也勉强认可了这个许可证明。现在，Merck 公司的国际市场部参与到了规划阶段，又更进一步证实了每一个人都在很早以前就知道的事实：这种药没有任何传统意义上的市场。这些染病者都太穷了，他们所在的国家又太不发达了，国际社会对他们也太漠不关心。

Merck 公司的总裁与美国政府进行了洽谈。国务院说他们全心全意地赞成该公司所做的这些努力，但声称，这种药品的分发是美国国际发展机构的责任。这是财政部下属的一个部门，负责设立向第三世界国家进行捐赠和贷款的发展项目。该机构也对这个提议表示欣赏，但它们解释说，该机构的预算是用于未来 10 年内，对公路、铁路及水坝设施的改进项目的资金的。

Merck 公司总裁接着又接洽了世界卫生组织（WHO），其总部位于瑞士日内瓦，是联合国的一个分支机构。实际上，这个机构作出了回应，说是它可以接受药品捐赠，但是不会对药品的研发生产费用给予任何补偿。并且，如果能免费的话，它会将这些药品装运到相关国家，并转交给其政府，而它所能做的也就这么多。Merck 公司完全不能接受这样的安排。公司主管担心，中非及中亚地区那些发展中国家的政府官员会不顾那些染病者明显的贫困，而将这些药品进行销售，从而换取任何可以得到的财力或是劳力。并且，公司主管相信，这种药品的分发必须要在受过培训的医务人员的监督下进行。他们认为，这种疾病的受害者们，由于瘙痒的折磨和眼瞎的恐惧，过量服用这种药：他们会觉得，如果 1 是好的，那么 2 或者是 10 就会好很多。

Merck 公司的董事会成员们担心他们公司投入了超过 1 亿美元而研制出来并测试成功的这种孤儿药，那些迫切需要这种药的人可能得不到，这些人估计有 1800 万之众。他们又投票通过了一项投入 1 亿美元的决议，以确保这种药得到开发和使用。

现在，在很多与华尔街经纪公司、投资银行及共有基金公司相关联的财务分析人员之中，出现了一些反对的怨言。但没有人公开表示 Merck 公司应该停止开发这种药。这种病实在太可怕了，染病者实在太穷了，对这种药的需求也太大了，因此没有人公开地表示反对。但是，每年 1 亿美元对一个可以预见的将来而言——Merck 公司所提供的药并不能对这种病产生免疫力，而只能治愈该病，因此每一个新的感染者，都必须要能够得到这种药——对很多分析人士来说，似乎是一笔太大的开支，以至于公司无法承受。这些分析人士声称，Merck 公司首要应该对股东负责，公司应该推迟这项开发计划，直到能够取得政府及国际的支助。很多投到财经杂志去的信中都说，实际上，企业并不是慈善组织，它们不应该那样去做。①

Merck 公司在解决社会问题方面的善举，为万千企业树立了楷模。其行为很好地诠释了社会责任的本质是什么。正如强生信条所言的那样："我们要对我们生活和工作所在的社区负责，也要对世界尽责。"综上所述，企业对于社区发展的责任可以概括为：积极参与本社区的公益活动和慈善活动；提供更多的就业机会；保持环境清洁；为社区居民提供更好的生活场所；改善健康和教育事业。

---

① 本案例来自 ［美］拉瑞·托恩·霍斯默《管理伦理学》，中国人民大学出版社 2005 年版，第 149—153 页。

三　企业的社会责任实践

在处理与社区关系时，有社会责任感的企业意识到通过适当的方式把利润中的一部分回报给社区是其应尽的义务。他们积极寻找途径参与各种社会活动，通过此类活动，不仅回报了社区和社会，还为企业树立了良好的公众形象。科特勒和南希·李详细分析了六类与社会责任相关的企业社会活动：公益事业宣传、公益事业关联营销、企业的社会营销、企业的慈善活动、社区志愿者活动、对社会负责的商业实践。[①]

1. 公益事业宣传：促进对社会公益事业的了解和关心

企业提供资金、非现金捐助或其他的企业资源，以促进公众对某项社会公益事业的了解和关心。说服性的沟通是这类活动的中心，目的是要唤起人们对某项社会公益事业的了解和关心，或者是说服潜在的捐赠者和志愿者，让他们为此项公益事业做出贡献或参与支持此项事业的活动。

2. 公益事业关联营销：基于产品销售为公益事业做贡献

企业承诺基于产品销售来为某项特定的公益事业捐款，或者捐献出一定比例的营业收入。最常见的情况是，这种活动有一个预先声明的时间段，针对某种特定的产品并面向某个特定的慈善机构。这种与产品销售额或交易额的联系是这类活动最显著的特征，其中包含着互利的共识和目标：该计划将为慈善机构募集资金，而对企业来说则具有增加销售额的潜力。捐献可以是实际数额的现金，比如每安装一个高速互联网链接就捐出4.95美元；也可以是一定比例的销售额，比如将把特定产品的销售收入的50%捐献给儿童慈善机构。

与公益事业宣传不同，这类活动中企业的贡献水平首先要取决于某种消费者行为。其次，公益事业关联营销活动往往要求企业与慈善机构达成更正式的协议和配合；重要的活动包括安排特定的促销优惠、设计联合品牌广告、追踪消费者的购买行为。最后，这种活动通常涉及更多的宣传，尤其是付费广告。这是有道理的，因为促进产品销售对企业来说有着预期

---

① ［美］菲利普·科特勒、南希·李：《企业的社会责任》，机械工业出版社 2011 年版，第27 页。

的经济利益。因此，这类活动最有可能由企业的营销部门来管理和资助。在理想情况下，企业会为活动制订一份正式的营销计划：确定目的和目标；确定目标市场；为优惠制定营销组合；确定评价和追踪机制。

3. 企业的社会营销：支持行为改善运动

企业对某种行为改善运动的策划或实施，意在改善公共卫生、安全、环境或社区福利。这种活动的一种显著特征是以行为改善为中心，即"推销"某种特定的行为。尽管活动可能包括意识强化和教育性的要素，或者是改变当前信仰和态度的努力，但活动的首要意图是支持和影响某种特定的公共行为或者行动。企业的社会营销活动所推动的行为，大多是针对特定的主题，比如下列这些：（1）健康主题：包括吸烟预防、艾滋病、口腔健康等。（2）伤害预防主题：包括交通安全、溺水预防、应急准备等。（3）环保主题：包括水资源保护、节约用电、空气污染等。（4）社区参与主题：包括志愿者活动、器官捐献、犯罪预防、献血等。

4. 企业的慈善活动：对公益事业做出直接的贡献

一家企业直接捐助某个慈善机构或某项公益事业，最常见的形式是现金拨款、捐款或非现金的服务。在所有的企业社会活动中，企业的慈善行为或许是最传统的，而且对社区健康和公共事业机构、教育、艺术以及负有保护环境之使命的组织来说，企业的慈善行为始终是一个主要的资助来源。

企业的慈善活动已经从过去的现金捐赠传统转向利用其他企业资源，比如设立奖学金、捐赠产品、捐献服务、提供技术性的专门知识、提供设施和分销渠道的使用权、提供设备的使用权等。

5. 社区志愿者活动：员工奉献自己的时间和才能

企业支持和鼓励自己的员工、零售合作伙伴或特许经营成员，志愿奉献他们的时间来支持当地的社区组织和公益事业。志愿者活动可能包括员工志愿奉献他们的专业知识、才能、创意和体力劳动，比如清理公园、照顾疗养院里的老人、辅导学龄青少年、普及科技知识、环境保护等。企业的支持可能包括提供带薪的志愿服务时间、匹配服务以帮助员工们找到感兴趣的机会、表彰志愿者服务、组织团队以支持企业锁定的公益事业。

6. 对社会负责的商业实践：支持公益事业的自主商业实践和投资

企业采纳并实施自主的商业实践和投资，来支持社会公益事业以改善社区福利和保护环境。对社会负责的商业实践具有显著的特征，即活动是自助的，而不是法律或管制机构要求的，也并非像满足道德或伦理标准那样是公众所期望的。菲利普·科特勒和南希·李认为比较普遍的活动，如表 6-1 所示。

表 6-1　　　　典型的对社会负责的商业实践

- 设计设备以满足或超过环境和安全相关的建议和指导方针，比如更严格的节能标准。
- 加强流程改善，其中可能包括像拒绝使用有害废料、减少农作物种植过程中化学制品的用量、不把某些种类的油用于油炸食品等实践。
- 放弃某些被认为有害但并不非法的产品（比如麦当劳就放弃了它们的超大份炸薯条）。
- 根据他们采纳或保持可持续的环保实践的积极性来选择供应商，支持并奖励他们的努力。
- 充分披露产品原料及其来源和潜在的危害，甚至不辞辛苦地提供帮助信息（比如在产品包装上标明燃烧掉食品中所含的卡路里和脂肪需要多大的运动量，或者是一台汽油割草机将产生多少污染物）。
- 制订计划来支持员工福利，比如工作场所的锻炼设施、现场日托、针对药物成瘾者的"员工援助计划"，等等。
- 测量、追踪和报告应有人负责的目标和行动，包括坏消息和好消息。
- 为面向儿童的营销确立指导方针，以确保可靠的传播媒介和恰当的分销渠道（比如不向没有超过 18 岁的孩子在线销售产品）。
- 利用像助听设备、语音识别机制和隔行打印格式等这样的技术，为残疾人群提供更便利的信息获取途径。
- 保护消费者的隐私。在这方面，人们越来越关心复杂的数据收集、识别以及对个人活动的追踪，尤其是通过互联网进行的（比如一家在线零售商允许顾客在购买产品时不提供人口统计特征的信息）。
- 在确定工厂、采购点和零售店的选址时，要认识到这些决定对社区的经济影响。

资料来源：［美］菲利普·科特勒、南希·李：《企业的社会责任》，机械工业出版社 2011 年版，第 200 页。

上述企业的六种活动，对于企业和社区是一件双赢的事情。[①] 对社区而言，这些活动可以：（1）通过对宣传沟通活动的支持，来加强公众对公益事业的了解和关心。（2）通过鼓励顾客和社区中的其他成员捐助公益事业，来支持募捐活动。（3）通过提供宣传支持和分销渠道的使用权，来增进公益事业相关活动的社区参与。（4）支持影响个体行为改善和行业商业实践的努力，以改善公共健康，提高公共安全，保护自然环境。（5）提供更多的资金和其他资源，帮助慈善机构和公益事业活动实现收支平衡或扩

①　［美］菲利普·科特勒、南希·李：《企业的社会责任》，机械工业出版社 2011 年版，第 225 页。

大活动。（6）通过在社区宣传志愿者精神和支持员工志愿者活动，招募更多的志愿者，让更多的人向公益事业奉献自己的专长、创意和体力劳动。

上述六类活动给企业带来的利益有：（1）建立引人注目的企业声誉，因为各关键群体可以看到企业在用行动支持其争当优秀企业公民、积极履行社会责任的承诺。（2）通过打开新的市场或提供与经销商和供应商建立长期关系的机会，对总体的经营目标做出贡献。（3）通过社区参与以及让员工有机会从事自己关心的某项公益事业并因此得到企业的支持和表彰，来建立良好的声誉以吸引并保留一支得到激励的员工队伍。（4）通过采纳新的对社会负责的商业实践，比如可以提高效率和降低原材料成本的流程，来降低运营成本。（5）通过与管制机构紧密合作，来达到或超过指导性标准，减弱管制监督，从而提高信任度并建立牢固的相互关系。（6）通过提高顾客流量、强化品牌定位、建立产品差异、影响利基市场、吸引新的顾客以及增长销售额，来支持营销目标，尤其是当产品和服务是社会活动不可或缺的一部分时。（7）使企业能够提供技术专长、扩大活动影响范围、为企业的努力和投入提供可信承认的组织和机构、建立牢固的社区关系。（8）通过纳入可以进一步把企业与公益事业联系起来的其他活动，来发挥现有企业社会活动努力和投资的潜力，从而增大企业对社会问题产生影响以及从现有投资中获取更大回报的机会。

总之，社区是企业的重要利益相关者，企业在社区发展过程中具有重要的地位和作用。企业通过社会活动来推动社区发展，不仅满足了社区的利益，也在一定程度上满足了企业自身的利益，这是一件双赢的事情。但是，我们也要看到，企业的活动并不是无成本的，这些活动可能需要大量的企业投入和员工参与，有些活动需要外部的专门知识，与公益事业合作伙伴的协调可能非常耗费时间，对资源支出及价值的追踪可能很困难、很费钱，消费者或许会怀疑企业的动机和承诺，等等。所以，需要企业对这些活动进行有效的计划、组织与实施，正如 Merck 公司对河盲症的治疗，企业要花费大量的时间、资金、人员的投入，还需要精心的规划与组织，才能实现对社区和社会的承诺。

第七章　企业与环境

随着社会经济的发展，自然环境对社会的重要性日益凸显。环境保护的观念逐渐深入人心。无论发达国家还是发展中国家，对于环境保护这一时代课题已形成共识。实践层面上需要做的就是怎样保护环境，采取什么行动、如何采取行动来保护我们赖以生存的自然母亲，以实现可持续发展。本章主要探讨企业活动对环境的影响和企业环境责任的努力方向。

第一节　环境问题

自从工业革命以来，特别是 20 世纪六七十年代以来，随着人类经济活动的扩大和现代科学技术的应用，人与自然的冲突日益加剧，地球的生态环境遭到空前的破坏。我们先来探讨环境问题及其原因，然后分析可持续发展观及其对于解决环境问题的意义。

一　环境问题及其表现

环境问题是指由于人类的社会经济活动导致的对自然环境的污染和破坏，以致影响人类的生产和生活，给人类带来灾害的各种现象的统称。我们通常所说的环境是指相对于人类而言的外部世界，既包括人类以外的自然界的一切有生命和无生命的事物，也包括人类产生后，由人类自己创造的周围事物和居住环境。环境提供人类生活和生产所需的各种生活资料和生产资料，为人类生产生活提供场所，以及消纳生产和生活排出的废渣、废水、废气等污染物。

在人类以种植和狩猎为主要生活方式的几百万年里，人类制造的污染在总量上是很少的。1万年前，由于农业技术的进步，地球上出现了越来越多的定居人类，并形成了人类社会。人类不停地繁衍，人口不断地增加，然后人口逐渐聚集，形成了城市。最初，城市造成的污染问题主要是要处理人类与动物的生活垃圾，以及保持清洁的水源。在19世纪，这个问题导致了水处理工厂技术的出现。但是接下来，化石燃料和制造业所造成的污染物成为环境污染的主要来源。目前，人类的环境问题主要表现在环境污染和自然资源的过度利用两个方面。

1. 环境污染

环境污染主要是指工农业生产和城市生活把大量污染物质排入环境，使环境质量下降，以致危害人体健康。有一些污染物，只是单纯地加重了自然界的原有污染物的含量，如由于工业污染，铅、二氧化碳、二氧化硫、粒子射线和其他污染物不断集中，达到了一个很高的程度。还有一类污染物，是自然界中原来不存在的。由于合成化学品的生产，导致了一些复杂的人造化合物分子的出现，并在全球迅速传播，如塑料、喷雾剂、杀虫剂等。

概括而言，环境污染主要表现在以下方面：（1）空气污染。即大量的有害气体和固体微粒被排放到大气中，导致空气污浊，严重的出现雾霾、酸雨等现象。典型的例子是工业生产中利用煤、石油来发电，以及在大部分家庭中使用煤做燃料，这些过程产生的二氧化硫给大气带来了严重的污染问题。当二氧化硫和氧化氮在大气中产生反应后，便会产生各种酸性的混合物，即酸雨，酸雨可以对人的健康产生直接的影响，或者通过大气和土壤影响粮食的生产。研究发现酸雨对人的心脏和肺有影响，比如引发哮喘和支气管炎。酸雨除了对人体健康产生影响外，还能对水、森林和人造的建筑产生影响。

使用化石燃料产生了大量的二氧化碳和其他温室气体，导致大气中温室气体浓度的提高。温室气体浓度的增长，阻止了太阳光反射出去，造成气温显著上升，并因此造成两极冰川融化，导致海平面上升，这样低海拔地区将会被洪水淹没，造成更多极端恶劣的天气和农业减产等。

（2）水源污染。即大量的含有有机物和无机物的废水流入河流、湖泊和海域，使水质变坏，严重影响饮食卫生和农牧渔业的发展。工业生产不仅排放废气，还排放废水。英国是世界上最早进行工业化的国家，以开采矿产、使用能源为主的发展模式，造成泰晤士河的污染，英国政府花费了近 50 年治理，泰晤士河才得以重见清澈。

（3）固体废弃物污染。即大量的生产生活废弃物导致的自然环境的破坏。城市生活产生的大量固体废弃物占用大量土地堆放，并成为土地、水源、空气的污染源。

（4）噪声污染。震耳欲聋的喷气式飞机噪声，其他地面交通工具如汽车和工业机器的噪声，已使人们很难享受到昔日的宁静。

工业污染的严重后果是危及到人类健康和生存。1986 年，在乌克兰的切尔诺贝利，由于核反应堆的核废料的泄漏，使 31 人死于非命。1995 年，根据乌克兰的权威机构统计，由于辐射导致死亡的人数有 12.5 万人，而在以后的几十年中，由于射线导致疾病而死亡的人数不断上升，因为这些疾病有潜伏期。虽然对于切尔诺贝利核电站进行了封堆处理，但是放射性隐患长期存在。2012 年 3 月 11 日，日本东海岸发生 9 级地震，地震引发海啸，福岛核电站发生核泄漏事故，致使周围海域被严重污染，其对动植物的危害已经很严重，而对人类健康的影响将会随着潜伏期的结束而来临。

在农业生产中，大量的除草剂、杀虫剂的使用，提高了粮食的产量并且除掉了几个世纪以来困扰农民的害虫。但是除草剂和杀虫剂也有毒害作用。它们能够渗入地下并且最终污染地下水源和水井。它们可以进入河流，杀死鱼类或者使其受到污染。最终，它们通过食物链进入人体，导致癌症、婴儿畸形和其他疾病，对人类的生活和健康构成严重威胁。1962 年，蕾切尔·卡森在《寂静的春天》一书中对人类使用化学杀虫剂带来的危害有深刻的反思。卡森认为，在相当长的时间里，地球上的生命对环境的改造能力是比较微小的，而人类出现以后却改变了这一状态，特别是今天人们利用化学药品来作用于自然界之后，千百年来所形成的人与自然之间的和谐状态被破坏了。化学杀虫剂不仅杀灭了害虫，也杀死了许许多多无辜的生命，使得春天成了没有鸟叫的寂静的春天。

2. 自然资源的过度开采使用

人类的工业发展，是以高度地依赖自然资源为基础的。通过对自然资源的开采和利用，创造出生产和生活的物质资料。自然资源是指在一定的时间、地点条件下能够产生经济价值，以提高人类当前和未来福利水平的自然因素和条件的总和。自然资源包括广泛存在于自然界并且能为人类所利用的生产要素如土地、水、矿物、气候、生物资源等。按照自然资源的增殖性能力，可以分为以下三类：一是可再生自然资源，太阳辐射、风、水力、地热和温泉等，可连续往复地供应。二是可更新自然资源，如森林、草地等生物资源，其更新速度取决于自身的繁殖能力和外界的环境条件。三是不可再生的自然资源。主要指矿产资源，如金属矿藏、核燃料和化石燃料等，这些矿藏的形成周期往往以百万年计，因而开发利用一点就少一点，是不可再生的。

工业革命以来，人类对自然资源的使用迅猛增长，18 世纪 60 年代，煤炭逐渐代替了木柴，20 世纪 20 年代，石油、天然气代替了煤炭，20 世纪 70 年代以石油为中心的能源系统向核能和再生能源转变。《世界银行能源统计 2006》的数据表明，按照现有的资源储量和消耗速度，石油将在40 多年后枯竭，天然气将在 65 年后用尽，资源量最大的煤炭也仅够开采155 年。人类过度从自然界攫取各种各样的资源，不仅造成了自然资源的枯竭，而且引发了一系列的生态失衡问题。

对于这一现象哈丁在 20 世纪 60 年代用"公有地的悲剧"进行了描述。在历史上欧洲的农村有公有草场，允许各个农户在草场上放牧，草场属于村民公有。他说有一个对所有牧民开放的牧场，草场是公有的，畜群则是私有的，每个人都力图增加自己的牲畜，以使个人的眼前利益最大化，最终导致牧场越来越退化，直至毁灭。于是便发生了"公有地的悲剧"。"在面对全球性的'公用地'开发问题上，前面提到的放牧人可以是一个企业、跨国公司或国家，局部的利己行为和短期利益有可能导致全球性的生态灾难，以至于削弱人类长期的持续发展能力。"①

"事实上，像天空、海洋、河流等资源都是一种共有资源，共有资源的基本特征是任何人都可以自由地使用。因为任何人都可以自由地使用，而共有资源的使用通常又可以给人们带来一定的收益，因此共有资源就常

---

① 谭崇台主编：《发展经济学的新发展》，武汉大学出版社 1999 年版，第 664 页。

常被过度使用。地球环境的恶化无疑是资源过度耗用，特别是共有资源的过度耗用的结果。"①

任何生物均与其环境构成一个不可分割的整体，任何生物均不能脱离环境而单独存在，这被美国学者康芒纳确定为生态学的第一定律。达尔文在他的《物种起源》中以三叶草和蜜蜂共生的故事为例讲述了自然界是如何保持生态平衡的。英国盛产三叶草，它是牛的主要饲料。英国也盛产野蜂，而且正是因为盛产野蜂才盛产三叶草的，因为野蜂有很长的舌头，能够有效地替三叶草深红色的花朵传授花粉。但是，田鼠喜欢吃野蜂的蜜和幼虫，从而影响三叶草的授粉。但猫吃田鼠，有猫的地方，田鼠少三叶草就长得茂盛，养牛业就发达。猫少的地方，田鼠多，三叶草少，牛饲料就少，养牛业发达不起来。② 正如"生物与其环境构成不可分割的整体"被称为生态学第一定律，"多样性导致稳定性"也被称为生态学第二定律。生物多样性的丧失，直接威胁着生态系统的稳定。由于生命系统复杂而微妙的相互关联，任何一个环节的缺损都会招致意想不到的生态后果，因此，生态学上强调保护生物物种的多样性，强调多样性导致稳定性。

二　环境问题的成因

1. 工业化的发展

人类社会的许多基本需要都要依靠工业产品和工业提供的服务来满足，粮食生产需要日益增多的农业化学品和机械，工业产品构成了现代生活标准的物质基础。工业化与环境污染的正相关关系是十分显著的，尤其是重化工业的发展，对环境的破坏性更为严重，所以人们常常把重化工业称为环境污染型工业。19世纪以来，人们从石油中提炼出尼龙这一新的材料，制造出尼龙绳、尼龙袜等。杜邦公司将尼龙绳用于降落伞，尼龙袜成为风行一时的消费者十分喜爱的商品，甚至女性的尼龙袜成为经济状况的晴雨表，出现所谓的裙摆经济学，即根据裙子的长短判断经济状况的好坏。"据说当时丝袜价格昂贵，是女性的时尚物品。当股市牛气，经济好

---

① 郁义鸿、高汝熹编著：《管理经济学》，东方出版中心1999年版，第356页。
② 吴国盛：《科学的历程》，北京大学出版社2002年版，第578页。

时，男人有钱给女人买丝袜，女人以穿丝袜为时尚，就要穿短裙子显示自己的丝袜。反过来，当股市熊气，经济不好时，没钱买丝袜，也没有显示自己秀腿的心情，穿长裙的人就多了。"[1]

工业化确实大大改善了人类的经济状况和生活水平，但随之而来的问题也令我们头痛不已。康芒纳说："环境的恶化很大程度上是由新的工业和农业生产技术的介入引起的，这些技术在逻辑上是错误的，因为它们被用于解决单一的彼此隔离的问题，没有考虑到那些必然的'副作用'。这种副作用的出现，是因为在自然中，没有一个部分是孤立于整体的生态网络之外的。"[2] 20 世纪 50 年代和 60 年代是全球工业迅速发展和增长的时期，这个时期的工业高速发展是在没有认识环境问题的背景下进行的。由于工业活动产生的排放物的增加，排放物已经远远超过环境能够轻易吸收的水平，工业发展所造成的环境污染迅速上升。工业化带动了城市化，也造成人口越来越向大城市集中，城市的规模和人口不断膨胀。而城市越大，污染越严重。在其他条件不变的前提下，环境污染与人口密度成正比，人口越稠密，环境污染也越严重。

2. 社会思想根源

近代以来科学技术的发展，提高了人类战胜自然的能力，人类在人与自然关系中处于优势地位。统治自然的思想随着人类对自然开发和利用程度的提高而日益强化。由于环境问题造成的有害影响是渐进的，因而很难引起人们对环境问题严重性的足够认识，尤其是在经济发展的初期阶段，人们往往容易高估经济发展的利益和低估环境污染的损失，重眼前经济利益而忽视长远利益。

环境问题的产生，既有社会政治制度方面的原因，又有经济技术方面的原因。环境问题的解决最根本的途径是人类回归简单的生活方式，回归到天人合一的环保主义传统中去。目前，发展中国家在工业化的过程中面临的环境问题比发达国家还要严峻。发展中国家的工业发展过程必须遵循一种新的发展方式，即不同于许多发达国家那种破坏环境、把沉重的社会

---

[1]　梁小民：《黑板上的经济学》，中国社会科学出版社 2003 年版，第 188 页。

[2]　吴国胜：《科学的历程》，北京大学出版社 2002 年版，第 579 页。

代价强加给其他许多地区的发展模式。舒马赫主张发展中国家应当采用"中间技术"。"如果我们根据'每个工作场所的设备费用'来定技术水平，就可以象征性地把一个典型发展中国家的本地技术称为一英镑技术，把发达国家的技术称为一千英镑技术。……如果要给最需帮助的人以有效的帮助，那就需要有一种介乎一英镑技术和一千英镑之间的中间技术。我们也可以象征性地称它为一百英镑技术。""中间技术也能更顺利地适应比较简单的环境。设备相当简单，因此，容易掌握，也便于就地维修。同高度复杂的设备相比，简单设备通常对高纯度或精确规格的原材料的依赖性要小得多，对市场的波动性也强得多。人员比较容易训练；监督、管理和组织比较简单；受意外困难冲击的可能性也少得多。"① 舒马赫认为，西方发达国家依赖资本密集型、资源密集型产业的发展，导致经济效率低下、环境污染、资源枯竭。因此，他主张发展一种新的生活方式：新的生产方法和新的消费模式。"在这种生活方式下，人们依靠的是取之不尽的太阳能，而不是过去的阳光所形成的不能再生的矿物原料。人们将走路较多，乘车较少，把树当做粮食来种植。最重要的是：人们来到世上时的环境怎样，离开时的环境仍然怎样：原来是灰烬还是灰烬，原来是尘土还是尘土。"② 中国的传统文化是倡导人与自然和谐相处的。孟子说："不违农时，谷不可胜食也；数罟不入洿池，鱼鳖不可胜食也；斧斤以时入山林，材木不可胜用也。"③ 中国佛教中的净土宗也倡导敬畏生命、不杀生理念。但是令人尴尬的是在我们这个具有优良传统的国家却不得不承受因为环境破坏、环境污染带来的严重后果。因此，回归传统文化，回归简单的生活方式是解决环境问题的出路所在。

三 环境与可持续发展

20 世纪 60 年代以来，环境保护运动蓬勃发展，各种环保组织应运而生。其中具有代表意义的是激进的绿色和平组织，这是一个具有强大的活力和社会影响力的环保团体。该组织以不屈不挠的奋斗精神，坚持阻止种

---

① 〔英〕E. F. 舒马赫：《小的是美好的》，商务印书馆 1984 年版，第 121、122 页。
② 〔美〕萨缪尔森：《经济学》（第 10 版）下册，商务印书馆 1982 年版，第 256 页。
③ 《孟子·梁惠王上》。

种危害环境的行为，推动各国环保事业的不断发展。例如，1994 年，壳牌公司经英国首相同意，决定将其在英国北部沿海的一个钻井平台沉入大海。但在实施过程中，遭到绿色和平组织的极力反对。该组织成员把自己绑在钻井平台上来阻止平台沉入海底，最终该钻井平台被运往瑞典作为码头的奠基石。随着环保意识的增强，也推动了人们消费观念的改变。绿色消费意识在世界范围内逐步觉醒或被逐渐唤起，越来越多的人采取适度节制消费，要求产品及生产无污染。进一步而言，消费者已进入追求生活品质的阶段，人们追求一种更高品质的生活，希望拥有健康和谐的生活环境。在这样一种背景下，可持续发展观逐渐形成。

1972 年 3 月，罗马俱乐部发表了梅多斯等人的研究报告《增长的极限》，该报告研究了世界人口、工业增长、环境污染、粮食生产和资源消耗之间的动态关系。他指出人口没有粮食就不能增长，粮食生产是通过资本投入而增加的，更多的资本需要更多的资源，被抛弃的资源成为污染，污染又扰乱人口和粮食的增长。如果在世界人口、工业化、污染、粮食生产和资源消耗方面以现在的趋势继续下去，这个行星增长的极限有朝一日将在今后的 100 年中发生。因此，必须从现在起就停止经济和技术的增长，使全球系统走向一个零增长的均衡社会，才能使人类继续地生存下去。《增长的极限》的重要意义在于它明确指出了人类面临的增长与环境之间的矛盾关系。

1972 年 6 月，联合国在瑞典斯德哥尔摩召开了由 113 个国家参加的"联合国人类环境会议"。会议通过了《斯德哥尔摩人类环境宣言》。会议提出"只有一个地球"的口号，要求人类采取大规模的行动保护环境，保护地球，使之不仅成为现在人类生活的场所，而且也适合将来子孙后代的居住。1984 年 10 月成立了世界环境与发展委员会，它以"可持续发展"为基本纲领，系统地研究了人类面临的重大经济、社会和环境问题，从保护和发展资源，满足当代人及后代人的需求出发，提出了一系列政策目标和行动建议。1986 年，该委员会在挪威首相布伦特兰夫人领导下向第 42届联合国大会提交了《我们共同的未来》报告并予以通过，为各国采取一致行动保护环境提供了基础。1992 年 6 月，联合国在巴西里约热内卢召开了"联合国环境与发展大会"，会议正式将"可持续发展战略"作为人类发展的总目标，提出了要建立新的公平的全球伙伴关系，保护共同的资源，实现全球的可持续发展。世界环境与发展委员会将可持续发展定义为："既满足当代人的需要，又不对后代人满足其需要的能力构成危害的发展。"可持续发展作为一种新发展观，包括如下基本原则。

第一，可持续性原则。人类的经济和社会发展必须维持在资源和环境的承受能力的范围之内，以保证发展的可持续性。具体来说，一是对自然资源的利用强度应限制在可持续范围内，这就要求人们在开发和利用自然资源的同时，要补偿从生态系统中索取的东西，使自然生态过程保持完整的秩序和良性循环。二是约束自己对资源的浪费和对环境的污染行为，恢复环境质量。就像萨缪尔森所描述的那样："好的育林人边伐树边种树。好的农民使土壤的肥力循环周转而不变。好的采矿者必须使露天采矿破坏的土层复原。同样，现代经济社会必须净化它所弄脏的水和污染的空气。"①

第二，共同性原则。由于全球性的环境污染、生态破坏引起的种种灾难性后果，如酸雨破坏森林、湖泊，滥伐森林和过多的矿物燃烧造成全球气候变暖，地球上空出现臭氧空洞使人和牲畜的发病率急剧增高，海洋食物链的破坏使捕捞量减少，等等，使人类的生存环境面临共同的挑战。我们只有一个地球，地球的整体性、资源有限性和相互依存性，要求我们必须采取共同的联合行动，在全球范围内实现可持续发展。

第三，公正性原则。包括代际公正和代内公正。当代人对资源的过度使用和浪费，剥夺了子孙后代公平地享用资源的权利。例如，当代人采用石油化学农业的经营方式，只顾在土地上获得生物产品，不考虑保持土壤肥力，已经引起了土壤的严重退化。这是当代人过度利用生物圈在千万年中积累起来的土壤肥力，以牺牲后代人利益为代价的不公正行为。代际公正要求当代人在使用自然资源满足自身需要的同时，不对后代人满足其需要的能力构成危害。

可持续发展不仅要求代际公正，即当代人的发展不应当损害下一代人的利益，而且要求代内公正，即同一代人中一部分人的发展不应当损害另

---

① ［美］萨缪尔森：《经济学》（第10版）下册，商务印书馆1982年版，第252页。

一部分人的利益。在一个资源有限的世界上，一些国家和地区对资源的挥霍性浪费，限制了另一些国家和地区公平地享有资源的可能性。代内公正要求当代人在利用自然资源满足自己利益的过程中要体现出机会平等、合理补偿，即强调公正地享有地球，把大自然看成是当代人共有的家园，平等地享有权利，公平地履行义务。

可持续发展思想是人类对环境问题反思的结果，是人类在经历了工业经济的高速增长，同时付出了全球资源和环境退化的沉重代价，产生了威胁人类继续生存和发展的危机的形势下逐渐形成的。可持续发展观包含着深刻的社会生态学思想，它对人类走出环境危机、摆脱环境困境具有重大的理论意义和实践意义，对企业的经济技术活动具有根本的指导作用。

第二节　外部性：企业对环境影响的经济学分析

经济学中的外部性概念，对于我们认识企业与环境之间的关系，具有重要启发，它提供了认识企业社会责任的基本途径。我们可以通过企业活动对于环境产生的积极或消极的影响，来认识企业对环境的责任。

一　外部性及其分类

什么是外部性？让我们先看看梁小民所举的火车驶过农田的例子①。20世纪初的一天，列车在绿草如茵的英格兰大地上飞驰。车上坐着英国经济学家A.C.庇古。他边欣赏风光，边对同伴说：列车在田间经过，机车喷出的火花（当时是蒸汽机车）飞到麦穗上，给农民造成了损失，但铁路公司并不用向农民赔偿。

将近70年后，1971年，美国经济学家乔治·斯蒂格勒和阿尔钦同游日本。他们在高速列车（这时已是电气机车）上想起了庇古当年的感慨，就问列车员，铁路附近的农田是否受到列车的损害而减产。列车员说，恰恰相反，飞速驰过的列车把吃稻谷的飞鸟赶走了，农民反而受益。当然铁

---

① 梁小民：《微观经济学纵横谈》，生活·读书·新知三联书店2000年版，第217页。

路公司也不能向农民收"赶鸟费"。

上述火车对农田的影响称之为外部性或外部影响。庇古看到的情况是列车运行对农业生产带来的损失并不由铁路公司和乘客承担，而由既不经营列车又不用列车的农民承担。斯蒂格勒和阿尔钦看到的情况是，列车运行在客观上起到了"稻草人"的作用，给农业生产带来好处，利益由与列车运行无关的农民无偿获得。在古典微观经济学中，假定经济主体的行为对社会上其他人的福利没有影响，即不存在所谓外部性或外部影响。市场机制在看不见的手原理作用下，会自动实现资源的有效配置。火车驶过农田的例子说明，这种假定往往并不能成立。在很多时候，一项经济活动会给社会上其他成员带来好处，但经济主体却不能由此而得到补偿。此时，经济主体从其活动中得到的私人利益就小于该活动所带来的社会利益。这种性质的外部影响被称为外部经济或正外部性。另一方面，在很多时候，一项经济活动会给社会上其他成员带来危害，但经济主体自己却并不为此而支付足够抵偿这种危害的成本。此时，经济主体为其活动所付出的私人成本就小于该活动所造成的社会成本。这种性质的外部影响称为外部不经济或负外部性。

根据经济主体是生产者还是消费者，可以将外部性分为以下四种类型：生产的外部经济、消费的外部经济、生产的外部不经济、消费的外部不经济。①

当一个生产者采取的经济行为对其他人产生了有利的影响，而自己却不能从中得到报酬时，便产生了生产的外部经济。例如，一家企业出资修建一条公路，那么公路两边的其他企业和居民都将由此获得明显的或者不明显的收益。又如养蜂人在果园里放蜂，由于蜜蜂为果树授粉，果农的收成可能因此而增加。

当一个消费者采取的经济行为对其他人产生了有利的影响，而自己却不能从中得到补偿时，便产生了消费的外部经济。例如，当一个房主重新油漆她的房子并种植惹人喜爱的花草时，所有的邻居都因这一活动而受益。此外一个人对自己的孩子进行教育，把他们培养成更值得信赖的公

① 高鸿业主编：《西方经济学（微观部分）》，中国人民大学出版社 2004 年版，第375页。

民，这显然也使其隔壁邻居甚至整个社会都得到了好处。

当一个生产者采取的经济行为使他人付出了代价而又未给他人以补偿时，便产生了生产的外部不经济。生产的外部不经济的例子很多。例如，工厂生产过程中产生的废气、排放的污水或产生的噪声，对周围地区居民的生活和身体健康造成危害。又如，氟利昂的大量使用、过度的森林砍伐和渔业资源的捕捞会破坏生态环境，引起全球气候的恶化，从而造成自然灾害。再如，现代建筑大量使用玻璃幕墙，在美化建筑的同时，也给周围居民或其他企业带来光污染。

当一个消费者采取的经济行为使他人付出了代价而又未给他人以补偿时，便产生了消费的外部不经济。和生产者造成污染的情况类似，消费者也可能造成污染而损害他人。例如，小汽车给消费者带来了方便，但小汽车排放的尾气对大气造成污染，成为城市大气污染的主要来源之一；随着小汽车消费的增加，造成交通拥挤；噪声、尘埃、视觉损害以及增加他人对交通肇事的心理恐惧负担等。

尽管就每一个单个生产者或消费者来说，他造成的外部经济或外部不经济对整个社会也许微不足道；但所有这些消费者和生产者加总起来，所造成的外部经济或外部不经济的总的效果将是巨大的。对现代社会而言，由于企业生产扩大而引起的环境污染和环境破坏已经严重危及到人类自身的生存。

外部性问题的关键在于，当经济主体的活动产生了外部经济或外部不经济的时候，由于这种额外的收益或额外成本并不为市场所承认，该经济主体并不为此获得相应的收益或承担相应的成本。那么，从整个社会的角度来说，该项经济活动的全部收益或全部成本没有得到充分的体现，由此造成资源配置的无效率。也就是说，在这种情况下，仅仅依靠市场机制将无法达成社会资源的有效配置。

二　私人成本与社会成本

为什么外部性会造成资源配置无效率。因为正外部性产生时，经济主体从其活动中得到的私人利益小于活动带来的社会利益；负外部性产生时，经济主体从其活动中付出的私人成本小于活动造成的社会成本。

我们从企业生产的外部不经济入手分析。企业生产当然产生相应的成本，这种成本是企业的内部成本，从整个社会角度来看，这种成本也是一种私人成本。相对应的，企业生产所带来的外部不经济造成了一定的外部成本，即未明确地被企业计入的成本。从社会角度来说，为生产这种商品所付出的所有成本应该是企业的私人成本（内部成本）与相应的外部成本之和，这就是社会为提供这种商品所花费的社会成本。因此，可以有以下关系：

社会成本＝私人成本（内部成本）＋外部成本

相应地有：

社会收益＝私人收益（内部收益）＋外部收益

例如在河的下游，渔民靠打鱼为生。当一家钢铁厂向河中排放废物时，外部不经济就产生了。钢铁厂向河中排放的废物越多，河中能存活的鱼类就越减少，然而钢铁厂在做出生产决策时没有激励来补偿它使渔民付出的外部成本，进一步地，并不存在一个市场使得这些外部成本能够反映在钢铁的价格上。"由于外部性并不反映在市场价格中，因此他们会成为经济无效率的一个来源。当厂商没有将负外部性伴随的成本纳入考虑时，结果就是过多的生产和不必要的社会成本。"[①] 让我们来看钢铁厂向河中排放废水的例子。图 7-1（a）中 P_1 为钢的价格，MC 为钢铁厂的边际生产成本。该厂商在生产的产出为 q^1 时利润最大化，这时边际成本等于价格（它又等于边际收入，因为厂商是把价格作为给定的）。然而，随着厂商的产出改变，使下游渔民付出的外部成本也会改变。这一外部成本由图 7-1（a）中的边际外部成本曲线 MEC 给出。总的外部成本随着产出的增加而增加，这在直觉上很容易理解，仅仅是因为污染更多了，然而，我们关注的重点是边际的外部成本，该成本度量的是当增加一单位产出时带来的外部成本。对大多数形式的污染来说，这一曲线是向上倾斜的，因为随着厂商产出的增加以及向河中排放的废水的增加，它对渔业的增量危害也增加了。

从社会的角度看，该厂商生产的产出太多了。有效产出水平应当是价

① ［美］罗伯特·S. 平狄克、丹尼尔·L. 鲁宾费尔德：《微观经济学》（第 7 版），中国人民大学出版社 2009 年版，第 604 页。

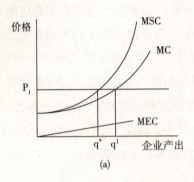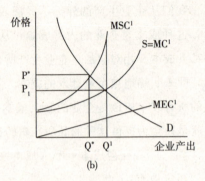

图 7 - 1　生产的外部成本

资料来源：［美］罗伯特·S. 平狄克、丹尼尔·L. 鲁宾费尔德：《微观经济学》（第 7 版），中国人民大学出版社 2009 年版，第 604 页。

格等于生产的边际社会成本 MSC，即边际生产成本加上排放废水的边际外部成本。在图 7 - 1（a）中边际社会成本曲线是用每一产出水平上的边际成本加上边际外部成本得到的，即 MSC＝MC＋MEC。边际社会成本曲线 MSC 与价格线在产出为 q^* 处相交。

负外部性的存在使得厂商的生产的产出太多（q^1 而不是 q^*），并产生了太多的废水。现在考虑所有的钢铁厂都把废水排入河中会发生什么。在图（b）中，MC^1 是该产业的供给曲线。与产业的产出相关的边际外部成本 MEC^1 是把每个人在每种产出水平下受害的边际成本相加得到的。MSC^1 曲线代表所有钢铁厂边际生产成本和边际外部成本的总和。其结果是 $MSC^1＝MC^1＋MEC^1$。

当存在外部性时，产业的竞争性产出是 Q^1，为需求曲线和供给曲线 MC^1 的相交处。那么有效的产出水平在哪里呢？如图 7 - 1（b）所示，有效的产业产出水平是一额外单位产出的边际收益等于边际社会成本的产出水平。由于需求曲线衡量消费者的边际收益，有效产出为 Q^*，为边际社会成本曲线 MSC^1 与需求曲线 D 的相交处。

在我们的例子中，每一单位产出都导致一些污染。因此，无论我们看一家厂商的污染还是整个产业的污染，经济效率都显示生产过多，并且导致太多的废水排入河中。无效率的来源是产品不正确的定价。图 7 - 1

(b) 中的价格 P_1 太低了，它只反映了厂商的私人边际生产成本，而不是社会边际成本。只有在较高的价格 P^*，钢铁厂生产的产出水平才是有效率的。

这种无效率的社会成本是什么呢？对于每一单位 Q^* 以上的产出，社会成本由边际社会成本与边际收益（需求曲线）的差额给出。结果，社会总成本就是图 7-1 (b) 中 MSC^1、D 和产出 Q^1 之间的三角形。当我们将产出从利润最大化移到社会有效产出时，厂商由于利润减少会变得更糟，同样，钢的购买者也会变得更糟，因为价格上升了，但是，这些损失也比将废水直接排放到河里带来的损失要小。

外部性导致了短期和长期的无效率。当产品的价格高于生产的平均成本时，厂商就进入一个竞争性产业，而当价格低于平均成本时，厂商就退出。在长期均衡中，价格等于（长期）平均成本。"当存在负的外部性时，平均私人生产成本低于平均社会成本。结果，即使是在某些厂商离开产业才有效率时，这些厂商还是留在产业内。因而，负的外部性鼓励太多的厂商留在产业内。"[1] 正因为如此，使得污染的控制和环境保护始终是一个相当艰巨的任务，使得我们正面临着大自然的严厉惩罚和报复。

三　对污染的管制

外部性造成的无效率如何纠正？需要得到纠正的就是负外部性造成的边际外部成本。我们仍以污染为例，对于厂商而言，就是通过鼓励厂商少生产来减少排污水平。我们知道企业可以通过生产技术的选择，来减少"三废"的排放，如生产流程的改造、污水的处理、除尘器的安装等。但同时也必然增加了企业的生产成本。我们考虑一家在竞争性市场上出售其产品的厂商。该厂商排放污染物破坏临近地区的空气质量。该厂商能够减少其废气，但必然有成本。

如图 7-2 所示，横轴表示工厂的排放水平，纵轴代表每单位排放的成本。为简单起见，我们假设该厂商的产出决定和排放决定是独立的，并

① ［美］罗伯特·S. 平狄克、丹尼尔·L. 鲁宾费尔德：《微观经济学》（第七版），中国人民大学出版社 2009 年版，第 605 页。

且该厂商已经选择利润最大化的产出水平。因此，它正准备选择其偏好的排放水平。如图7-2所示，标有MEC的曲线代表排放的边际外部成本，它是向上倾斜的。从右往左来看，随着排放水平的降低，排放的边际外部成本减少。标有MCA的曲线是减少排放的边际成本，它是向下倾斜的。通常情况下，当污染程度比较大时，要减少一单位的排放所花的边际成本比较低；而当污染程度比较小时，还要进一步减少一单位排放所花的边际成本就比较高；特别是当排放水平已经很低，但还想减少排放时，这时减少排放的边际成本就会很高。这说明，要想做到零污染，实际上从经济分析的角度也是不现实的。跟MEC曲线一样，从右往左来看MCA将更直观，减少排放的边际成本随着减排的增加而增加。MCA和MEC相较于E^*。如果排放低于E^*，减少排放的边际成本大于边际外部成本。如果排放水平高于E^*，边际外部成本大于减排的边际成本。我们可以用排污标准、排污费以及可转让排污许可证这三种方法鼓励厂商把废气降到E^*。[1]

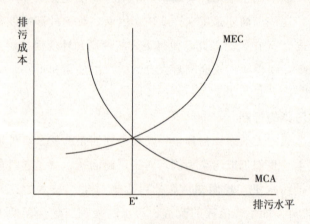

图7-2　排放的有效水平

排污标准是对厂商可以排放多少污染物的法定限制。如果厂商超过限制，他就会面临经济惩罚甚至刑事惩罚。在图7-2中，有效排放标准是E^*。厂商的排放标准如果大于此数就将受到严重惩罚。排放标准的规定，

---

[1] ［美］罗伯特·S. 平狄克、丹尼尔·L. 鲁宾费尔德：《微观经济学》（第7版），中国人民大学出版社2009年版，第609页。

促使厂商进行有效的生产，努力改变生产流程，安装排污设备来达到排放标准。增加的减污开支会导致厂商的平均成本曲线上移（幅度为平均减污成本）。厂商将发现，只有产品的价格高于平均生产成本加上减污费用——使该产业有效率的条件——进入该产业才有利可图。

排污费是对厂商每单位废气的收费。当厂商的实际排放水平大于 E^* 时，由于减排的边际成本 MCA 低于排污费，厂商会通过投资来减少排放，以避免支付排污费。当厂商的实际排污水平小于 E^* 时，减排的边际成本大于排污费，因此厂商将选择支付排污费而不愿进一步减少排放。

如果我们知道减排的成本和收益，并且所有厂商的减排成本是相同的，我们可以使用排放标准；相应地，如果厂商的减排成本是不同的，并且我们无法得知成本和收益，则排放标准和排放费都无法达到有效的水平。

我们可以通过利用可转让排放许可证来实现有效减排的目标。在这一制度下，每家厂商都必须有许可证才能排放。每张许可证都明确规定了厂商可以排放的数量。任何厂商排放许可证没有允许的污染时都将受到大量的罚款。许可证在厂商中间分配，所选择许可证数目是使排放达到理想的最高水平。许可证是可以销售的——它们可以买卖。

如果有足够多的厂商和许可证，一个竞争性的许可证市场就会发展起来。在市场均衡时，许可证的价格等于所有厂商减污的边际成本。否则的话，一家厂商就会发现购买更多的许可证是有利可图的。政府选择的排放水平会以最低水平实现。那些减污边际成本相对较低的厂商会最多地减少排放，而那些减污边际成本相对较高的厂商会购买较多的许可证，并最少地减少排放。

可销售排放许可证产生了一个外部性的市场。由于这一市场方法把标准制度下的某些优点和收费制度下的成本优点结合起来，它是有吸引力的。管理这一制度的机构决定总的许可证数目，从而决定了总的排放量，这就像标准制度所做的那样。但是许可证的可销售性使得污染的减少以最低成本实现，这又像收费制度所做的那样。

四 科斯定理

排污费和可转让排污许可证之所以起作用，是因为它们改变了对厂商的刺激——迫使它考虑它生产的外部成本。政府管制是一种干预程度最大的解决办法。如在存在环境污染时，政府颁布禁止污染的法令，制定一些限制污染的标准，甚至关闭污染严重的工厂等。这种方法有一定的成效，但不足之处也相当明显。首先，政府要制定明确的，可操作的控制污染的标准是很困难的；其次，制定了的规则在实施过程中会遇到企业的顽强的讨价还价和相互扯皮，因而具有相当大的实施成本。

经济学家庇古提出利用经济激励手段进行调控，即用税收/津贴的形式促使私人成本与社会成本相等。对造成外部不经济的企业，国家应该征税，征税量应等于该企业给社会造成的损失即外部成本，从而使该企业的私人成本等于社会成本。例如，在产生污染的情况下，政府向污染制造者征税，其税额等于治理污染所需的费用。反之，对造成外部经济的企业，国家可以采取津贴的办法，使得企业的私人利益等于社会利益。

1960 年，经济学家罗纳德·科斯发表《社会成本问题》，提出用规定产权的方法来解决外部性问题。他说："传统的方法掩盖了不得不作出的选择的实质。人们一般将该问题视为甲给乙造成损害，因而所要决定的是：如何制止甲？但这是错误的。我们正在分析的问题具有相互性，即避免对乙的损害将会使甲遭受损害，必须决定的真正问题是，是允许甲损害乙，还是允许乙损害甲？关键在于避免较严重的损害。"①

科斯的主张被概括为科斯定理：如果交易成本为零，产权的清楚界定是资源最优配置的充要条件。由于科斯后来对这一定理在新的假设条件下进行了新的表述，这里的表述被称为科斯第一定理。其内容包括两个方面：② 第一，产权的清楚界定是经济正常运行从而资源最优配置的必要条件。例如某工厂的烟尘给附近居民带来损害。这里就有一个产权界定问题。究竟是工厂有权排放烟尘，还是附近居民有权享受清洁空气呢？如果权利界定不清，则不但居民会因烟尘污染而受到损害，而且居民会对工厂

---

① ［美］R. 科斯、A. 阿尔钦、D. 诺斯等：《财产权利与制度变迁——产权学派与新制度学派译文集》，上海三联书店、上海人民出版社 1994 年版，第 4 页。
② 温国才、朱卫平、陈雪梅、尹福生编著：《现代西方经济学原理》，暨南大学出版社 1994 年版，第 248 页。

采取报复性行为而增加摩擦，造成更大的资源浪费。所以真正要解决的问题是允许谁损害谁，也就是清楚界定产权。第二，产权的清楚界定是资源最优配置的充分条件。也就是说，只要产权的界定是清楚的，而不管产权在经济主体之间如何分配，都可以实现资源的最优配置。假定工厂附近有5户居民因工厂的烟尘使晾晒的衣服受到了损坏，造成每户75元的损失，从而5户居民损失的总额为375元。为了消除烟尘的污染，有两种可供选择的途径：其一是花150元为工厂烟囱安一个防烟装置；其二是每户花50元购买一台烘干机，共需花费250元。我们首先假定法律规定居民有享受清洁空气的权利，那么他们就有权要求工厂不损害他们或对损害照价赔偿。工厂对此有三种选择：支付每户居民75元的赔偿费，共需花费375元；为每户居民买一台烘干机共需花250元；自己装一防烟装置，需花150元。很显然，如果工厂在了解上述三种可能性及做出决策方面毫无成本，它总是会做出第三种选择，这是一个成本最低的选择。相反，如果我们假定法院裁定工厂有排烟权。居民受到的损害必须由他们自己负担或设法消除。居民们也同样面临上述三种选择。这时，如果5户居民能清楚地了解上述三种可能性，并且能在交易成本为零的情况下充分协商，则居民们最终也会找到最合理的处理办法，即花150元合伙为工厂安装一个防烟装置。

科斯认为，假定在市场交易中是不存在成本的，这是很不现实的假定。"为了进行市场交易，有必要发现谁希望进行交易，有必要告诉人们交易的愿望和方式，以及通过讨价还价的谈判缔结契约，督促契约条款的严格履行，等等。这些工作常常是成本很高的，而任何一定比率的成本都足以使许多在无需成本的定价制度中可以进行的交易化为泡影。"[1] 在存在市场交易成本的情况下，"合法权利的初始界定会对经济制度运行的效率产生影响，权利的一种调整会比其他安排产生更多的价值"[2]。

科斯第二定理可以表述如下：如果交易成本大于零，则不同的产权配

---

[1] [美] R. 科斯、A. 阿尔钦、D. 诺斯等：《财产权利与制度变迁——产权学派与新制度学派译文集》，上海三联书店、上海人民出版社1994年版，第20页。

[2] 同上。

置会带来不同的经济效率。[①] 在上面的例子中，如果法律规定居民有享受清洁空气的权利，工厂必须对污染负责，只要工厂能在花费不大的情况下发现解决问题的三种选择方案，就一定会选择最合理的方案，自己花150元安装防烟装置，从而资源仍然能够达到最优配置。相反，如果法律规定工厂有排烟权，居民必须承受其损失，则居民要在发现三种选择方案上有花费，而且还要在5户居民的联合协商上有花费，设居民们在选择、协商方面所花的交易成本为120元，这时，即使居民终于找到了最便宜的办法——凑钱为工厂安装防烟装置，其总花费也已达到270元（150＋120＝270元），为了避免出现这种情况，居民们会干脆各自去买一台烘干机，共花费250元，这显然不是最优的选择，没有达到资源最优配置。因此，从这个例子的具体情况来看，考虑到工厂与居民之间交易成本的差别，为了达到资源的最优配置，法律应该规定居民拥有享受新鲜空气的权利而排斥工厂的污染权，因为这样可以导致交易成本的降低和资源的更合理的配置。

毫无疑问科斯定理对于解决环境问题具有重要意义。它提示我们可以用规定产权的办法来消除外部负效应。针对产权不明晰的情况，有人提出应采取资源、财富的私有化的方法，因为私有化的结果当然就是产权明晰。私有化之后，河流就不能被随便排放污水，因为它属于私人所有；鲸类也不会被过量捕杀，因为海洋资源也属于私人所有，等等。"但事实上，资源或财富的私有化并不是万能的灵丹妙药。烟囱造成了空气污染，但谁能通过把天空私有化而消除空气污染呢？飞机的飞行带来巨大的噪声，谁又能通过天空的私有化来消除噪声污染？海洋、河流、湖泊等也都不可能通过私有化来消除外部不经济问题。这从另一个方面反映了科斯定理的局限性。"[②] 所以，环境问题的解决，有待于企业付出更多的努力。

---

① 温国才、朱卫平、陈雪梅、尹福生编著：《现代西方经济学原理》，暨南大学出版社1994年版，第251页。

② 郁义鸿、高汝熹编著：《管理经济学》，东方出版中心1999年版，第356页。

第三节　企业的环境责任

虽然经济学家提出了环境问题的解决方案，但是实践中的环境问题并未得到解决。在企业与环境关系问题上，企业不仅要从经济成本方面考虑环境问题，更要主动履行自身的环境保护责任。本节主要探讨企业环境责任的理论依据、内容和实践。

一　企业环境责任的理论依据

在企业与环境关系问题上，要突破狭隘的人类中心主义，才能使企业树立正确的环境观念。近代以来，随着科学技术的发展和工业化进程的加快，人类认识自然、改造自然的能力不断增强，把人视为自然界的主人，自然界视为人可以任意征服改造对象的价值观念居于统治地位。人类中心主义就是这种价值观念的集中表现。人类中心主义是指在人与自然环境的关系方面，强调以人的利益为核心的一种观点，它把自然界看成是人类征服和控制的对象，把人的利益和价值看成是人类行为的唯一导向。在环境问题日益严峻的今天，必须放弃这种狭隘的短视的人类中心主义。对于人类中心主义的反思在 20 世纪初就已经开始，时至今日，形成了动物权利论、生命中心论和生态中心论等观点。这些非人类中心主义的观点，对于我们重新认识人与自然环境的关系，对于企业履行环境责任具有深远的指导意义。

动物权利论把权利的概念扩展到了动物，但不包括植物或微生物。动物权利论的代表人物辛格主张所有动物都是平等的，认为"只有人的生命神圣不可侵犯"的观点是一种物种歧视，人没有虐待和杀害动物的权利。辛格的理论是以功利主义哲学家本萨姆的观点"凡能感到痛苦的都应赋予道德的权利"为依据的。这种观点认为之所以要平等地关心每一个人的利益，是由于每一个人都拥有感受苦乐的能力，感受痛苦和享受愉快的能力是拥有利益的充分条件，也是获得道德关怀的充分条件。在辛格看来，动物和人一样拥有感受苦乐的能力，因而动物也应被赋予道德的权利，并由此提出了"动物解放"的口号，号召人类同情、怜悯、善待有感觉的动物，提倡素食，认为虐杀、杀害和使用动物都是不道德的行为。①

以史怀泽和泰勒为代表的生命中心论进一步扩展了道德关怀的范围，使之包括所有的生命。阿尔贝特·史怀泽以"敬畏生命"的思想闻名于世。在《敬畏生命》一书中他提到，他在非洲志愿行医时，有一天黄昏，看到几只河马在河里与他们所乘的船并排而游，突然感悟到了生命的可爱和神圣。于是，"敬畏生命"的思想在他的心中蓦然而生，并且成了他此后努力倡导和不懈追求的事业。史怀泽认为，人类的生命来自其他生命，所有的生命都是相互关联、休戚与共的。因此，只涉及人与人关系的伦理是不完整的，只有体验到对一切生命负有无限责任的伦理才是有思想依据的。伦理必须扩展关怀的范围，敬畏一切生命，关心一切生命。在史怀泽看来，"善的本质是保持生命，促进生命，使生命达到高度的发展，恶的本质是毁灭生命，伤害生命，阻碍生命的发展"。1986年，泰勒出版《尊重大自然》一书进一步论证史怀泽的观点。泰勒认为尊重自然的态度，就是尊重作为整体的生物共同体，尊重构成共同体的每一个动植物的固有价值。泰勒主张生命平等主义的依据是，所有生命都拥有"天赋价值"，即不依赖人评价而存在的客观的固有价值，因而生命体有自我目的和利害关系，是其自身的"善"的存在物。如果一个存在物具有了"天赋价值"，就应当获得道德关心和关怀，所以人类必须承认自身与其他生物相互依存的平等关系，尊重其他的生命。泰勒生命中心论世界观的主要信念是：人是地球生物共同体的成员，自然界是一个相互依赖的系统，有机个体是生命的目的中心，人并非天生比其他生物优越。泰勒还进一步提出了生物平等主义的环境伦理规范，包括不作恶、不干涉、忠诚、补偿正义四条基本规范。在处理人与其他生物的利益冲突时，泰勒提出了解决矛盾的五条原则，即自卫原则、对称原则、最小错误原则、分配正义原则和补偿正义原则。②

生命中心论虽然关心个体，却否认人对物种本身和生态系统负有直接的道德义务。受到现代生态学的启发，一种要求从道德上关心生态系统整体的环境伦理学产生了，这就是生态中心论。生态中心论的创始者是奥尔多·利

---

① 左玉辉主编：《环境社会学》，高等教育出版社2003年版，第76页。
② 同上。

奥波德，他在 1949 年完成的《沙乡年鉴》中首次提出了"大地伦理"。

利奥波德的思想深受生态学的影响。他认为生态科学是 20 世纪杰出的科学发现，生态学所倡导的大地有机体的理论应当是环境保护的基石，人们按照自己的意愿将动物区分为好的或坏的完全是人类中心论和功利主义的偏见，他由此提出了"像山那样思考"的观点，强调用整体有机的世界观去对待荒野和自然界。他说："我亲眼看见一个州接一个州地消灭了它们所有的狼。我看见过许多刚刚失去了狼的山的样子，看见南面的山坡由于新出现的弯弯曲曲的鹿径而变得皱皱巴巴。我看见所有可吃的灌木和树苗都被吃掉，变成无用的东西，然后则死去。我看见每棵可吃的、失去了叶子的树只有鞍角那么高。这样一座山看起来就好像什么人给了上帝一把大剪刀，并禁止了所有其他的活动。"①

利奥波德认为，迄今为止的各种伦理不过都是对共同体成员间合作行为的保障或确证。在以往的伦理视野中，共同体只是由人组成的，而自然物不被作为共同体的成员来看待，因而生态环境正在遭受着严重的破坏。"大地伦理"的理论前提就是必须扩大共同体的范围，即这个共同体必须是由人和自然物所共同组成的。这就需要人类改变作为自然的征服者的面目，承认共同体中自然物的权利及其内在价值，而这一点只不过是对生态学所提示的事实的承认，因为人只是生态队伍中的一员，所以"一种土地伦理反映着一种生态学意识的存在，而这一点反过来又反映了一种对土地健康负有个人责任的确认"。既然人与自然物是生存在一个共同体中的，因而我们的道德评价就必须改变以往对待自然物的实用主义观点，而必须对价值标准作出新的调整。利奥波德指提出："当一个事物有助于保护生物共同体的和谐、稳定和美丽的时候，它就是正确的，当它走向反面时，就是错误的。"②

二　企业环境责任的内容

动物权利论、生物中心论和生态中心论对于解决人类今天面临的环境

---

① 李培超：《自然的伦理尊严》，江西人民出版社 2001 年版，第 101 页。
② 同上书，第 102 页。

问题，实现人与自然环境的和谐发展提供了理论依据。同样对于企业树立环境保护观念，履行对环境的责任具有重要的启示。这里从三个方面分析企业环境责任的内容。

1. 治理环境污染

治理环境污染，企业的传统做法是末端治理，也就是把注意力集中在对生产过程中已经产生的污染物的处理上。这种方法越来越显示出其缺陷。污染物产生后再进行处理，处理设施基建投资大，运行费用高。更为重要的是，由于污染治理技术的局限性，使得排放的"三废"在处理、处置过程中对环境还有一定的风险性。如废渣堆存可能引起地下水污染，废物焚烧会产生有害气体，废水处理产生含重金属污泥及活性污泥等，都会对环境带来二次污染。1989 年，联合国环境规划署提出了"清洁生产"，清洁生产强调综合预防的环境保护策略。对生产过程而言，清洁生产包括节约原材料和能源，淘汰有毒有害的原材料，并在全部排放物和废物离开生产过程以前，尽最大可能减少它们的排放量和毒性；对产品而言，清洁生产旨在减少产品整个生命周期过程中从原料的提取到产品的最终处置对人类和环境的影响；对服务而言，要求将环境因素纳入设计和所提供的服务中。当然，在现有技术条件下，工业生产无法完全避免污染的产生，最先进的生产工艺也不能避免产生污染物，因此，推行清洁生产还是需要末端治理的，两者将长期并存。

企业在治理环境污染过程中，需要重视的一个问题是废弃产品的处理。现代产品是现代技术的结晶，结构复杂、成分多样化，非制造部门不能有效处理，处理废弃产品是企业义不容辞的责任。电冰箱、电视机、电脑、洗衣机、汽车，等等，报废后都需要处理。简单地压扁回炉，不仅浪费了材料和能源，而且进一步造成环境污染。产品是企业制造的，报废也应该由企业来处理。企业应主动回收废弃产品，并进行有效处理，以减少对环境的污染。

对企业而言，还要不断增强处理工业危害的能力。我们正处在越来越依靠化学产品和极其复杂的大规模技术的世界，造成灾难性后果的事故极大地增加了。各种各样的有害产品和工艺已经进入当今社会生产和技术结构体系，需要很长时间才能以危险性小的、本质上较安全的技术和体系来取代，这便使得增强处理工业危害的能力更加迫切。

2. 在保护自然环境方面发挥引领作用

首先，积极采用生态生产技术，保护环境质量。生态生产技术主要是指，这种技术利用生态系统的物质循环和能量流动原理，以闭路循环的形式，在生态过程中实现资源合理而充分的利用，使整个生产过程保持高度的生态效率和环境的零污染。企业应该做到：（1）紧密跟踪生态生产技术的研究进展，在条件许可的情况下，将最新的生态生产技术应用到生产中去。（2）自觉地投资以改进产品和工艺过程，从而减少污染和废物。总之，企业要在产品设计、生产、销售和经营活动的各阶段，消除污染源和对环境的不利影响。

其次，企业要研制和开发"绿色产品"。企业研制并生产绿色产品既体现了企业的社会责任，推动了绿色市场的发育，也推动着环保宣传教育，提高了整个社会的生态意识。近年来，位于深圳的比亚迪公司在中国率先研发与生产纯电动汽车，其产品已用于深圳、长沙等城市的出租车和公交车。2013 年，政府也出台了对私人购买新能源汽车的补贴政策，以鼓励新能源汽车的发展。比亚迪不仅为自己在汽车行业的发展开辟了一片蓝海，被誉为"中国新能源汽车的领跑者"，而且对于推动整个社会的环境保护意识具有非凡的意义。

最后，探寻和利用新能源、新材料，走低碳发展模式。传统的发展模式是以高能耗、高污染为特征的，在全球气候变暖、自然资源面临枯竭的今天，低碳经济成为企业的必然选择。低碳经济的实质是通过技术创新和制度创新降低能耗和资源消耗。企业应积极探索节能型生产方式，以减少和摆脱对传统的化石燃料的依赖，如利用太阳能、风能、地热等资源。2013 年以来，北京、天津等地持续出现的雾霾天气，对人们的生产和生活造成了严重影响。为了消除城市的环境污染，北京将钢铁、造纸、玻璃等污染型企业陆续迁移到周边的河北地区，北京地区的产业结构 80％为服务业。但由于河北地区的企业排污，波及整个京津冀地区的大气环境，依然改变不了北京的大气质量。所以，如何保护环境？出路在于走低碳经济之路，改变以煤炭、石油为工业燃料的传统模式，寻找可替代的清洁能源，如太阳能、风能，以有效减轻环境压力。

3. 自觉维护生态平衡

现代生态科学表明，保护地球现有动植物群落的完整、稳定，是保持地球上基本的生态过程和生命维持能力，保证物种遗传资源的多样性，维护包括全人类在内的整个地球上生态系统平衡的重要条件。在非洲岛国毛里求斯曾经有两种特种生物，一个是渡渡鸟，一个是大颅榄树。渡渡鸟身体大，行动迟缓，不过岛上没有天敌，它们过得很好。16、17 世纪的欧洲人来到毛里求斯，带着猎枪和猎犬，不会飞又不会跑的渡渡鸟大难临头了。1681 年，最后一只渡渡鸟被杀死了。令人奇怪的是，渡渡鸟灭绝后，大颅榄树也日益稀少。到了 20 世纪 80 年代，毛里求斯只剩下了 13 棵这种珍贵的树种。生态学家们为了保护这个物种想了很多办法。一开始，大家都猜测是毛里求斯的土壤出了问题，决定在土壤改造方面下功夫。但想了许多办法，情况并没有改观。直到 1981 年，美国生态学家坦普尔发现，幸存的大颅榄树的年轮是 300 年，而这一年也正好是渡渡鸟灭绝 300 周年。他意识到，渡渡鸟的灭绝之日正是大颅榄树绝育之时。坦普尔经进一步的考察发现，渡渡鸟喜欢吃这种树木的果实，果实经渡渡鸟消化后，外壳没了，但种子排了出来。排出的种子正好可以发芽生根了。原来，渡渡鸟与大颅榄树相依为命。大颅榄树为渡渡鸟提供食粮，渡渡鸟则帮助大颅榄树繁殖后代。[1] 人类必须保证地球上的其他生物能生存和发展，自己才能在地球上生存和发展。一旦地球上的动植物遭到人类盲目的毁损，人类就会失去维护生命所必需的物质交换对象和自然环境。企业的经营、管理决策人员有责任把爱护动植物、保护生态平衡作为自己崇高的道德义务和社会责任，把它贯彻到企业的整个经营活动中去。

三　企业在环境责任方面的实践

在埃克森游轮石油泄漏事件之后，许多环境、劳工和社会投资者团体形成了一个叫作环境责任经济联盟的组织。1989 年，环境责任经济联盟提出包含 10 条内容的企业行为规定《瓦尔德斯原则》，后经修改成为《环境责任经济联盟原则》（CERES 原则），于 1992 年颁布。

---

① 吴国胜：《科学的历程》，北京大学出版社 2002 年版，第 579 页。

环境责任经济联盟认为，全球可持续发展必须与环境责任相协调，其使命便是鼓励企业承诺并践行《环境责任经济联盟原则》。该原则与其他绝大多数原则和标准不同，公司不能单方决定采用 CERES 原则，签署该原则是一个双向的过程，即企业承诺，CERES 董事会接受。凡接受该原则的公司要对影响社会发展的一系列问题做出承诺，这包括：保护物种生存环境，对自然资源进行可持续性利用，减少制造垃圾和能源使用，恢复被破坏的环境等。承诺该原则意味着企业将持续为改善环境而努力，并且为其全部经济活动对环境造成的影响担负责任。

表 7 - 1　　　　　　　　　　环境责任经济联盟原则

通过采用这些原则，我们宣称我们相信公司以保护地球的方式运作对环境负有责任。我们相信公司不必对未来一代的生存能力做出妥协。考虑到技术的进步和对健康及环境科学的新理解，我们将不断更新我们的行为。与 CERES 合作，我们将促进确保对这些原则进行解释的动态过程，解释的方式要与不断变化的技术和环境相适应。我们力争在实施这些原则时取得一致的、可衡量的进步，并把这些原则应用到全世界我们业务的各个方面。

1. 保护地球：我们将为减少并消除任何可能对空气、水、地球或其栖息者产生环境破坏的物质的排放力争取得不断的进步。我们将保护所有被我们行为影响的自然环境，并在保持生物多样性的同时保护开放的空间和荒地。

2. 维护性地使用自然资源：我们将维护性地使用可更新的自然资源，比如水、土壤和森林。我们将通过有效使用和仔细规划，保护不可更新的自然资源。

3. 减少废物的产生并对其进行处理：我们将通过减少资源使用和再回收利用，减少并尽可能地消除废物。所有废物应该以安全和负责任的方法被处理掉。

4. 保护能源：我们将保护能源，并提高内部生产过程中，以及所出售的产品和服务中能源的使用效率。我们将做出每一份努力，以便在环境安全的条件下维护性地使用能源。

5. 降低风险：我们将努力把带给员工和社会的环境、健康和安全风险降到最低，我们通过安全的技术、设备、操作规程以及为紧急情况做好准备来实现上述目标。

6. 安全的产品和服务：我们将减少并尽可能消除引起环境破坏或对健康和安全造成威胁的产品和服务的使用、生产和销售。我们将通知顾客我们的产品和服务对环境造成的影响并努力纠正不安全的使用方法。

7. 使环境得到恢复：我们将迅速、负责任地改正已经给健康、安全或环境带来威胁的行为。在可能的范围内，我们将对给人们造成的伤害或是给环境带来的破坏予以赔偿，并将使环境得到恢复。

8. 向观众通知：我们将及时通知可能受我们企业行为影响的每个人，这些行为可能威胁健康、安全或是环境。我们将定期搜集建议并与企业附近社区的人们进行对话。我们不会采取任何行动反对任何向管理层或相关部门上报危险事故或行为的人。

9. 管理承诺：我们将实施这些原则并确保董事会和 CEO 充分了解相关环境问题以及环境政策负全责。在选举董事会时，我们会把对环境的承诺作为考虑的一个因素。

10. 审计和报告：我们将每年对实施这些原则的进展情况进行自我评估。我们支持及时建立能被普遍接受的环境审计程序。每年我们要完成 CERES 报告，该报告对公众公布。

资料来源：［美］阿奇·B. 卡罗尔、安·K. 巴克霍尔茨：《企业与社会：伦理与利益相关者管理》（第 5 版），机械工业出版社 2006 年版，第 281 页。

在实践中，企业是如何履行环境责任的呢？利乐公司的做法值得称道和借鉴。① 利乐公司是利乐拉法集团的一个子集团。利乐拉法源于瑞典，总部设在瑞士，是一家私人工业集团。利乐拉法的运营活动分为三个独立的公司：利乐、利拉法和西得乐。利拉法向牧场提供完备的服务，该公司开发、生产和销售牛奶生产和畜牧业相关的设备及整套系统。西得乐则致力于塑料包装设备业务，公司业务从塑料瓶设计到完整的装瓶线工艺，涵盖广泛。而利乐最初是为了生产牛奶包装而成立的，如今发展为全球最大的液态食品纸包装公司。

1951年，瑞典人鲁宾·劳辛在美国获得博士学位后，根据灌香肠技术获得的灵感，推出了以纸为原料的利乐三角包，使利乐公司成为无菌包装技术的先行者。利乐无菌包装适合于牛奶、豆奶、果汁、饮料食品的包装，采用利乐无菌纸包装的液态食品（以牛奶为例），在灌装前要经过超高温瞬间灭菌处理（即 UHT 灭菌法），也就是把食品迅速加热到 135℃ 左右，灭菌 4 秒钟，然后又迅速冷却至室温。这项技术可以有效地消灭食品中的全部有害细菌和微生物，同时最大限度地保存食品的营养成分和天然口味。同时，由于从包材成形至产品充填过程均是在密封无菌的区域内进行，确保了安全卫生且节约空间。无菌加工技术和包装使产品在常温状态下具有较长的保质期，利乐枕的保质期可达 45 天，利乐砖和利乐钻的保质期可以达到 8—12 个月，有助于以较低的成本将高质量的液体食品运输至较远的地方。

利乐公司在环境保护方面主动承担了许多社会责任。利乐的包装纸来自于森林，是可再生资源。为了保护森林资源，利乐只采用来自可持续发展森林的木材原料，即保证森林的采伐率远低于成长率。为了杜绝不正当的纤维材料，利乐要求所有木材供应商都通过国际环保认证，并制订和实施了一套三步环保方案。第一，保证所有纸板不得来源于非法砍伐森林、原始森林或保护森林。第二，所有纸板来源于符合公认的、可持续森林管理原则的森林。第三，所有纸板来源于通过相关机构标准认证的森林。

在保护森林资源的同时，节约原材料和能源的使用也是环保的重要一环。较少的材料意味着较少的废弃物。使用最少的原料来达到同样的功

---

① 王志乐主编：《软竞争力：跨国公司的公司责任理念》，中国经济出版社 2005 年版，第 249—253 页。

效，不仅对环境保护有利，而且也符合企业的战略需要。在保持包装性能不变的前提下，经过数年的努力，利乐砖中纸板的使用量已经减少了18％。自 20 世纪 60 年代以来，利乐包中铝箔的厚度已经减少了 30％。除此之外，为杜绝不正当来源的纤维，利乐每年的环保业绩报告都要考核很多量化的指标，比如能源利用率、损耗臭氧物质的排放、用水量、温室气体的排放等，努力实现环保与业务发展的和谐统一。由于采用利乐的无菌加工和包装方法，在保证液态食品营养和口味的同时，使产品的保质期长达 6—8 个月。无菌包装产品在生产、运输、零售、存储、消费的整个过程中不需要冷藏车、冷藏销售柜、冰箱等冷链设备，大大节约了能源，同时也给消费者带来了极大的安全和便利。

　　利乐包为六层复合纸包装，其中约 75％的成分为优质长纤维纸浆，这些纸浆是再生纸的优质原料。近几年来，利乐公司致力于利乐包回收再利用的研发和推广工作。目前，回收再利用技术主要分为三类。（1）水力再生浆技术：将利乐包中的纸浆分离出来，生产再生纸；而将利乐包中的塑料和铝成分挤压成粒，成为生产塑料和铝制品的很好原料。（2）塑木技术：利乐包本身含有优质的纸质纤维和塑料，把它们碾碎挤压，生产塑木产品，是室内家具、室外园艺设施、工业托盘的好原料。而且成本低廉，很受欢迎。（3）彩乐板技术：将废弃的利乐包直接粉碎、热压处理，制成彩乐板。彩乐板可以制成多种产品，尤其是果皮箱，既美观、耐用又成本低廉。再生利用厂商借助先进的循环再生产技术，就可以把喝完牛奶后剩下来的利乐砖、利乐枕等复合纸包装变废为宝，制作成丰富多彩的日用品、建筑材料和生产材料。

第八章 企业与政府

政府作为利益相关者群体之一，其对企业的影响是非同寻常的。本章主要探讨政府是怎样通过经济职能来影响企业经营活动的。亚当·斯密提出"守夜人"理论，认为政府是市场经济秩序的维护者。20 世纪 30 年代以来凯恩斯主义的盛行则向这种观点发起了挑战。本章在对企业与政府关系考察的基础上，提出企业经营活动的界限及对政府的相关责任。

第一节 放任与干预：理论综述

政府在经济活动中扮演什么角色？政府对经济活动是实行自由放任还是国家干预？这一问题关乎企业与政府关系的协调，是一个影响企业发展的至关重要的问题。本节通过分析中西方经济理论中关于放任与干涉的观点，来认识政府的经济职能。

一 中国的解释：儒家与法家

（一）儒家

儒家是中国思想史上最具有影响力的学派。儒家修身齐家治国平天下的主张，代表了一种积极入世、奋发有为的精神面貌。由于其学说的这一显著特点，一般人们会认为儒家在政府经济职能上，是主张国家干涉的。其实不然，儒家对于政府的经济职能，主张的是一种自由放任主义。从儒家学说的思想基础"仁学"出发，就能发现其经济自由主义主张。

1. 仁学

儒家学说的核心是"仁"学。仁是为人处世的基本道德准则。孔子讲仁者爱人，孟子曰："仁也者，人也。合而言之，道也。"①

"仁"作为基本道德准则，贯穿于生活的方方面面。孝悌为仁之本，子曰："弟子入则孝，出则悌，谨而信，泛爱众，而亲仁；行有余力，则以学文。"② 樊迟问仁，子曰："居处恭，执事敬，与人忠。虽之夷狄，不可弃也。"③ 颜渊问仁，子曰："克己复礼为仁。一日克己复礼，天下归仁焉。为仁由己，而由人乎哉？"颜渊曰："请问其目。"子曰："非礼勿视，非礼勿听，非礼勿言，非礼勿动。"颜渊曰："回虽不敏，请事斯语矣。"④ "孩提之童无不知爱其亲者，及其长也，无不知敬其兄也。亲亲，仁也；敬长，义也。"⑤

"仁"作为基本道德准则，儒家十分强调其重要性。子曰："人而不仁，如礼何？人而不仁，如乐何？"⑥ 子曰："富与贵，是人之所欲也；不以其道得之，不处也。贫与贱，是人之所恶也；不以其道得之，不去也。君子去仁，恶乎成名？君子无终食之间违仁，造次必于是，颠沛必于是。"⑦ "仁者如射：射者正己而后发；发而不中，不怨胜己者，反求诸己而已矣。"⑧ "仁者爱人，有礼者敬人。爱人者，人恒爱之；敬人者，人恒敬之。"⑨ "仁义礼善之于人也，辟之若货财粟米之于家也，多有之者富，少有之者贫，至无有者穷。"⑩

儒家将"仁"的思想推广到治国安邦的事务之中。子贡曰："如有博施于民而能济众，何如？可谓仁乎？"子曰："何事于仁！必也圣乎！尧、舜其犹病诸？夫仁者，己预立而立人，己欲达而达人。能近取譬，可谓仁之方也已。"⑪ 孟子曰："君子之于物也，爱之而弗仁；于民也，仁之而弗

---

① 《孟子·尽心下》。
② 《论语·学而》。
③ 《论语·子路》。
④ 《论语·颜渊》。
⑤ 《孟子·尽心上》。
⑥ 《论语·八佾》。
⑦ 《论语·里仁》。
⑧ 《孟子·公孙丑上》。
⑨ 《孟子·离娄下》。
⑩ 《荀子·大略》。
⑪ 《论语·雍也》。

亲。亲亲而仁民，仁民而爱物。"①

儒家从"仁爱"出发，进一步提出"仁政"的治国主张。"为政以德，譬如北辰，居其所而众星拱之。"② "道之以政，齐之以刑，民免而无耻。道之以德，齐之以礼，有耻且格。"③ 孟子说："老吾老，以及人之老；幼吾幼，以及人之幼，天下可运于掌。诗云，邢于寡妻，至于兄弟，以御于家邦，言举斯心加诸彼而已。故推恩足以保四海，不推恩无以保妻子。古之人所以大过人者，无他焉，善推其所为而已矣。"④

在孟子看来，将仁义礼智发挥出来，便是仁政。他认为："人皆有不忍人之心。先王有不忍人之心，斯有不忍人之政矣。以不忍人之心，行不忍人之政，治天下可运之掌上。所谓人皆有不忍人之心者，今人乍见孺子将入于井，皆有怵惕恻隐之心，非所以内交于孺子之父母也，非所以要誉于乡党朋友也，非恶其声而然也。由是观之，无恻隐之心，非人也；无羞恶之心，非人也；无辞让之心，非人也；无是非之心，非人也。恻隐之心，仁之端也；羞恶之心，义之端也；辞让之心，礼之端也；是非之心，智之端也。人之有四端也，犹其有四体也。有是四端而自谓不能者，自贼者也；谓其君不能者，贼其君者也。凡有四端于我者，皆知扩而充之矣，若火之始然，泉之始达。苟能充之，足以保四海；若不能充之，不足以事父母。"⑤

儒家主张民贵君轻。孟子认为人民和国家的利益是高于君主利益的。他说："民为贵，社稷次之，君为轻"。⑥ 荀子也说："天之生民，非为君也。天之立君，以为民也。"⑦ 又说："水则载舟，水则覆舟。……故君人者欲安则莫若平政爱民矣。"⑧ "在道德伦常上，儒家是一直主张君尊臣卑、君贵民贱的，但这并不意味着臣民不重要，相反，儒家也强调民贵君轻、

---

① 《孟子·尽心上》。
② 《论语·为政》。
③ 同上。
④ 《孟子·梁惠王上》。
⑤ 《孟子·公孙丑上》。
⑥ 《孟子·尽心下》。
⑦ 《荀子·大略》。
⑧ 《荀子·王制》。

立君为民，即强调人民对于君主的废立具有决定性意义。"① 孟子说："桀、纣之失天下也，失其民也；失其民者，失其心也。得天下有道：得其民，斯得天下矣；得其民有道：得其心，斯得其民矣。得其心有道：所欲与之聚之，所恶勿施尔也。"②

孟子主张国君对人民要施以"仁政"，"当今之时，万乘之国行仁政，民之悦之，犹解倒悬也。"③ 老百姓对于仁政的渴望，就像人渴望从倒悬状态下被解救一样。仁政的核心是关心人民生活疾苦。"庖有肥肉，厩有肥马；民有饥色，野有饿莩，此率兽而食人也。兽相食，且人恶之，为民父母行政，不免于率兽而食人，恶在其为民父母也。"④ 所以，儒家的仁政思想首先落实在惠民富民裕民。

孔子提出应该以惠养民，即给予劳动者较优惠的生活待遇。《论语》记载，子适卫，冉有仆。子曰："庶矣哉！"冉有曰："既庶矣，又何加焉？"曰："富之。"曰："既富矣，又何加焉？"曰："教之。"⑤ "不富无以养民情，不教五以理民性。故家五亩宅，百亩田，务其业而勿夺其时，所以富之也。"⑥

孟子从惠民出发，引申出制民恒产。"民之为道也，有恒产者有恒心，无恒产者无恒心。苟无恒心，放辟邪侈，无不为己。及陷于罪，然后从而行之，是罔民也。焉有仁人在位，罔民而可为也？"⑦ "是故明君制民之产，必使仰足以事父母，俯足以畜妻子，乐岁终身饱，凶年免于死亡；然后驱而之善，故民之从之也轻。今也制民之产，仰不足以事父母，俯不足以畜妻子，乐岁终身苦，凶年不免于死亡。此惟就死而恐不赡，奚暇治礼仪哉！"⑧ 孟子认为经济生活有保障，老百姓才会讲求仁义礼智。"民非水火不生活，昏暮叩人之门户求水火，无弗与者，至足矣。圣人治天下，使有

① 张鸿翼：《儒家经济伦理及其时代命运》，北京大学出版社2010年版，第126页。
② 《孟子·离娄上》。
③ 《孟子·公孙丑上》。
④ 《孟子·梁惠王上》。
⑤ 《论语·子路》。
⑥ 《荀子·大略》。
⑦ 《孟子·滕文公上》。
⑧ 《孟子·梁惠王上》。

菽粟如水火，菽粟如水火，而民焉有不仁者乎?"① 孟子因此提出发展小农经济的具体设想。"五亩之宅，树之以桑，五十者可以衣帛矣。鸡豚狗彘之畜，无失其时，七十者可以食肉矣。百亩之田，勿夺其时，数口之家，可以无饥矣。"② 孟子对于古代的井田制非常称道。他认为划分土地田界，让人民拥有土地耕种，这是仁政的开始。"夫仁政，必自经界始。经界不正，井地不均，谷禄不平，是故暴君污吏必慢其经界。经界既正，分田制禄可坐而定也。"③

荀子对此有更为详尽的阐发。"足国之道，节用裕民而善藏其馀。节用以礼，裕民以政。彼裕民，故多余。裕民则民富，民富则田肥以易，田肥以易则出实百倍。上以法取焉，而下以礼节用之，馀若丘山，不时焚烧，无所藏之，夫君子奚患乎无余? 故知节用裕民则必有仁义圣良之名，而且有富厚丘山之积矣。此无它故焉，生于节用裕民也。不知节用裕民则民贫，民贫则田瘠以秽，田瘠以秽则出实不半，上虽好取侵夺，犹将寡获也，而或以无礼节用之，则必有贪利纠拆之名，而且有空虚穷乏之实矣。此无它故焉，不知节用裕民也。"④

2. 放任主义

虽然孔子说"不义而富且贵，于我如浮云。"但孔子对财富并不排斥。他说："富而可求也，虽执鞭之士，吾亦为之。如不可求，从吾所好。"⑤如果财富可以求得的话，做市场的守门卒也干。对于百姓，更是认为要富之教之。"所重：民、食、丧、祭。"⑥ "富民谓使人民食足货足，以为民富则政府必富，儒家主此最力。"⑦

孔子把百姓的富足放在很重要的地位，以富民为目标，提出了一整套放任主义的经济主张。孔子的放任主义思想主要表现在两处：一是提出惠而不费。子张问于孔子曰："何如斯可以从政矣?"……子曰："君子惠而

---

① 《孟子·尽心上》。
② 《孟子·梁惠王上》。
③ 《孟子·滕文公上》。
④ 《荀子·富国》。
⑤ 《论语·述而》。
⑥ 《论语·尧曰》。
⑦ 唐庆增：《中国经济思想史》，商务印书馆 2010 年版，第 83 页。

不费，……"子张曰："何谓惠而不费?"子曰："因民之所利而利之，斯不亦惠而不费乎? 择可劳而劳之，又谁怨?"① "因民所利而利者，如治田薄税通商惠工等事，谓导民固有之福利也。"② 二是主张使民以时。对于劳力的使用，根据可以劳动的时间、情况，量力而用，则老百姓不会有怨言。子曰："道千乘之国，敬事而信，节用而爱人，使民以时。"③ 为什么要本着节用爱人的精神役使百姓呢? 因为选择农闲时节，征用劳力，不至于妨碍农业生产活动。"孔子反对政府有何压迫或干涉行为，盖主张政府费小费，作小事，设法收莫大之利益与效果，所谓惠而不费者，盖谓'政府之设施，其牺牲当求其小，其收效当求其大'，能如此则政府所费小，而人民得益多。进一步言，孔子实主张放任主义（laissez-faire），而反对干涉政策（intervention）。"④

孟子进一步发挥了孔子的放任主义，主张对于百姓的生产活动不加干涉。孟子曰："民事不可缓也。《诗》云：'昼而于茅，宵而索绹，亟其乘屋，其始播百谷。'"⑤ "不违农时，谷不可胜食也；数罟不入洿池，鱼鳖不可胜食也；斧斤以时入山林，材木不可胜用也。谷与鱼鳖不可胜食，材木不可胜用，是使民养生丧死无憾也。"⑥ 只有放手让百姓从事生产活动，才能达到富民惠民之目标。

荀子在经济政策方面也主张放任主义。"实业须由国民自办，政府仅居扶助督责之地位，切忌与人民争利。"⑦ "量地而立国，计利而畜民，度分而授事，使民必胜世，事必出利，利足以生民，皆使衣食百用，出入相掩，必时藏余，谓之称数。故自天子通于庶人，事无大小多少，由是推之，故曰朝无幸位，民无幸生，此之谓也。轻田野之税，平关市之争，省商贾之数，罕兴力役，无多农时，如是，则国富矣。夫是之谓以政裕

① 《论语·尧曰》。

② 唐庆增：《中国经济思想史》，商务印书馆 2010 年版，第 85 页。

③ 《论语·学而》。

④ 唐庆增：《中国经济思想史》，商务印书馆 2010 年版，第 85 页。

⑤ 《孟子·滕文公上》。

⑥ 《孟子·梁惠王上》。

⑦ 唐庆增：《中国经济思想史》，商务印书馆 2010 年版，第 144 页。

民。"① 荀子虽不主张国家干涉，也并非主张政府对于工商业活动完全不加顾问。"但有时人民或不能举办，或办而乏成效，则政府有辅助之必要。"② "百姓时和，事业得叙者，货之源也；等赋府库者，货之流也。故明主必养其和，节其流，开其源，而时斟酌焉。"③ 荀子认为开源节流是政府的本分，其目的在于扶助人民，而不是为了自身盈利。

与放任主义相一致，儒家主张轻赋税。孔子的赋税思想分为三个层面（1）敛税于何物？（2）人民付税之标准，（3）负担问题。④ 关于第一层，孔子主张敛税于土地。哀公问于有若曰："年饥，用不足，如之何？"有若对曰："盍彻乎！"曰："二，吾犹不足，如之何其彻也？"年成不好，国家财政困难，有若反而劝谏哀公把税率由十分抽二降为十分抽一。

关于第二层，孔子主张以人民付税之能力，为敛税之标准。在人民可承受的范围之内，收取租税，这样就能减轻人民负担，藏富于民。所以有若劝谏哀公减税，并且说："百姓足，君孰与不足？百姓不足，君孰与足？"⑤ 只有百姓富足了，国君才能富足。百姓贫穷，哪里来的国君富足呢？

关于第三层负担问题，孔子有两种主张，一是租税之负担宜轻，二是负担之分配宜平均。孔子力主赋税要轻。季氏要用田赋制度，增加赋税，使冉求征求孔子的意见，孔子则主张"施取其后，事举其中，敛从其薄"。⑥ 结果冉求仍旧听从季氏，实行田赋制度。所以《论语》记载，季氏富于周公，而求也为之聚敛而附益之。子曰："非吾徒也。小子鸣鼓而攻之，可也。"⑦ 不但要减轻赋税，而且孔子提出了负担之分配宜均匀。"丘也闻有国有家者，不患寡而患不均，不患贫而患不安。盖均无贫，和无寡，安无倾。"⑧ "均平学说在中国经济思想史上居极重要之地位，其意义有二，不但谓：（一）政府敛税，人民之负担宜平均；其意且谓；（二）政

---

① 《荀子·富国》。

② 唐庆增：《中国经济思想史》，商务印书馆 2010 年版，第 146 页。

③ 《荀子·富国》。

④ 唐庆增：《中国经济思想史》，商务印书馆 2010 年版，第 86 页。

⑤ 《论语·颜渊》。

⑥ 《左传·哀公十一年》。

⑦ 《论语·先进》。

⑧ 《论语·季氏》。

府宜调剂人民财富，使之渐趋均平，孔子之前，《周礼》亦含此义，均富之说，支配中国数千年来之经济理论。"①

孟子也主张田赋要轻："易其田畴，薄其税敛，民可使富也。食之以时，用之以礼，财不可胜用也。"② 和孔子一样，也主张赋税的标准要以人民的承受能力为限。"是故贤君必恭俭礼下，取于民有制。……乐岁，粒米狼戾，多取之而不为虐，则寡取之；凶年，粪其田而不足，则必取盈焉。为民父母，使民盻盻然，将终岁勤动，不得已养其父母，又称贷而益之，使老稚转乎沟壑，恶在其为民父母也？"③ 根据当时战国时期战乱频繁，民不聊生的情况，孟子主张各种赋税徭役都要从轻而征。"市，廛而不征，法而不廛，则天下之商皆悦，而愿藏于其市矣；关，讥而不征，则天下之旅皆悦，而愿出于其路矣；耕者，助而不税，则天下之农皆悦，而愿耕于其野矣；廛，无夫里之布，则天下之民皆悦，而愿为之氓矣。"④

荀子也把轻徭薄赋看作是减轻百姓负担以利于发展生产的重要政策措施。"田野十一，关市几而不征，山林泽梁以时禁发而不税，相地而衰征，理道之远近而致贡，通流财物粟米，无有滞留，使相归移也。"⑤ 轻徭薄赋，减轻百姓负担，采取不干涉政策，才能使老百姓安居乐业。

（二）法家

法家的经济思想最富有创造精神，对于经济问题的分析，多有独到之处。儒家以富民为经济目标，法家也倡导富民。但在如何富民的问题上，法家有不同的主张。这便是国家干涉，通过政府对经济活动的干涉，达到富民强国的目的。这里以齐法家管仲的经济主张和经济政策为代表。管仲字夷吾，为法家鼻祖，其经济思想和经济主张在中国经济思想史上占有极为重要的地位。管仲辅佐齐桓公，推行国家干涉的经济政策，争霸诸侯，使齐国富甲天下。对于其功绩孔子也深加赞许，发出了"如其仁，如其仁"、"微管仲吾其被发左衽矣"的感叹。

① 唐庆增：《中国经济思想史》，商务印书馆 2010 年版，第 87 页。
② 《孟子·尽心上》。
③ 《孟子·滕文公上》。
④ 《孟子·公孙丑上》。
⑤ 《荀子·王制》。

管仲的国家干涉主义有其深厚的时代背景。管仲生活于春秋早期，比孔子早约百年。追溯其思想渊源，主要有以下四点：一是政府与人民的关系由过去的道德关系转变为经济与政治的。二是由于人口增加，人民生计困难。管仲之学说以"仓廪实则知礼节，衣食足则知荣辱"为纲领，符合时代需要。三是管仲所处的时代经济制度发达，新旧制度交替，催生了管仲的革命性理论。四是春秋时期列国经济竞争激烈，富国强兵成为时代潮流，因而容易产生健全的经济思想。"管子之经济思想，实建于国家主义之上，其情形正与十七世纪中英吉利重商主义（merchantilism）之产生，无以异也。"① 齐国由于自然地理条件的优势，拥有鱼、盐、铁等独特资源，形成了管仲以"盐政"为代表的富国政策。

管仲经济思想的立足点，与儒家相同，都坚持富民论。"凡治国之道，必先富民，富民则易治也，民贫则难治也。奚以知其然也，民富则安乡重家，安乡重家则敬上畏罪，敬上畏罪则易治也；民贫则危乡轻家，危乡轻家则敢陵上犯禁，陵上犯禁则难治也。故治国常富而乱国常贫，是以善为国者，必先富民，然后治之。"② 如何富民？区别于儒家之处在富民的手段、方法，双方大相径庭。儒家主张自由放任，以管仲为代表的法家则主张国家对经济活动的干涉。下面从管仲的农业政策、货币学说、商业政策和财政学说四个方面分别叙述。

1. 农业政策

管仲的经济政策包括务天时、尽地利、用民力。天时指春夏秋冬水旱寒暖，等等，地利指土地的肥瘠情况，民力指人民的劳动。管仲非常重视农业，认为天时、地利、民力三要素达到后农业必能发达，农业发展后，再加以本国商业的扩张，币制的改善，财政的进步，等等，则国家自能富强。对于农业重要性，管仲说："一农不耕，民或为之饥，一女不织，民或为之寒。"③ "何谓民之经产？畜长树艺，务时殖谷，力农垦草，禁止末事者，民之经产也。……民不务经产则仓廪空虚，财用不足则国无以固守。"④

① 唐庆增：《中国经济思想史》，商务印书馆 2010 年版，第 244 页。
② 《管子·治国》。
③ 《管子·轻重》。
④ 《管子·重令》。

管仲的农业政策可概括为重本抑末。农业是本，要务本，则首先要禁止末事，主要有：一切违背法律之事，如犯上作乱；各种游荡不检的行为；贪图财货的牟利行为；制造一切无用的器物，如雕刻精美的器具、华丽夺目的衣裳等，这些会妨碍农业的发展，所以应当加以禁止。政府务本兴农，工作要分若干步骤进行。① 第一，使人口聚集。管子认为开垦土地，人口务求集中，民散则土地不能开垦，农务无法提倡。第二，开辟土地。国家必须有广阔的土地，才能兴农。开垦土地，教民耕种，国家才能富强。"桑麻不植于野，五谷不宜其地，国之贫也。……桑麻植于野，五谷宜其地，国之富也。"② 第三，保护森林树木及其他植物。人民从事耕种后，政府必须对农业植物加以保护，不能任其自然，恣意取用。第四，开沟渎。政府要开发水利设施，预防水旱灾害。第五，修墙屋。修葺农民墙屋，使他们安心耕种。第六，养六畜。山泽桑麻与六畜都包括在农业之内。"行其山泽，观其桑麻，计其六畜之产，而贫富之国可知。"③ 由于农业措施较多，政府应当设立官职，分别管理。如表8-1所示。

表8-1　　　　　　　　　　　管子对农业官职的分类

官职	事务	目的
虞师	修火宪，敬山泽林薮积草，财之所出，以时禁发	使民于宫室之用，薪蒸之所积
司空	决水潦，通沟渎，修障防，安水藏	使时水虽过度，无害于五谷，岁虽凶旱，有所秎获
由田	相高下，视肥饶，观地宜，明诏期，前后农夫，以时均修	使五谷桑麻皆安其处
乡师	行乡里，视宫室，观树艺，简六畜，以时钧修	勤勉百姓，使力作毋偷，怀乐家室，重去乡里
工师	论百工，审时事，办功苦，上完利，监壹五乡，以时钧修	使刻镂文采毋敢造于乡

资料来源：唐庆增：《中国经济思想史》，商务印书馆2010年版，第262页。

2. 货币学说

管仲对货币颇有研究，不仅记载了货币的起源，而且认识到货币的调

---

① 唐庆增：《中国经济思想史》，商务印书馆2010年版，第258—262页。
② 《管子·立政》。
③ 《管子·八观》。

节功能。"五谷食米，民之司命也；黄金刀币，民之通施也。故善者执其通施以御其司命，故民力可得而尽也。"① 管仲生活的时代，人民缺乏生活必需品，困苦万状，因谷物已为富豪之家所收藏，分配不均，虽然货币充斥于市间，人民生活状况，并不见好转，徒使富者日富，贫者愈贫。管仲认为救济之道，应当由国家控制货币流通之权，用作调剂手段，根据物价的高低来决定货币流通的多少，这样的话，那么富商大贾就不能对百姓巧取豪夺了。管子深刻地洞察到市面货币流通的多少，与人民生活状况之间有密切关系。"凡轻重之大利，以重射轻，以贱泄平。万物之满虚，随财准平而不变，衡绝则重见。人君知其然，故守之以准平，使万室之都，必有万钟之藏，藏锱千万；使千室之都，必有千钟之藏，藏锱百万。春以奉耕，夏以奉耘，耒耜械器钟饷粮食，毕取赡于君，故大贾蓄家不得豪夺吾民矣。"② 管仲主张运用货币的调节功能，使拥有万户人口的都邑一定藏有万钟粮食和一千万贯的货币，拥有千户人口的都邑一定藏有千钟粮食和一百万贯的货币。通过干预经济，达到改善人民生活的目的。

3. 商业政策

管仲也十分重视商业，认为商业起到了流通货物、接济民生的作用。他对于国内商业论述较少，对于国外商业论述较多。他的对外商业政策论述有下列五种：（一）政府择取他国缺少之物产，鼓励本国人民生产之，以该项出产品输出之他国，以吸收其金钱。（二）政府揣测他国之需要为何物，输出至该国，借此获得有用之生活必需品，以养本国人民。（三）政府藉国外贸易之力量，以使敌国更改其生产之事业，使其耗费精力于无用之地；及该国人民既陷于穷困之境，再减轻国内物价以收服之。（四）政府对于邻国，设法增加其对于某物之需要，使邻国忙于出产该物，边境空虚，再以武力收服之。（五）政府提高本国生活必需品之价格，则他国商人纷纷以该物输运入口以图厚利，借此可使该国缺乏此项必需品，因是而入恐慌之境。③

---

① 《管子·国蓄》。
② 同上。
③ 唐庆增：《中国经济思想史》，商务印书馆 2010 年版，第 271—278 页。

4. 财政学说

管仲虽重法治，主张干涉政策，但对于人民生活状况与政府财政的关系并不忽视。其理财政策，并非与儒家完全相反，如他提出节用、轻税的主张。因政府减轻租税，将不免减少其收入，故管仲提倡工业国有政策。主要包括盐铁、矿业和森林，其中以盐策最为成功。管仲将盐业收归国有，由政府官营，禁止民间私煮。盐由政府煮成后，增价专卖，以获其利。

桓公问于管子曰："吾欲藉于台雉何如？"管子对曰："此毁成也。""吾欲藉于树木？"管子对曰："此伐生也。""吾欲藉于六畜？"管子对曰："此杀生也。""吾欲藉于人，何如？"管子对曰："此隐情也。"桓公曰："然则吾何以为国？"管子对曰："唯官山海为可耳。"桓公曰："何谓官山海？"管子对曰："海王之国，谨正盐策。"桓公曰："何谓正盐策？"管子对曰："十口之家十人食盐，百口之家百人食盐。终月，大男食盐五升少半，大女食盐三升少半，吾子食盐二升少半，此其大历也。盐百升而釜。令盐之重升加分强，釜五十也；升加一强，釜百也；升加二强，釜二百也。钟二千，十钟二万，百钟二十万，千钟二百万。万乘之国，人数开口千万也，禺策之，商日二百万，十日二千万，一月六千万。万乘之国，正九百万也。月人三十钱之籍，为钱三千万。今吾非籍之诸君吾子，而有二国之籍者六千万。使君施令曰：吾将籍于诸君吾子，则必嚣号。今夫给之盐策，则百倍归于上，人无以避此者，数也。"①

管仲劝谏桓公说，如采用各项租税，或须毁坏建筑物，或则犯杀生之弊，都不是上策。地处环海之国，可以依靠盐业来获取大利。盐为男女所必需，十口之家就是十人吃盐，百口之家就是百人吃盐。一个月，成年男子吃盐近五升半，成年女子近三升半，小男小女近二升半。设为官卖，其利与直接征税相比较，就是六千万与三千万的差别。何况这种方法，有征税之实，而无征税之名，人民并不感受压迫，故乐于输纳而不会反对，确实是良美之策。同时，管仲主张将此项产出品输送到他国，以吸收其金钱。

_____

① 《管子·海王》。

管仲主张将铁业收归国有，则完全是为了税收的目的。铁虽然不如盐那样必需，但是在农业国，铁的用途极多。"一女必有一针一刀，若其事立。耕者必有一耒一耜一铫，若其事立。行服连辂辇者必有一斤一锯一锥一凿，若其事立。不尔而成事者，天下无有。"① 所以，铁业收归国有，是政府收入的重要来源。虽然盐、铁并称，但两者性不同质。盐是由政府专营，增价出卖，更运至他国以获利。铁，则是对于采用其做原料者，课以税收，其利政府与百姓三七分。

唐庆增认为，管仲的盐铁政策，好处有三。其一是增加政府的收入。因为盐是生活必需品，铁为农业、商业不可或缺的原料，由政府垄断经营，获利丰厚，国家由此富强。其二是开发了自然资源，让其为我所用，而不是任其废弃。其三是符合均富的原则。盐铁政策，是实行均富的一种具体办法。因为盐与铁的使用范围广泛，人民购用者非常普遍，因而没有负担不均的弊病。而且此类工业规模宏大，由个人经营，有可能不能胜任。假定个人有能力经营，那么私人独占经营，独享利益，或会导致侵害公共利益。收归官营，或者由百姓经营而政府征税，就不会有此弊端。②

以管仲为代表的法家经济思想，在历史上占有极为重要的地位。唐庆增评价说："法家经济思想乃含儒墨农三家之末流，嬗变汇合而成，故讨论经济问题，精到详尽，若对外贸易、货币、人口、工业、国有、重农各原理，俱为上古中国经济思想史中最重要之部分，不特为中国上古时代其余各派思想家所无，且为三四百年前之西洋经济思想界所不能及者，法家所发明之若干重要原理，实能在世界经济思想史中占有相当之地位也。"③

二 西方的解释

关于政府的经济职能，在西方也可划分为两种观点：自由放任与国家干预。对于这两种观点我们分别以亚当·斯密和梅纳德·凯恩斯为代表来

① 《管子·海王》。
② 唐庆增：《中国经济思想史》，商务印书馆 2010 年版，第 290 页。
③ 同上书，第 355 页。

分析。

1. 自由放任的先知斯密

萨缪尔森和诺德豪斯称亚当·斯密为"自由放任的先知斯密"。他们指出："在斯密之前著书立说的最早的经济学家们着眼于经济政策。的确，由于他们不大懂得市场经济如何运行，他们急于对市场进行干预。亚当·斯密的最伟大贡献在于他在经济学的社会世界中，窥测到了牛顿在天空的物质世界中所观察到的东西：即自行调节的自然秩序。"①

亚当·斯密研究国民财富的增长及其原因。他发现，国民财富的增长，必须做到三点：加强分工，增加资本的数量，改善资本的用途。"在他看来，资本主义制度依靠自身的力量就能够做到这三点，而无须当时的国家进行干预；如果国家干预经济生活，反而不利于资本主义生产的发展和国民财富的增长。"② 要增加一个国家的财富，最好的经济政策就是给私人的经济活动以完全的自由。在他看来，尽管每个人都是从私人利益出发来从事经营活动，但在"看不见的手"作用之下，会自然而然地有益于整个社会。"确实，他通常既不打算促进公共的利益，也不知道他自己是在什么程度上促进那种利益。……由于他管理产业的方式目的在于使其生产物的价值能达到最大程度，他所盘算的也只是他自己的利益。在这场合，像在其他许多场合一样，他受着一只看不见的手的指导，去尽力达到一个并非他本意想要达到的目的。……他追求自己的利益，往往使他能比在真正出于本意的情况下更有效地促进社会的利益。"③

斯密是自由放任的积极倡导者。"自由放任是斯密的整个经济学说的中心，也是他所主张的经济政策的基本原则。"④ "斯密在他的伟大的著作中所做的是列举出政府所做的无数愚蠢之事。他从古代和当时的历史中发掘出有价值的事例来说明动机良好的政府的干预对国家所造成的

① ［美］保罗·A.萨缪尔森、威廉·D.诺德豪斯：《经济学》（第12版）下，中国发展出版社1992年版，第1273页。

② 鲁友章、李宗正主编：《经济学说史》，人民出版社1979年版，第228页。

③ ［英］亚当·斯密：《国民财富的性质和原因的研究》下卷，商务印书馆1974年版，第27页。

④ 鲁友章、李宗正主编：《经济学说史》，人民出版社1979年版，第228页。

害处。"① 他认为市场机制本身会发挥调节作用，促使供给和需求趋于均衡。因而自由竞争是最好的经济制度。在谈到谷物贸易时他说："内地商人的利益，无论乍看起来是怎样与人民大众的利益相反，但实际上，甚至在大荒年，却是完全一致的。他的利益在于，按照真实歉收情况，把谷物价格提高到应有的程度，但若提高得超过这个限度，那就对他不利。价格的提高，阻碍消费，使一切人，尤其使下等阶级人民或多或少地节省食粮。"② "在各部分都有自由通商和自由交通的广大产麦国内，最不好的年成也不会产生那么大的粮食不足，以致引起饥馑。……在产米国内，作物不仅需要极润湿的土壤，而且在稻的生长期内，有一段时间，还须浸在水里，所以，干旱的影响，可怕得多。然而，即使在这样的国家里，干旱亦不见得会那么普遍，以致必然引起饥馑，只要政府允许自由贸易，饥馑就可避免。"③ 斯密不仅在国内经济生活方面，而且在对外贸易方面也赞成完全自由。"设若一切国家都采用输出输入自由制度，那么大陆内所分成的各个国家，就会像大国内所分成的各个省一样。按道理，据经验，大国内各省间的国内自由贸易，不仅是缓和粮食不足的最好方法，而且是防止饥馑的最好方法；大陆内各国间的输出输入贸易自由，也是缓和粮食不足和防止饥馑的最好方法。大陆越广大，大陆各部分间水运陆运交通越便利，其中任何部分遭受此二种灾难的可能性便越小。一国的不足，很容易由另一国的丰足得到救济。"④

"他对自由放任的拥护来自这样一种信念，即，通向经济地狱的道路是用良好的愿望铺成的。他认为，用政府对经济的管制来代替垄断的工商业很可能会使已经很糟的情形变的更坏、而不是更好。"⑤ 他坚信，自由企业将会按照最有利于整个社会的方式来分配资源，国家最好的经济政策就

① [美] 保罗·A.萨缪尔森、威廉·D.诺德豪斯：《经济学》（第12版）下，中国发展出版社1992年版，第1274页。
② [英] 亚当·斯密：《国民财富的性质和原因的研究》下卷，商务印书馆1974年版，第95页。
③ 同上书，第97页。
④ 同上书，第110页。
⑤ [美] 保罗·A.萨缪尔森、威廉·D.诺德豪斯：《经济学》（第12版）下，中国发展出版社1992年版，第1275页。

是自由放任。政府所能做的就是做一个忠实的"守夜人","对于现世生活的维持，以及对于来世生活的幸福，人民是那么关心，政府因此必须听从人民的意见，而且为了确保公共的安宁，必须建立他们所赞成的制度"①。政府的职能就是保障社会的安全。"第一，保护社会，使不受其他独立社会的侵犯。第二，尽可能保护社会上各个人，使不受社会上任何其他人的侵害或压迫，这就是说，要设立严正的司法机关。第三，建设并维持某些公共事业及某些公共设施（其建设与维持绝不是为着任何个人或任何少数人的利益），这种事业与设施，在由大社会经营时，其利润常能补偿所费而有余，但若由个人或少数人经营，就绝不能补偿所费。"②

2. 凯恩斯主义

英国经济学家约翰·梅纳德·凯恩斯是现代宏观经济学的创始人。他是国家干预主张的积极倡导者。凯恩斯1905年毕业于剑桥大学，当时主修的是数学和文学。其后的一年间，他继续留在剑桥，师从经济学大师马歇尔和庇古攻读经济学。此后，他除在剑桥大学执教外，还长期担任英国政府部门的要职。1919年第一次世界大战结束后，他以英国财政部首席代表身份参加巴黎和会，并以《合约的经济后果》一文抨击了凡尔赛和约中要求德奥战败国赔款等有关条款，一时名声大噪。1929年经济危机爆发后，他担任英国财政部经济顾问委员会主席。第二次世界大战期间，凯恩斯任职于英国财政部，并担任英格兰银行的董事，是英国经济政策的主要制定者。1944年，他率领英国代表团参加了布雷顿森林会议，接着又出任国际货币基金组织和国际复兴开发银行的董事，对"二战"后经济的复兴做出了重大贡献。

自20世纪20年代中期开始凯恩斯就致力于寻找英国经济长期慢性萧条的原因和解救之策。1926年，凯恩斯发表《自由放任主义的终结》一文。在该文中，凯恩斯批判了自由放任主义的哲学基础——"看不见的手"的理论。在批评自由放任主义的同时，他提出以国家干预为手段来消除现行资本主义制度弊端的建议。"他建议道，一方面应加强中央机构对

---

① ［英］亚当·斯密：《国民财富的性质和原因的研究》下卷，商务印书馆1974年版，第111页。

② 同上书，第252页。

通货与信用的审慎管理；另一方面应加强对企业的引导与监督。尤其是对储蓄与投资，'我认为不应当像现在这样完全在个人判断与个人利益的引导下，凭机运来决定'，而应该由国家通盘考虑。"①

1929—1933 年爆发的世界性的经济危机，使资本主义经济陷入了一场 20 世纪最大的经济灾难之中。经济萧条，失业严重，传统的经济理论已无法解释大萧条中出现的各种经济现象。在这种状态下，凯恩斯为寻求摆脱危机的措施，潜心于经济理论的研究。1936 年，凯恩斯发表了《就业、利息和货币通论》一书。此书的出版从根本上动摇了传统的经济理论，被誉为"凯恩斯革命"。"《通论》掀起的凯恩斯革命包括理论上对古典经济学的革命和政策上对自由放任主义的革命。"②

在《通论》中，凯恩斯从四个方面否定了传统经济学的"市场自动均衡"理论。③（1）储蓄和投资的动机是不同的。所以，利率机制不一定能使资本市场达到均衡。（2）工资不一定是调节就业的有效机制。（3）均衡不等于充分就业均衡。（4）货币在经济运行过程中起积极作用。

凯恩斯正是在对传统经济理论进行批判的基础上，建立起了他自己的理论体系。凯恩斯认为，一国的就业水平是由有效需求决定的。有效需求是指商品总供给价格与总需求价格达到均衡时的总需求，而总供给在短期内不会有大的变动，因而就业水平实际上取决于总需求或有效需求。他说："与充分就业相吻合的有效需求，实在只是一个特例，只有当在消费倾向与投资引诱之间，有一特殊关系存在时，方能实现。经典学派即假设此种特殊关系之存在。"④ 由于有效需求不足，通常情况下的均衡，总是小于充分就业的均衡。

凯恩斯认为，之所以出现有效需求不足，是因为"消费倾向"、"对资本未来收益的预期"以及对货币的"灵活偏好"这三个基本心理因素的作用。他指出，总需求是消费需求与投资需求之总和，总需求或有效需求不

① 乔洪武：《正谊谋利——近代西方经济伦理思想研究》，商务印书馆 2000 年版，第309 页。

② 高鸿业、刘凤良主编：《20 世纪西方经济学的发展》，商务印书馆 2004 年版，第 96 页。

③ 温国才、朱卫平、陈雪梅、尹福生编著：《现代西方经济学原理》，暨南大学出版社 1994年版，第 313 页。

④ ［英］凯恩斯：《就业、利息和货币通论》，商务印书馆 1983 年版，第 28 页。

足是消费需求与投资需求不足的结果。心理上的消费倾向使得消费的增长赶不上收入的增长，因而引起消费需求不足。心理上的灵活偏好及对资本未来收益的预期使预期的利润率有偏低的趋势，从而与利息率不相适应，这就导致了投资需求的不足。凯恩斯认为，不存在自动达到充分就业均衡的机制，因而主张政府干预经济，通过政府的政策、特别是财政政策来刺激消费和增加投资，以实现充分就业。

政策上的凯恩斯革命主要是指用政府干预论取代古典学派的自由放任论。根据有效需求原理，经济体系的自发运行通常由于有效需求不足而处于小于充分就业的均衡，因此，要使经济走向充分就业，消除总需求不足带来的非自愿失业，合乎逻辑的办法是扩大总需求。谁来扩大总需求？由于消费者的消费需求受消费倾向和收入水平制约，投资者的投资需求受资本边际效率和利率的对比关系左右，因此，扩大总需求的职责就必然落到政府身上。凯恩斯指出，投资的变动会使收入和产出的变动产生一种乘数效应，因而他更主张政府投资，以促使国民收入成倍地增长。

总之，凯恩斯认为，在经济运行中，由于古典经济学的假设前提很少或从来没有得到满足，经济体系的自发运行一般是小于充分就业的均衡，因此，对经济的自由运行有必要加以制止或加以引导；为了实现充分就业的均衡，必须对经济活动进行国家干预。

三 新古典综合的观点

我们看到凯恩斯的国家干预主张是在特定经济背景下形成的。20 世纪 30 年代的经济大萧条，使西方国家的经济状况危机四伏。20 世纪 40 年代，美国总统罗斯福采取"新政"，在经济上推行凯恩斯主义。正是由于采纳了凯恩斯的干预政策，美国的经济从"二战"到 70 年代初经历了一段前所未有的发展时期。但是 70 年代以通货膨胀和经济增长停滞并存为特征的经济危机，宣告了凯恩斯主义的失灵。其实，凯恩斯主义一经产生，就一直遭到哈耶克、弗里德曼等新自由主义经济学家的批判。他们认为国家干预是对个人自由的威胁，更何况国家干预有时并未达到预期的效果，反而使情况变得更糟。如政府的价格限制政策导致住房更加短缺，对石油的管制造成加油站前的长队，对垄断的抑制造成价格的上升等。所以，弗里德曼主张取消某些不必要的国家干预项目，在《资本主义与自由》中他列举了如下项目：政府对农业的评价支持方案、进口关税或出口限制、政府对产品的控制、租金控制、法定最低工资率或法定最高价格、具体调节工业的条例、目前的社会保险方案、在不同的城市和州里对提供执照加以限制、所谓"公共住宅"以及大量的其他津贴方案、和平时期的征兵制、国家公园、公路收费等 14 项，并且认为这个清单是远远不够全面的。① 他认为，国家对经济生活的干预不但要被限制在最低的水平，而且还应尽可能地通过市场和价格制度来加以执行。

"大抵主张放任主义，必须先有一假定，认个人对其本人之利益最为明了（Everybody knows his own interest best）。欧洲重农派经济家（Physiocrats）与亚丹·斯密斯（Adam Smith）皆谓个人之经济活动，政府不宜干涉，盖本人之利益原与社会全体之利益，并无冲突，而个人利益惟己身最能了解也。主张干涉政策者则不然，以为国民本人未必有鉴别一切是非与利害之能力，故政府乃不得不干涉人民之活动焉。"② 那么干涉与放任孰对孰错？新古典综合派的萨缪尔森提出了折中的观点。

保罗·萨缪尔森是当代著名的经济学家，他撰写的大学教材《经济学》享誉全球。被誉为"在许多方面说来是经济学家们的经济学家"。"萨缪尔森以他的'自由主义'政见著称，在诸如市场机制对行政干预，私人经济部门对国营经济部门及凯恩斯主义对货币主义等重要问题上坚持中庸之道，避免采取极端的意识形态立场。"③

萨缪尔森一直致力于把古典经济学和凯恩斯的国民收入决定论综合起来，他把这项工作称为"新古典综合"。他所做的工作一是理论上的综合，即把微观经济学和宏观经济学综合起来；二是政策上的综合，就是把凯恩斯主张的政府干预和古典学派主张的市场机制调节综合起来。"根据这种综合，充分就业的实现需要有凯恩斯所主张的干预，而充分就业一旦实

---

① ［美］米尔顿·弗里德曼：《资本主义与自由》，商务印书馆 1986 年版，第 36 页。

② 唐庆增：《中国经济思想史》，商务印书馆 2010 年版，第 316 页。

③ ［英］马克·布劳格：《凯恩斯以后的 100 位著名经济学家》，商务印书馆 2003 年版，第 319 页。

现，新古典理论还是有效的。"① 在有效需求不足导致严重失业时，需要政府对经济进行干预，以刺激总需求增加，使经济恢复到充分就业均衡；在经济达到或接近充分就业以后，让市场机制更多地发挥资源配置的作用，让企业和个人的理性最大化行为充分获得张扬。也就是说，在非充分就业以前，让政府这只"看得见的手"发挥更多的作用；在达到充分就业以后，让市场机制这只"看不见的手"发挥更多的作用。

第二节　政府的经济职能

自由放任与国家干预两种观点反映了人们对政府经济职能的不同认识。那么，政府有没有必要干预经济呢？政府在经济活动中发挥什么作用呢？让我们首先来分析国家干预的必要性，再来斟酌政府的经济职能。

一　国家干预的必要性

国家干预包括两个层面的含义：一是政府通过经济政策调节宏观经济的运行，如凯恩斯的财政政策；另一层面是指对经济活动的管制，如春秋时期齐国的盐铁专卖、现代市场经济国家对垄断的管制等。国家干预是必要的吗？我们从以下三个方面来探讨。

1. 市场失灵

垄断造成了市场失灵。自由放任主张是建立在市场有效竞争基础上的。然而事实上我们知道自由竞争只是经济运行的特例，在大多数情况下，市场的竞争是不完全竞争，而不是完全竞争。不完全竞争的表现之一就是垄断的存在。由于垄断的存在，产品的价格高于它们的边际成本，消费者购买比在没有垄断条件下更少的这些产品，从而造成社会资源的低效率配置。在这种情况下，消除垄断就成为政府的职责。

外部性也会引起市场失灵。正如在第七章中所描述的那样，负的外部性产生的外部成本没有反映在产品成本之中，导致资源的低效率配置；正

---

① ［英］马克·布劳格：《凯恩斯以后的 100 位著名经济学家》，商务印书馆 2003 年版，第319 页。

的外部性产生的外部收益没有反映在产品收益之中，从而导致对像发明创造这样具有正外部性活动的投资不足，其结果同样是资源配置的低效率或无效率。

这里分析两个由外部性引起的政府干预的例子。比如经济学著作中经常讨论的灯塔和农业研究。灯塔的光亮有助于每个看到它的人。企业家不会为了盈利而建造它，因为要向每个使用者收费会引起很大的困难。这肯定是政府要做的一种事业。它符合林肯所提出的标准："政府应有的目标是：'做人民需要的、而人民靠个人的力量又根本不能做或做得不那么好的事情'。"再考察政府从事的玉蜀黍的研究。没有一个处于竞争中的农民有力量来做这件事，而且他知道，即使他为此提供资金，他也无法保有研究成果所带来的金钱上的好处。虽然如此，对于农民、对于社会而言，研究农业所发现的任何改善之处却具有很大的益处。由于这些考虑，由于应用知识的明显的外部性质，没有任何谨慎的私有厂商会把它珍贵的金钱都投资在使整个集体得到最大利益的事业上。因此，政府在这一方面的研究工作，不论是在自己的实验室中进行还是委托给私人的或大学的研究机构，很可能是代议民主制度的应有的行动。①

尽管人们对于政府的许多法令有争议，但是谁也不会否认政府干预的必要性。尤其是在经济全球化的今天，政府在解决负外部性方面正发挥着越来越重要的作用。特别是有些环境问题需要国际间的对话与合作，而在这方面政府扮演着重要角色、发挥着关键作用。

2. 收入分配的不平等

不完全竞争和外部性的存在，导致市场失灵，使社会资源配置无效率或低效率。如果效率因素暂且不论，理想的完全竞争对于收入分配意味着什么呢？萨缪尔森认为自由竞争并不导致分配的平等。首先，物品流进选票或货币最多的地方。市场机制把物品交给出价最高的人，交给具有最多的货币选票的人。典型的例子是在 1845—1849 年的爱尔兰，当一种菌类物毁灭了马铃薯庄稼后，自由放任的维多利亚女王政府听任数百万爱尔兰的儿童、妇女和男人在大饥荒中饿死。"自由放任或竞争的市场体系不一

---

① ［美］萨缪尔森：《经济学》（第10版）上册，商务印书馆1979年版，第226页。

定就意味着把钱分配给那些被宗教的或道德的观察家认为最值得、最应受到或最需要的人们。在一个竞争的经济中，收入和消费的分配是随意的，这种随意性反映了起初的要素禀赋以及不同程度的歧视。自由放任的完全竞争可导致巨大的不平等；导致营养不良的儿童，而这些儿童长大以后再生出营养不良的下一代；还导致反映收入与财富巨大不平等的洛伦茨曲线在几代人中或永远地存在。"① 如何消除收入分配不平等带来的这些不良后果？人们寄希望于国家干预。

3. 有意义的需要

人们在市场上的需求有时并不反映每个人的真正福利。首先，由于厂商在广告上花费许多钱来引导消费者的需求。消费者在广告宣传的影响下，去买企业想要卖给我们的东西。消费者的需求→公司的价格和生产，这一顺序往往被颠倒为，公司的广告→消费者的需求→高价格和利润。其次，消费者的购买行为并不总是反映他们真正的、有意义的需要。如一个小孩儿对第四个冰淇淋蛋卷的要求，一个糖尿病患者对于甜食的苛求。一般情况下，心理健全的成年人自由做出的决定被认为最符合于他的要求、他的需要和他的意图。"但是认为每一个心理健全的成年人的意志都当作为至高无上，那就是不现实的了。"作为人类，意识到我们不是完美无缺的，在这种后弗洛伊德的世界中，明白我们的冲动有时会使我们误入歧途，为了美好的事业，我们应该小心地、民主地对我们的行为加以限制。② "因此，在加拿大，儿童的补助只发给母亲，而不给父亲，为的是多买些牛乳，而不是买啤酒。同样的理由也可以说明，为什么我们给有困难的人减费医疗或免费医疗，而不给他们现金，让他们可以随意用于医疗手术或用来买电视机。"③ 为了提倡有意义的需要，政府在一定程度上扮演父亲或母亲的角色，对人民的需要进行干预，譬如征收烟草税，禁止危险药品，补助保健事业和老年退休。

综上所述，当完全竞争不存在时，当经济活动的影响溢出于市场之外

---

① ［美］保罗·A. 萨缪尔森、威廉·D. 诺德豪斯：《经济学》（第 12 版）下，中国发展出版社 1992 年版，第 1138 页。

② 同上书，第 1139 页。

③ ［美］萨缪尔森：《经济学》（第 10 版）上册，商务印书馆 1979 年版，第 224 页。

时，当收入按照政治上无法接受的方式进行分配时，当人们的需求没有反映他们真正的需要时，只要其中的任何一个条件出现，那么经济就不能达到最优状态。此时，政府的有限度的干预将会改善这种状态。

二　政府的经济作用

通过对国家干预必要性的分析，使我们看到了政府的经济作用。不论是何种经济制度，计划经济、市场经济还是混合经济，政府在促进效率、平等和维护经济稳定方面具有重要作用。① 政府通过矫正垄断一类的市场失灵以提高市场效率。政府使用诸如收入再分配等工具来反映社会对穷人和残疾人的关心，促进社会平等。政府的稳定化政策试图削平经济周期的高峰和低谷，以减少失业和通货膨胀，促进经济增长。下面分而述之。

1. 效率

实际经济中有时会出现市场失灵。在竞争制度中，许多生产者根本不知道最经济的生产技术，成本不会降到最低点。在实际市场中，一个企业通过维持高价获得的利润可以和通过保持高的生产量的获利一样多。在其他地区，会对其他企业和消费者造成大量的溢出现象，像有害的污染或有价值的知识。在所有这些情况下，市场失灵都会导致生产或消费的无效率，从而存在着政府治疗这些疾病的可能。

完全竞争的市场指的是企业的数目以及竞争的程度足够大，以至于没有一个企业能够影响物品的价格。我们知道，实际的市场情况是不完全竞争，竞争成分和垄断成分并存。当垄断权力即大企业影响一定市场上的价格的能力在经济上达到严重程度时，我们便看到价格会高出有效率水平，需求和生产结构受到扭曲以及超过正常水平的利润。这些利润可以转而用于不真实的广告宣传或其他用途，以维持其垄断地位。政府并不容忍垄断权力的行使。政府一般通过制定反垄断的经济政策和措施来消除垄断造成的无效率。

---

① ［美］保罗·A. 萨缪尔森、威廉·D. 诺德豪斯：《经济学》（第 12 版）上，中国发展出版社 1992 年版，第 79 页。

市场机制导致缺乏效率的第二种表现是外部性。当企业或人们向其他人施加损害或利益，而又不向这些人支付应有的补偿或收取应得的报酬时，就出现了外部效应。由于我们的社会的人口越来越稠密，由于企业的生产日益牵涉到有毒物质的生产工艺，负外部效应已经从微小的麻烦发展成为巨大的威胁。因此，政府转向对经济行为的调节，以此来控制由于大气和水源的污染、露天开采、危险废弃物、不安全的药物和食品以及放射性物质所产生的负的外部效应。同时，由于正的外部效应的存在，维持国防、维持国内的法治和秩序、修建公路、支持纯科学和公众健康，这些公共物品无法由私人企业提供，因为这些物品的好处在居民中间分散得太广，以至没有一个企业或消费者具有提供它们的积极性。所以，由于公共物品的提供量普遍不足，政府必须插手提供公共物品。在购买公共物品例如国防或灯塔时，政府通过向某些方面投入足够的货币，使资源流向那些方面，从而使公共物品得以生产出来，满足公众需要。总之，政府通过干预市场，增进其效率。

2. 平等

自由市场制度的另一缺陷是会产生极大的不平等。由于竞争决定收入，货币选票总是流向出价最高的人，这就造成了富人的宠物狗可以喝牛乳，而穷人的孩子却食不果腹。这种结果在道德上和政治上是不能接受的。"社会没有必要把市场竞争的结果——能生存的人才能生存——当做神圣的权利或世俗的正义而接受下来。看不见的手可以引导我们到达生产可能性边缘的外围极限，但是，它并不一定是以可接受的方式来分配那些产品的。当一个民主社会不喜欢自由放任的市场机制下用对货币选票进行的分配时，它可以通过再分配政策采取措施来改变其结果。"① 政府通过税收制度来调节收入分配的不平等，缩小贫富差距。对于那些低收入或无收入的贫困家庭，通过建立转移支付制度，如失业保险、养老保险等来保护不幸者免于经济灾难。另外，政府还对于那些生活有困难的家庭提供补贴，如食品、低价住房、医疗补贴等。

---

① ［美］保罗·A. 萨缪尔森、威廉·D. 诺德豪斯：《经济学》（第 12 版）上，中国发展出版社 1992 年版，第 84 页。

3. 稳定

除了增进效率和平等的作用以外，政府还有增加经济稳定的宏观作用。20 世纪以来的几次经济周期波动，使许多国家遭受通货膨胀和高失业率的经济危机。凯恩斯及其追随者的贡献使我们看到了政府财政政策和货币政策在稳定经济中的巨大作用。政府通过财政政策来调节收入和支出，通过货币政策来调节通货和银行体制。通过这两种关键的宏观经济政策的工具，政府可以影响经济的产量、就业和价格的走向。

三　政府的经济职能

政府在维护效率、平等、稳定方面的作用是如何实现的呢？这就涉及政府的经济职能。政府通过建立法律体制、制定宏观经济政策、影响资源配置、建立影响收入分配的方案等经济职能，实现效率、平等和稳定的社会经济目标。

法律体制的问题超出了经济学的范围，但是法律体制的完善对于经济行为有着深刻的影响。为什么有些国家的居民比较富裕而有些国家的居民却很贫穷？"大量的研究开始解密这个经济增长之谜。这些研究不断重复着这样一个结论，即一个社会的基础性的政治和法律制度对经济增长才是至关重要的。其中政治稳定、保护私有产权以及以法治为基础的法律制度等是最重要的。这些制度激励人们进行长期投资以改良土地以及各种形式的物质资本和人力资本。这些投资增加了资本存量，进而为未来提供了更长期的增长能力，长期增长的积累效应最终为人们提供了更高的生活标准。"[①]

现代政府一般试图减缓经济周期的波动，防止持久的失业和通货膨胀，宏观经济稳定所采取的措施就是货币政策和财政政策。中央银行是被赋予发行货币和控制银行储备权力的银行家的政府银行，中央银行为实现高就业、生产增长以及价格稳定而运用货币和信用政策。财政政策的运用则是通过公共支出和税收的改变，对失业、总生产、收入以及价格水平发

---

① ［美］罗杰·勒罗伊·米勒、丹尼尔·K. 本杰明、道格拉斯·C. 诺斯：《公共问题经济学》，中国人民大学出版社 2013 年版，第 29 页。

生影响。

　　资源配置属于政府经济政策的微观方面。政府通过资源的配置以提高经济效率。由于存在着市场失灵，导致了对政府行动的迫切需要。在完全竞争被破坏的领域，政府需要使用反垄断政策或管制；在存在外部性的地方，如太多的空气污染和太少的智力投资，政府就要对污染企业的排出物实施管制或对基础科学提供资助；在那些由于歧视的存在造成就业障碍的地方，政府会制定就业方面的政策法律来打破这种障碍。

　　在一个实现了充分的自由竞争的市场中，它是有效率的，但是它对公平或平等却是盲目的。社会和政府关心的是：儿童不应该由于他们父母的经济景况而挨饿，穷人不应该由于没有足够的钱用于必要的医疗保健而过早死亡，老年人应该得到一定的最低收入以使他们能够度过晚年。因此，如何实现收入分配的平等，政府对收入的再分配是一条有效的途径。通过税收、转移支付和补贴，可以有效地维护社会平等、改善人民经济状况。

第三节　政府、企业与管制

　　政府在履行经济职能的过程中，不可避免地要对企业产生这样或那样的影响。而且正是这种日益增长的影响，使政府成为一个重要的利益相关者而不容忽视。那么如何认识企业与政府的关系，政府对于企业会产生哪些影响呢？在二者的关系中，企业负有什么责任呢？这是本节将要探讨的问题。

一　企业与政府关系的模式

　　企业与政府关系受到经济体制的影响。企业与政府的关系在不同的经济体制下是有差异的。经济体制从理论上可划分为市场经济体制和计划经济体制。这两种经济体制各有利弊，如表 8 - 2 所示。计划经济体制有利于：（1）人力资源的使用，中央计划提供了高就业和工作保障。（2）大规模的生产，通过规模经济性是可以实现的。（3）公共服务和基础服务能被有效地提供。计划经济的弊端在于：隐藏的失业、选择的缺乏、很少的激励、集权控制导致的低效的官僚主义。市场经济体制有利于：（1）选择的自由。人们能按他们的选择来花钱，这样一来他们就让供应者知道什么是被需求的；他们据此建立自己的企业并挑选工人。（2）效率。自由市场迅速对人们的需要做出反应。资源切换到有利可图的边界。它鼓励生产产品和服务的更新更好的技术的发展。它是富有活力的。（3）竞争。这导致了为满足顾客需求的多种多样的广泛的产品和服务。（4）激励。为了获得机遇带来的好处人们被激励努力工作，因为他们能获得财产和富裕。市场经济体制的弊端在于：（1）利润动机。在自由市场体制中，利润动机对于生产者、所有者、股东和管理者是头等重要的，结果是他们趋向于忽视社会成本，如污染，尽管有迹象表明企业正在做出改变。（2）不平等的财富分配。由于权力趋向于陪伴财富，巨大的贫富差距刻画了资本主义经济的特征。存在着对分配公平的抗拒力，尽管这不是自由市场经济独有的，也是计划经济和第三世界发展中经济的特征。（3）失业和低工资。对于劳动力而言得到一个自由市场是困难的。在高失业和非熟练劳动力充足的条件下，雇主在这个特殊的劳动力市场上拥有优势。不仅如此，还由于对熟练劳动力的需求现在稀缺，以至于可以要求高工资。因为资本比劳动力更具有流动性，如果工人表现出不同意的话，投资计划能够切换。

总的来说，大多数经济学家认为市场体制总体上要优于计划体制。经济体制与各个国家的文化传统、习俗相结合之后，形成了四种不同模式的企业与政府关系：自由放任模式、社会市场模式、亚洲模式、国家控制或转型经济模式。①

表 8-2　　　　　　　计划经济体制与市场经济体制比较

	利	弊
计划经济体制	人力资源的使用，中央计划提供了高就业和工作保障 大规模的生产，通过规模经济性是可以实现的 公共服务和基础服务能被有效地提供	隐藏的失业 选择的缺乏 很少的激励 集权控制导致的低效的官僚主义

①　David Needle, *Business in Context*：*An introduction to business and its environment*，London：Thomson Learning，2004，pp. 80—88.

续表

	利	弊
市场经济体制	选择的自由。人们能按他们的选择来花钱，这样一来他们就让供应者知道什么是被需求的；他们据此建立自己的企业并挑选工人。 效率。自由市场迅速对人们的需要做出反应。资源切换到有利可图的边界。它鼓励生产产品和服务的更新更好的技术的发展。它是富有活力的。 竞争。这导致了为满足顾客需求的多种多样的广泛的产品和服务。 激励。为了获得机遇带来的好处人们被激励努力工作，因为他们能获得财产和富裕。	利润动机。在自由市场体制中，利润动机对于生产者、所有者、股东和管理者是头等重要的，结果是他们趋向于忽视社会成本，如污染，尽管有迹象表明企业正在做出改变。 不平等的财富分配。由于权力趋向于陪伴财富，巨大的贫富差距刻画了资本主义经济的特征。存在着对分配公平的抗拒力，尽管这不是自由市场经济独有的，也是计划经济和第三世界发展中经济的特征。 失业和低工资。对于劳动力而言得到一个自由市场是困难的。在高失业和非熟练劳动力充足的条件下，雇主在这个特殊的劳动力市场上拥有优势。不仅如此，还由于对熟练劳动力的需求现在稀缺，以至于可以要求高工资。因为资本比劳动力更具有流动性，如果工人表现出不同意的话，投资计划能够切换。

资料来源：Francis P. McHugh, *Ethics*, London：Macmillan Education Ltd. 1991, pp. 14—16。

1. 自由放任模式

自由放任模式的代表国家是英国和美国。其主要特征有：市场是竞争性的，公司文化的信念是鼓励个人作为企业家参与市场竞争；私有财产权利观念很重要，鼓励个人拥有商品、资本和劳动力，在社会中个人主义被认为是具有核心价值的；在管理中，股东被认为是最重要的利益相关者，因此经理工作的一个重要部分是为股东带来利润和红利；在企业所有者当中，机构股东如银行、保险公司、抚恤基金和投资公司发挥着重要作用；这个制度的典型表现是合并和收购，由于股份控制影响所有者的快速变更，其中许多是敌意性的，作为结果在英国支付给股东的股利经常高于其他地方；经理由于能保持股价和利润而赢得奖励，这其中包括一部分股票，在英国，由于奖励制度趋向于复制美国，资深经理获得了可观的支付报酬奖励；工会是可接受的但他们的影响力常受到法律规制；在经济衰退期，成本包括劳动力成本被削减至保持利润水平。

2. 社会市场模式

社会市场模式也叫德国模式。主要代表国家有德国、法国、荷兰和斯堪的纳维亚国家。社会市场模式的主要特征有：自由市场被看作重要的，但必须被仔细地观察，有时还需要政府管制；私有的和国有的并肩运行；存在一个由政府管制的、完全的、基金充足的社会福利系统；市场和单个厂商受法律和政府官僚管制；在管理中股东被认为是利益相关者之一，利益相关者也包括员工，作为结果，公司治理聚焦于对社会的责任而不是股东利益；总体上，股票市场是稳定的，有很少的合并与收购，而且是被法律管制的。

每个部门的重要公司被看作国家的拥护者并受政府保护；银行倾向于整合为系统并且与单个厂商和政府保持密切关系；管理中的再投资由于为股东带来高额红利而受欢迎。经理不像英、美那样得到很好奖励；工会在决策中扮演重要角色，而且有相当程度的员工参与。政府、企业和工会走到一起决定政策在德国认为是理想化的，这种制度被认为是社团主义；在经济衰退期，工作被削减但工会通常是完全参与这个过程。在大多数社会市场模式中，过去20年的变化引人关注。许多国家已经向放松管制和私有化市场迈进。

　　3. 亚洲模式

亚洲模式比较典型地表现在日本和四小龙。这种模式在亚洲不同国家会有显著差异。这种模式的要素如下：占统治的信念是自由市场，但伴随必要地强势的政府干预；管理实践和工作生活被儒家价值观所支配，包括纪律、努力工作、义务、和谐、坚韧以及重视节俭；政府按官僚途径运作，但企业管理制度则是注重实效的，被应用于铺平道路而不是阻碍进步；大多数政府缺乏社会福利制度，因此个人和他们的家庭很重视节俭；厂商和他们的供应链被看作一家；股票市场趋向稳定。甚至在竞争性的公司之间也有合作，以阻止被外国公司收购，因此合并一旦发生，主要的注意力在可尊敬的企业文化的和谐化；经理们倾向于追求长期战略和目标，总体上个人名誉经常建立在公司成功基础上；工会影响力微弱而且常常被管理层或政府管制。然而，他们在保护弱小员工方面被认为是重要的；在经济衰退中，每种努力都试图用来既保护员工也保护供应链，结果是，公司常常被不情愿地重组，经理和政府都被指责为对经济问题反应太慢。

4. 国家控制或转型经济模式

中央计划或国家控制经济，如前苏联和东欧社会主义国家，国家所有并控制生产财富。在这种经济模式下，所有经济部门的经营管理活动都是国家所有或控制。在中央计划体制下：控制商品和服务的供需；控制价格、工资和就业水平；控制消费者的消费方向。转型经济是指这样的经济：处于从中央计划或指令经济向市场经济变革的过程中。如中国在过去20年中的经济变革。

二　企业与政府关系的演变

"企业与政府是现代社会两大最有力量的公共机构，两者之间的关系从合作到竞争，从友好到对立。这种复杂而又动态变化的关系，对经济运行和国民生活的变化起着巨大的影响。因此，基本上来说，这是一种不稳定的关系，每一方都拥有特定的力量，一方对于另一方都是一种重要的需要。事实上，每一个现代工业化社会，都是一种混合经济的形态。在这种经济模式中，公共部门和私人部门以多种形式相互作用。"[①] 从企业的历史来看，企业与政府关系经历了三个不同的发展时期。

19 世纪上半期，政府与企业的关系松散，政府通过基础设施建设，影响企业的经营环境。基础设施是指能为企业的生产和分销活动提供便利的资产，包括运输、通信和融资。基础设施还包括基础研究，这些研究使企业能够发现更先进的生产技术。

在 19 世纪上半期，企业规模较小，而且缺乏正规的组织管理。当时没有职业经理人，企业所有者自己经营企业。技术的落后，使生产无法超越传统的本地市场的层次，加之交通基础设施的落后以及很难获得及时、准确的信息等原因，使企业在扩大投资以增加批量生产和分销能力时面临很大的风险。可以看出，由于缺乏现代化的基础设施，当时的经济活动受到了制约。

在这个时期，政府通过对基础设施投资，不断改善着企业的经营环

---

① ［美］默里·L. 韦登鲍姆：《全球市场中的企业与政府》（第 6 版），上海三联书店、上海人民出版社 2006 年版，第 5 页。

境。例如 1820—1838 年间，美国 18 个州政府共支付了 6000 万美元的
贷款用于运河的建设，4300 万美元用于铁路建设，以及 450 万美元用于
收费公路的建设。"在这段时间，最后也是很少为人所知的政府参与商
业基础设施建设的例子发生在 1844 年。当时，美国政府在华盛顿特区
主持了本初子午线大会。这个大会的成果是使全世界都采用了一套标准
的时间系统，包括我们现在所熟悉的 24 个标准时区，将本初子午线设
定在英格兰的格林尼治，以及国际日界线的采用。这个时间系统满足了
由运输和通信的发展引发的全球扩张而带来的交通、通信与签约等方面
的协调需求。当通信几乎瞬间可达，再远的路程也能够在几天时间内到
达，而不再需要花费几周或者几个月的周折时，共同的时间标准便成为
由其引致的商业规模扩张的必不可少的条件。"① 商业基础设施的建设使
企业可以有效地扩张市场、生产线和产量，为 19 世纪后半期的经济迅猛
增长创造了良好的条件。

19 世纪后半叶到 20 世纪初期，政府和企业的关系日趋密切，主要表
现在政府对企业的管制和对企业活动的参与。在美国，19 世纪后半叶，
科学技术的进步为工业发展插上了翅膀。因为新技术使得大规模标准化生
产成为可能，同时铁路系统的发展使得产成品可以安全可靠地运往全国各
地的市场。电报使大企业可以监督并控制分散在各地的供应商、代理商和
分销商。为了通过大规模生产和销售节约成本，许多企业进行了重组，采
取了横向一体化或纵向一体化的组织方式。在这个时期，一个新的职业经
理人阶层逐渐发展起来，并为企业制定关键决策。

"在这一时期，政府对企业运作环境的管制有所加强，包括公司法律
和治理、反垄断、伤残保险、工人安全保障以及因工死亡的家属的保险等
方面。管制的加强不仅影响了企业处理与竞争者和员工之间事宜的方式，
还影响到了企业的管理方式，因为政府要求管理者收集有关企业经营状况
的详细信息——而他们以前从未这么做过——这些信息对于职业经理人是
十分有用的。在 20 世纪前半叶，几乎所有的工业国家都普及了中学义务

---

① ［美］贝赞可、德雷诺夫等：《战略经济学》（第 4 版），中国人民大学出版社 2012 年版，
第 54 页。

教育，从而培养出了能够满足官僚化的大型企业的特殊需要的劳动力。"①
另一方面，在这一时期，通过持续的基础设施投资、不断的军事和船只建
造支出，政府成为了产业中重要的消费者和参与者。

　　20 世纪以来，企业的经营方式出现了重大变化。全球化给那些过去
一直习惯于与国内的竞争对手竞争的企业带来了机遇与挑战。计算机化的
生产过程使面向特定细分市场的小公司能够为顾客提供"量身定做"的产
品，并且享受以前只有具有规模经济的大企业才能享受的低成本。企业业
务的多样化，促成了大型的等级制组织结构的出现。然而，随着商业环境
和基础设施的进步，要求企业对环境和市场做出更为灵活迅速的反应，现
代企业的组织结构趋向于扁平化和小规模。这一时期，政府除了继续投资
于公共事业和研发之外，自 20 世纪 60 年代起，逐渐放松了对某些行业的
传统管制，同时，又加强了对另外一些行业的管制力度。如对航空运输、
铁路运输、长途电话、金融服务管制的解除和银行管制的减弱，同时，大
量有关安全生产、劳动歧视和环境保护的条例出台。

　　陈富良认为，60 年代以来，放松管制的原因可以从四个方面来分
析。② 一是自"二战"以后，多数西方国家实行了国有化政策，而国有企
业的效率和凯恩斯主义的过度政府干预招致了越来越多的批评；二是可竞
争市场理论的发展，使得自然垄断的管制政策发生了变化；三是 A—J 效
应（即在利润最大化的驱使下，受管制厂商有过度投资的倾向）与政府管
制失灵，及政府管制的巨大成本招致了强烈的反管制运动；四是由于技术
的发展，使得自然垄断的边界发生了变化，出现了产业间的替代竞争，使
传统的管制政策与手段失去了现实的必要性。

　　三　政府对企业的影响

　　我们将政府对企业的影响分为管制与非管制两个方面。政府管制，放
到下一个问题，单独讨论。这里先讨论政府广泛的非管制对企业的影响。

---

　　①　［美］贝赞可、德雷诺夫等：《战略经济学》（第 4 版），中国人民大学出版社 2012 年版，
第 54 页。

　　②　陈富良：《放松规制与强化规制——论转型经济中的政府规制改革》，生活·读书·新知
三联书店 2001 年版，第 79 页。

卡罗尔和巴克霍尔茨认为，政府对企业的影响可以通过购买产品和服务、转移支付、产业政策、政府贷款、税收、货币政策等非管制行为来实现。[①]

政府是许多产品和服务的消费者。政府预算中的一部分用于采购私人企业生产的产品和服务，产品采购的范围从高技术的核潜艇到极普通的打印纸，许多企业依赖政府合同以作为主要的收入来源。对于从事航空航天、电子、军械和造船业的企业而言，政府市场的重要性是显而易见的。

政府通过转移支付，来调节收入分配，建立社会保障、社会福利和医疗保健体系。"尽管转移支付的影响比政府采购的情况更为间接，但这种支出在很大程度上影响到获益者的消费数量，并最终影响到企业面对的消费市场的规模和结构。"[②]

产业政策是政府采取的任何阻止或推动经济结构变化的有选择性的措施。政府有选择地定位一些产业部门如高科技、农业、渔业、能源、交通、住宅、采矿等，以提供补贴的方式扶持这些产业的发展，从而影响在这些产业领域中发展的企业。

政府也像银行家那样，借钱给私人企业。政府贷款提供的项目对象，往往是那些预期的回报十分低，以至于私人市场不愿意投资的项目，如交通基础设施、农村住宅、农业贷款等。

税收优惠对于企业来说，是一个重要的影响因素。课税扣除、税收刺激、折旧政策和税收抵免都是政府使用的工具。"政府经常地使用它的税收权力为指导私人经营活动提供激励。政府运用税收激励这根胡萝卜，来培育有更多社会责任的企业部门。"[③]

政府的货币政策强有力地影响到利率、货币流动和信用、通货膨胀率，宏观经济层面的变动直接影响了企业的经营和生存。

此外，政府也常用道义上的劝说来影响企业。政府通常劝说企业站在公共利益的立场上采取或不采取某种行动。如呼吁企业控制价格上涨、消

---

① ［美］阿奇·B.卡罗尔、安·K.巴克霍尔茨：《企业与社会：伦理与利益相关者管理》（第5版），机械工业出版社2004年版，第207页。

② ［美］默里·L.韦登鲍姆：《全球市场中的企业与政府》（第6版），上海三联书店、上海人民出版社2006年版，第12页。

③ 同上书，第14页。

除工作场所的歧视等。

四 政府管制

管制，也称规制或监管，是指政府按照法规或法律对企业行为强行限制。政府管制的原因是对市场失灵采取纠正措施。政府管制的直接原因是反垄断和消除外部性，使市场恢复到有效率的状态。除此而外，政府管制是为了解决人们对生活质量的要求和保护个人权利，如安全的产品、清洁的空气、就业机会的平等和安全的工作场所等。因此，管制的类型相应的可以区分为经济管制和社会管制。

经济管制主要用于产业范围内，通过对经济或市场变量如价格、进入或退出市场、产品或服务种类等进行控制和影响，达到管制企业行为的目的。早期的经济管制主要是为了反垄断。19世纪以来，随着大企业出现，在美国垄断性的企业活动如标准石油托拉斯，严重损害了市场竞争。政府于1890年出台了《谢尔曼反托拉斯法案》。法案的基本条款包括两章，第1章规定：任何合同，如果是通过相互信任、共同密谋或其他形式的默契，达成对多个州之间或多国之间贸易或商业活动的限制，那么，依据此法案，可认为是非法的。第2章规定：任何垄断的个人，或企图垄断的个人，或同任何个人或许多人联合，图谋垄断几个州或几国的贸易及企业活动的任何一部分，均认为是行为不当而犯罪，并且将被宣布有罪而处以罚款。1911年，根据《谢尔曼反托拉斯法案》，高级法院以8比1的比数通过了对标准石油公司的判决，判定其垄断地位是一种对交易的过度限制，这违背了理性准则。按照判决的要求，公司在6个月内拆分成39个独立的公司。"谢尔曼法案应被认为是经济自由的大宪章，其目的在于维持自由竞争，使之成为贸易的原则。其基本思想是，竞争性企业之间不受限制的相互作用，将带来经济资源的最优配置，最低的商品价格，最高的商品质量，以及最大的经济进步。而与此同时，将为保持我们的民主政治及社会机构提供一个有利的环境。但是，即使允许怀疑其前提条件，由法案所设定的政策毫无疑问是竞争。"①

---

① [美]乔治·斯蒂纳、约翰·斯蒂纳：《企业、政府与社会》（第8版），华夏出版社2002年版，第353页。

　　传统的经济管制是以市场为目标的，随后出现的社会管制则以社会为目标，通过消除企业对人们的消极影响，旨在改善人们的生活和工作质量。社会管制的重点集中在消费者产品安全、平等就业机会、职业安全和健康、环境保护等与人们利益相关的领域。社会管制标志着政府在企业事务方面承担着新的、分量不断增加的角色。

　　毫无疑问，政府管制是有好处的。一方面，政府管制维护了公共利益：雇员们被更加公平地对待并有更为安全的工作环境；消费者可以购买到更加安全的产品并获得更多的关于商品的信息；社会中的各阶层的人们都可以呼吸到更新鲜的空气，并且有更清澈的河水和湖水供其游乐。另一方面，政府管制不仅给企业创造了更加公平的竞争环境，而且激励企业的创新。乔治·斯蒂纳和约翰·斯蒂纳认为："政府监管在某种程度上能为公司创新提供激励机制。"[1] 比如荷兰政府对花卉产业的管制，管制是为了减少由于使用杀虫剂、除草剂和化学肥料对土壤和地下水造成的危害而制定的。花卉产业不是设法把成本转嫁到消费者身上而是设法抵消成本。在技术先进的荷兰温室里，花卉是生长在水和岩石团中，而不是土壤里。结果既减少了虫害侵蚀的危险又减少了化学肥料和杀虫剂的需要量，用过的水也可以再循环使用。因为温室中季节的变换不明显，花的质量也得到了提高。

　　政府管制一直是企业与政府关系中引起最多争议的问题。"政府管制实际上影响到企业运行的方方面面。它影响到企业与各自行业的竞争对手进行竞争的条款和条件。它涉及企业决策的整个过程，从产品生产到包装、流通、市场营销和服务每个环节。大多数人认为一定程度的管制是必要的，能保证消费者和雇员得到公平的待遇，避免暴露在无正当理由的危险之下，并且能保证保护环境。然而，他们也认为政府管制的范围太广，成本太高，不可避免地造成文件繁多，程序复杂。"[2] 20 世纪 80 年代，英、美等西方国家都出现了放松管制的趋势。放松管制的领域主要有金

---

　　① ［美］乔治·斯蒂纳、约翰·斯蒂纳：《企业、政府与社会》（第 8 版），华夏出版社 2002 年版，第 342 页。

　　② ［美］阿奇·B. 卡罗尔、安·K. 巴克霍尔茨：《企业与社会：伦理与利益相关者管理》（第 5 版），机械工业出版社 2004 年版，第 207 页。

融、通信、航空、铁路、公路、电力等自然垄断行业。"不幸的是，经济放松管制所带来的损人利己的竞争迫使很多企业走捷径，这种方式使消费者的健康和安全受到威胁。这种情况在任何放松管制的行业中都发生了，在公路运输和航空业尤其明显。"① 所以，政府管制的范围应该有一个明确的界限，这个界限就是那些涉及公共利益和社会利益的领域，政府的管制是必要的。

五　企业的责任

从政府管制可以合乎逻辑的推导出企业有义务遵守法律。由于企业与政府具有不同的伦理信念系统，往往会导致二者的利益冲突。如表 8-3 所示，企业遵循的是个人主义伦理系统，政府遵循的是集体主义伦理系统。企业为了维护自身利益的最大化，也会经常采取手段去影响政府及其公共政策，使其朝着有利于自身的方向发展。但是无论如何，企业有义务接受管制，守法经营，这是企业与政府关系问题上，企业应尽的首要责任。

表 8-3　　　　　　　　企业和政府伦理系统的冲突

企业信念	政府信念
• 个人主义伦理 • 对自身利益的最大让步 • 使社会强加在个人身上的责任最小化（个人自由） • 强调个人不平等	• 集体主义伦理 • 个人目标和利益服从集体目标和利益 • 使个人承担的责任最大化，且不鼓励自身利益 • 强调个人平等

资料来源：［美］阿奇·B. 卡罗尔、安·K. 巴克霍尔茨：《企业与社会：伦理与利益相关者管理》（第 5 版），机械工业出版社 2004 年版，第 202 页。

企业守法经营，是各国政府对企业的基本要求。为了维护市场竞争秩序和保护公共利益，各国都制定了相应的法律法规，来管制企业的行为。美国政府对于企业管制的法律制度除了早期的反托拉斯法案之外，1962—1996 年间，陆续出台了《食品、药品和化妆品修正案》、《空气污染控制法案》、《工资平等法案》、《交通安全法案》、《煤矿安全修正案》、《就业年

---

① ［美］阿奇·B. 卡罗尔、安·K. 巴克霍尔茨：《企业与社会：伦理与利益相关者管理》（第 5 版），机械工业出版社 2004 年版，第 214 页。

龄歧视法案》、《职业安全和健康法案》、《消费品安全法案》、《噪音污染和控制法案》、《有毒物品控制法案》、《内幕交易制裁法案》、《净化空气法修正案》、《美国残疾人法案》等 69 种法案。英国对于企业的管制体系也相当完善，如表 8-4 所示政府规制的范围包括竞争行为、产业规制、社会规制和劳工管理等方面。我国近年来随着经济的高速增长，与企业相关的法律制度也不断出台并完善，如《反不正当竞争法》、《消费者权益保护法》、《产品质量法》等。2008 年 3 月以来，石家庄三鹿集团的奶粉导致婴儿肾结石事件陆续曝光，在其奶粉中发现化工原料三聚氰胺。随后，中国国家质检总局公布的对国内乳制品厂家的婴幼儿奶粉检验报告，包括伊利、蒙牛、光明等在内的 22 个厂家 69 批次产品中都检出三聚氰胺。三鹿事件后，政府加强了对食品药品企业的监管力度，与食品药品安全相关的法律、法规陆续出台。2008 年 10 月公布《乳品质量安全监督管理条例》，2009 年 2 月颁布了新的《食品安全法》，2009 年 7 月颁布《食品安全法实施条例》，2014 年 2 月颁布《医疗器械监督管理条例》。

表 8-4 政府管制的类型

Ⅰ. 竞争行为	
A. 公正部	B. 联邦贸易委员会

Ⅱ. 产业规制	
A. 公用事业	B. 通信
C. 交通运输	D. 金融和证券

Ⅲ. 社会规制	
A. 职业安全与健康	B. 平等就业机会
C. 广告和欺诈性活动	D. 产品安全
E. 物理环境	F. 食品和药品
G. 汽车安全与经济	

Ⅳ. 劳工管理规制	
A. 国家劳工关系局	B. 劳工管理服务署

资料来源：Rogene A. Buchholz, *Fundamental Concepts and Problems in Business Ethics*, 1989 by Prentice—Hall, Inc. , p. 119。

企业依法纳税，是对政府应尽的第二项重要责任。企业所得税是政府财政收入的重要来源之一。政府通过转移支付、补贴等形式将收入进行再分配，调节社会贫富差距，提供公共产品和服务，维护社会的平等与发展。税收具有强制性、无偿性和固定性的特点，企业应该站在"企业公民"的高度，依法纳税，支持社会福利事业的发展。同时我们也应看到，税制设计的合理性，对于企业尤其是中小企业具有重大影响。如美国在90年代初通过了一项奢侈品税，由于只有富人能买得起像游艇这类奢华东西，所以，对奢侈品征税看来是向富人征税的一种合理方式。而实际情况如何呢？"由于富有弹性的需求和缺乏弹性的供给，税收负担主要落在了供应者身上。这就是说，对游艇征税主要负担落在建造游艇的企业和工人身上，因为最后是他们的产品价格下降了。"① 1993 年，这个新增的奢侈品税最终被终止并对小船制造业造成了很大伤害。所以，企业有义务依法纳税，同时政府也要不断完善税制的设计，提高税制的合理性。

---

① ［美］曼昆：《经济学原理》上册，生活·读书·新知三联书店、北京大学出版社 1999 年版，第 130 页。

第九章 公司治理

20世纪90年代以来，公司治理引起了企业界、政府和国际组织的广泛关注，人们越来越认识到公司治理的重要性，它不仅关系到企业自身的发展，也关系到企业社会责任的履行。企业想要更有效地承担起社会责任，必须加强公司治理。本章首先探讨公司治理的基本结构、两种公司治理观及其对社会责任的影响。在此基础上，分析如何改善公司治理。

第一节 公司治理与企业社会责任

公司是现代企业的主要组织形式，公司的一个显著特征便是所有权和管理权的分离。为了解决两权分立产生的代理问题，公司治理应运而生。这在前面第二章已经有所涉及。这里探讨公司治理，主要是从它和企业社会责任的关系角度来分析。

一 公司治理及其作用

关于公司治理，诺贝尔经济学奖得主威廉姆森在1975年出版的《市场与等级结构》一书中给出了比较全面的定义："公司治理就是限制针对事后产生的准租金分配的各种约束方式的总和，包括所有权的配置、企业的资本结构、对管理者的激励机制、公司接管、董事会制度、来自机构投资者的压力、产品市场的竞争、劳动力市场的竞争、组织结构等。"[①]

---

① 李维安、陈小洪、袁庆宏编著：《中国公司治理：转型与完善之路》，机械工业出版社2013年版，第15页。

李维安认为，对于公司治理目标的认识不同，对公司治理概念的理解也就不同。从公司治理的产生与发展来看，可以从治理结构和利益相关者两个角度对公司治理进行广义和狭义的区分。"狭义的公司治理主要是股东对经营者的一种监督与制衡机制，即通过一种制度安排合理地配置所有者与经营者之间的权利与责任关系。广义的公司治理则不局限于股东对经营者的制衡，涉及广泛的利益相关者，它是通过一套包括正式的或非正式的、内部的或外部的制度或机制来协调公司与所有利益相关者之间的利益关系，以保证公司决策的科学化，从而最终维护公司各方面的利益。"①

在这里，我们对公司治理作广义的理解。公司治理是一整套规范公司行为的制度安排与制衡机制，它通过一整套正式或非正式的制度、机制来协调公司与股东、债权人、供应者、雇员、政府、社区等所有利益相关者之间的利益关系。

良好的公司治理首先有利于维护股东的利益。实践中的公司治理最初是为了保护股东权益而展开的。1991年，英国出现了马克斯韦尔通讯公司、国际商业信贷银行等财务丑闻，导致这些知名企业破产。在此背景下，英国财政部联合伦敦证券交易所和会计师协会，任命阿德里安·卡德伯里爵士成立了一个委员会，其主旨是"财务方面的公司治理"。1992年12月，委员会最终形成了一份改善公司治理的建议报告，核心内容是要求确保董事会的独立性，建立独立董事主导的内部审计等专门委员会。②良好的公司治理应该确保董事会的独立性，应该对董事会和管理层提供适当的激励，促使其追求符合公司和股东利益的长远目标，并有利于有效的监督。

其次，良好的公司治理有利于企业更好地承担社会责任。企业的社会责任主要地表现在对于利益相关者负责。从公司治理的实践来看，维护利益相关者的责任已发展成为公司治理的重要方面。《卡德伯里报告》发布两年之后，1994年11月，在南非一名叫作金的前高等法院法官兼企业律师所组建的委员会发布了《金的公司治理报告》。区别于卡德伯里的报告

---

① 李维安、陈小洪、袁庆宏编著：《中国公司治理：转型与完善之路》，机械工业出版社2013年版，第15页。

② ［美］安德鲁·吉耶尔：《企业的道德》，中国人民大学出版社2010年版，第98页。

对企业内部治理的关注，金的报告"加入了一个有关企业实践与企业行为的守则，该守则超越了企业自身的视野，把企业对更大范围内的社区影响考虑在内"。2002 年，他们又发布了第二份报告，也就是《金的报告 2》。该报告正式承认，"利益相关者模式"需要向前推进，为了反对传统的、单一的盈利底线，需要考虑一种"三重底线"的模式。三重底线模式承认企业活动有经济方面、环境方面以及社会方面。《金的报 2》中的部分内容如下："在 21 世纪的世界范围内，成功的公司治理需要企业采取一种包容的、非排外的方式。企业在制度上的行为必须是开放的，而且要更加注重在可持续发展与非财务方面的业绩。董事会必须使所有的行动或失职行为都接受公正、责任、义务与透明度等方面的检验。董事会不仅要对企业负责，同时还要担负起对特定的利益相关者的责任。企业既要遵从公司治理原则，又要在自由企业的市场经济中做出成绩。为此，企业必须有效地协调两者之间的关系。不过，这对于每个企业来说都是不尽相同的。"①

最后，良好的公司治理对于经济发展具有重要的作用。公司治理是提高经济效率、促进经济增长以及增强投资者信心的一个关键要素。"在单个公司和整个经济体中保持有效的公司治理体系，能够为市场经济有效运行提供必要的信心。作为其结果，资本成本将进一步降低，公司也被要求更加有效地利用资源，从而促进经济增长。"②

二 公司治理的组织结构

公司治理的组织结构遵循决策、执行、监督三权分立的框架，但在股东大会、董事会、监事会、管理层的具体设置和权利分配上却存在着差别。股东是公司的所有者。作为所有者，股东拥有公司的最终控制权。这种控制权主要表现在选举公司董事会的权力。一般而言，每个股东权利的大小是由其所持有的公司股票的数量多少决定的。由于大公司有成千上万个股东，这些股东就要选举一个董事会，以发挥对公司事务的决策权。另外还可以选举一个监事会，以监督管理层的日常经营活动。管理层由董事

---

① ［美］安德鲁·吉耶尔：《企业的道德》，中国人民大学出版社 2010 年版，第 98 页。
② 《经济合作与发展组织公司治理原则》。

会任命的个人组成，具体对公司的日常经营与管理负责。

1. 股东大会

从理论上讲，股东大会是公司的最高权力机构。我国《公司法》第三十七条规定，股东大会或股东会行使下列职权：（一）决定公司的经营方针和投资计划；（二）选举和更换非由职工代表担任的董事、监事，决定有关董事、监事的报酬事项；（三）审议批准董事会的报告；（四）审议批准监事会或者监事的报告；（五）审议批准公司的年度财务预算方案、决算方案；（六）审议批准公司的利润分配方案和弥补亏损方案；（七）对公司增加或者减少注册资本作出决议；（八）对发行公司债券作出决议；（九）对公司合并、分立、解散、清算或者变更公司形式作出决议；（十）修改公司章程；（十一）公司章程规定的其他职权。

在实际中，由于股东分散，而且相当一部分股东是只有少量股份的股东，其实施治理权的成本很高，因此，不可能将股东大会作为公司的常设机构，或经常就公司发展的重大事宜召开股东代表大会，以便作出有关决策。在这种情况下，股东大会就将其决策权委托给一部分大股东或有权威的人士来行使，这些人组成了董事会。股东大会与董事会之间的关系实际上是一种委托代理的关系。股东们将公司日常决策的权利委托给了由董事组成的董事会，而董事会则向股东承诺使公司健康经营并获得满意的利润。

2. 董事会

董事会是股东大会的常设机构。董事会的职权是由股东大会授予的。关于董事会人数、职权和作用，各国公司法均有较为明确的规定，如我国《公司法》第四十六条规定，董事会对股东会负责，行使下列职权：（一）召集股东会会议，并向股东会报告工作；（二）执行股东会的决议；（三）决定公司的经营计划和投资方案；（四）制订公司的年度财务预算方案、决算方案；（五）制订公司的利润分配方案和弥补亏损方案；（六）制订公司增加或者减少注册资本以及发行公司债券的方案；（七）制订公司合并、分立、解散或者变更公司形式的方案；（八）决定公司内部管理机构的设置；（九）决定聘任或者解聘公司经理及其报酬事项，并根据经理的提名决定聘任或者解聘公司副经理、财务负责人及其报酬事项；（十）制定公司的基本管理制度；（十一）公司章程规定的其他职权。

3. 经理

从理论上讲，董事会有权将部分经营管理权力转交给代理人代为执行。这个代理人就是公司政策执行机构的最高负责人。这个人一般被称为总经理或首席执行官，即 CEO。我国《公司法》第四十九条规定，经理由董事会决定聘任或者解聘。经理对董事会负责，行使下列职权：（一）主持公司的生产经营管理工作，组织实施董事会决议；（二）组织实施公司年度经营计划和投资方案；（三）拟订公司内部管理机构设置方案；（四）拟订公司的基本管理制度；（五）制定公司的具体规章；（六）提请聘任或者解聘公司副经理、财务负责人；（七）决定聘任或者解聘除应由董事会决定聘任或者解聘以外的负责管理人员；（八）董事会授予的其他职权。

在多数情况下，首席执行官是由董事长兼任的。即使不是由董事长兼任，担任此职的人也几乎必然是公司的执行董事并且是公司董事长的继承人。由于首席执行官是作为公司董事会的代理人而产生，授予他何种权利、多大的权利以及在何种情况下授予，是由各公司董事会决定的。首席执行官的设立，体现了公司经营权的进一步集中。

4. 监事会

我国《公司法》规定，监事会应当包括股东代表和适当比例的公司职工代表，其中职工代表的比例不得低于三分之一，具体比例由公司章程规定。监事会中的职工代表由公司职工通过职工代表大会、职工大会或者其他形式民主选举产生。监事会设主席一人，由全体监事过半数选举产生。监事会主席召集和主持监事会会议；监事会主席不能履行职务或者不履行职务的，由半数以上监事共同推举一名监事召集和主持监事会会议。董事、高级管理人员不得兼任监事。监事的任期每届为三年。监事任期届满，连选可以连任。第五十三条规定，监事会、不设监事会的公司的监事行使下列职权：（一）检查公司财务；（二）对董事、高级管理人员执行公司职务的行为进行监督，对违反法律、行政法规、公司章程或者股东会决议的董事、高级管理人员提出罢免的建议；（三）当董事、高级管理人员的行为损害公司的利益时，要求董事、高级管理人员予以纠正；（四）提议召开临时股东会会议，在董事会不履行本法规定的召集和主持股东会会议职责时召集和主持股东会会议；（五）向股东会会议提出提案；（六）依照本法第一百五十二条的规定，对董事、高级管理人员提起诉讼；（七）公司章程规定的其他职权。第五十四条规定，监事可以列席董事会会议，并对董事会决议事项提出质询或者建议。监事会、不设监事会的公司的监事发现公司经营情况异常，可以进行调查；必要时，可以聘请会计师事务所等协助其工作，费用由公司承担。

三 两种公司治理观及其对社会责任的影响

公司治理的基本目标是为了解决所有权与经营权分离产生的代理问题，即如何保证经理人的个人目标与股东利益最大化保持一致。所以，公司治理作为一种监督与制衡机制，规定了股东、董事会、监事会、管理层各自的权利、义务和职能。"随着现代工商业的发展，公司规模的不断扩大，股权结构的日趋分散、知识经济的兴起和人力资本重要性的提高，以高管层和关键技术人员为代表的人力资本已不再单纯依附于物质资本，而是要求共同分享生产要素协同创造的附加价值，这一趋势对传统的"股东主权"观点提出了挑战。"[①] 这一趋势使公司治理的目标由一元向多元发展，使公司治理的主体由过去以股东为主的单边治理，发展为包括债权人、雇员、顾客、供应商、政府和社区在内的广大利益相关者为主体的多边治理。

从社会责任角度来看，就存在两种不同的公司治理观。"一些组织认为只要实现了股东财富收益最大化，它们就履行了核心责任。然而，另一些企业认为，企业是社会的重要成员，甚至是公民，故而必须承担广泛的责任，包括遵守社会规范、满足社会预期。从这些假设我们可以得出公司治理的两大模型：股东模型和利益相关者模型。"[②]

公司治理的股东模型是依据传统经济信念建立的，旨在实现投资者和所有人的财富最大化。股东模型将公司治理的重点放在了发展完善正规的

---

① 李维安、陈小洪、袁庆宏编著：《中国公司治理：转型与完善之路》，机械工业出版社2013 年版，第 19 页。

② ［美］O.C. 费雷尔、约翰·弗雷德里希、琳达·费雷尔：《企业伦理学——伦理决策与案例》（第 8 版），中国人民大学出版社 2012 年版，第 37 页。

体系，以维持高管对公司股东的业绩责任。这种股东导向促使公司决策更大程度满足投资者利益。企业对于投资者的责任可以概括为两个方面：保护股东及其他出资人的投资，并使之得到合理的收益。此外，企业还要将其财务状况及时、准确地报告给投资者。

公司治理的利益相关者模型从更广阔的视野看待企业目的，尽管公司有责任取得经济上的成功并要有能力满足股东需求，但它也要向其他跟公司有互动关系的利益相关者负责，比如供应商、债权人、员工、政府监管人员、社区及特殊利益团体。公司治理的利益相关者模型认为，公司存在的目的不是单一地为股东提供回报，公司还应当承担社会责任，企业追求的不能仅仅限于最大化股东利益，而且也要考虑其社会价值方面。任何一个企业的发展都离不开各种利益相关者的投入或参与，公司治理要有助于维护和平衡利益相关各方的利益。

布莱尔等西方学者的观点为利益相关者模型提供了理论基础。布莱尔认为，利益相关者是在企业中进行了一定的专用性投资的人。① 按照布莱尔等学者对利益相关者的理解，员工对企业投入了人力资本，并且人力资本承担了比财产资本更大的风险。财产资产固然承担了企业的风险，但是相对于其他利益相关者来讲，他们有更多的"退出"的选择，换句话说，长期来看，股东可以不断地买进或卖出企业的股票以降低他们对企业承担的风险。而人力资本具有专用性，它是指工作中有些人具有某种专门技术、工作技巧或拥有某些特定信息。这些技术、技巧或信息在离开了企业之后就失去了它们的特定价值。从这个意义上来讲，股东所承担的企业风险就会小于如员工、债权人等利益相关者所承担的风险。所以，公司应该为所有利益相关者的利益服务，而不仅仅为股东的利益服务。

我国学者也认为："利益相关方都对企业的生存和发展注入了一定的专用性投资，他们或是分担了一定的企业经营风险，或是为企业的经营活动付出了代价，因此，企业管理者的任务在于使企业创造的总价值最大化，而不仅仅是最大化股东的投资回报；他们必须全面考虑企业的决策和行为对企业所有利益相关方的影响，在经营决策必须要考虑他们的利益，

---

① 陈宏辉、贾生华：《企业利益相关者三维分类的实证研究》，《经济研究》2004 年第 4 期。

并给予相应的报酬和补偿时，企业对利益相关方必须承担包括经济责任、法律责任、道德责任、慈善责任在内的多项社会责任。"①

第二节　改善公司治理

公司治理是影响企业健康发展的重要机制。完善的公司治理，不仅有助于维护包括股东在内的利益相关者的利益，而且有助于企业更好地履行社会责任，做一个优秀的企业公民。本节主要探讨公司治理模式、治理原则和改善途径。

一　公司治理模式

虽然公司治理的基本组织结构相同或相似，但在实践中，公司治理的模式却存在较大差异。从各国公司治理的现状来看，主要存在三种治理模式：英美模式、德日模式和家族模式。

1. 英美模式

英美公司的治理模式与其发达的资本市场有关，因此，又叫作市场控制模式。股东大会或股东会将决策权委托给董事会，董事会向股东大会或股东会承诺履行盈利责任。公司治理以经理为中心，普遍实施股票和股票期权激励计划。由于投资者的大量持股，使股权结构高度分散，机构投资者在外部治理中发挥着很大作用。英美公司治理模式有以下三个鲜明的特点：

其一，在董事会内部设立不同的委员会，以便协助董事会更好地进行决策。一般而言，英美公司的董事会大都附设执行委员会、提名委员会、薪酬委员会、审计委员会等。在这种情况下，董事会是股东大会的常设机构，而执行委员会又成为董事会的常设机构。此外，有的公司还设有一些辅助性委员会，如提名委员会，主要是负责董事提名和管理层继任计划的落实；薪酬委员会，主要是决定公司高级管理人员的薪酬问题和负责公司高级管理人员的年度业绩考核；审计委员会，主要是帮助董事会加强其对

---

① 徐盛华、林业霖编著：《现代企业管理学》，清华大学出版社 2011 年版，第 116 页。

有关法律和公司内部审计的了解，使董事会中的非执行董事把注意力转向财务控制和存在的问题，从而使财务管理真正起到一种机制的作用，增进董事会对财务报告和选择性会计原则的了解。

其二，将公司的董事分成内部董事和外部董事。内部董事是指公司现在的职员，以及过去曾经是公司的职员，现在仍与公司保持着重要的商业联系的人员。外部董事包括三种人：一是与本公司有着紧密的业务和私人联系的外部人员；二是本公司聘请的外部人员；三是其他公司的经理人员。外部董事有的是私人投资者，它通过在股票市场上购买公司股票而成为公司大股东，但他们往往对于公司的具体业务并不了解，大部分外部董事作为其他公司的代表进入公司董事会，而这些公司又常常是法人持股者。美国大多数公司的内部董事人数为三人，很少有超过五人的。外部董事在公司董事会中占多数，一般占到70%以上。外部董事占多数的董事会人员构成，提高了董事会的独立性，以确保董事会公正、透明地履行职能。

其三，英美公司中不设监事会，运用独立的外部审计制度进行监管。由公司聘请专门的会计事务所负责有关公司财务状况的年度审计报告。公司董事会内部虽然也设立审计委员会，但它只是起协助董事会或总公司监督子公司财务状况和投资状况等的作用。由于英美等国是股票市场非常发达的国家，股票交易又在很大程度上依赖于公司财务状况的真实披露，而公司自设的审计机构难免在信息发布的及时性和真实性方面有所偏差，所以，企业聘请独立的第三方会计事务所对公司经营状况进行独立审计并发布审计报告，以示公正。英美等国公司每年的财务报告书都附有会计事务所主管审计师签发的审计报告。政府的审计机构也在每年定期或不定期地对公司经营状况进行审计并对会计事务所的任职资格进行审查。这种独立审计制度既杜绝了公司的偷税漏税行为，又在很大程度上保证了公司财务状况信息的真实披露，有助于公司的守法经营。

2. 德日模式

德日模式的特点有两个：一是银行在德日两国公司治理中起主导作用，二是都有监事会。相对集中、稳定的法人股东相互持股是德日公司股权结构的基本特征。德日公司的股东监控机制常常通过可信赖的组织或人来监控公司经理人员以有效行使股东权力。

从历史上看，银行一直处于德国公司治理系统的中心位置。当银行投资的公司在股票市场上寻求融资或者不能偿债时，作为借款人的银行就成为主要股东。这些银行作为公司的股东和债权人，通过选举代表人进入监事会来监督和控制管理层。同德国一样，日本的银行在对大型上市公司的融资和监控中也发挥了重要的作用。由于"主银行"拥有公司最大比例的所有权和最多的债权，因而他们与公司高层管理者的关系最为紧密。主银行向公司提供财务咨询，并且对管理者进行密切监控。[①]

德国公司的监事会具有重要作用。其一是德国公司实行双层董事会，即执行董事会和监督董事会。依照法律，在股份公司中必须设立双层董事会。监督董事会是公司股东、职工利益的代表机构和监督机构，它是一个实实在在的股东行使控制与监督权力的机构。德国公司法规定，监督董事会的主要权责，一是任命和解聘执行董事，监督执行董事是否按公司章程经营；其二是对诸如超量贷款而引起公司资本增减等公司的重要经营事项作出决策；其三是审核公司的账簿，核对公司资产，并在必要时召集股东大会。德国公司监事会的成员一般要求有比较突出的专业特长和丰富的管理经验，监事会主席由监事会成员选举，须经 2/3 以上成员投赞成票而确定，监事会主席在表决时有两票决定权。这样，双层董事会无论从组织机构形式上，还是从授予的权力上，都保证了股东确实能发挥其应有的控制与监督职能。

二是德国实行职工参与决定制度，职工通过选派职工代表进入监事会参与公司决策。由于工人运动的发展，德国在历史上就形成了职工民主管理的传统。"二战"以后，随着所有权和管理权的分离，德国职工参与意识进一步兴起，德国颁布了一系列关于参与决定的法规。德国法律规定，拥有 1000 名以上职工的股份有限公司、有限责任公司，董事会中要求有一名劳工经理参加。监事会的人数定为 11 人，席位分配的过程是，劳资双方分别提出 4 名代表和 1 名"其他成员"，再加 1 名双方都能接受的

---

① [美] 迈克尔·A. 希特、R. 杜安·爱尔兰、罗伯特·E. 霍斯基森：《战略管理：概念与案例》（第 10 版），中国人民大学出版社 2012 年版，第 261、262 页。

"中立的"第三方。其中的"其他人员"规定为不允许与劳资双方有任何依赖关系，也不能来自那些与本企业有利害关系的企业。雇工 500 名以上的股份公司、合资合作公司，规定雇员代表在监事会中占 1/3，在监事会席位总数多于 1 个席位时，至少要有 1 名工人代表和 1 名职工代表。职工代表由工人委员会提出候选人名单，再由职工直接选举。这样职工通过选派职工代表进入监事会参与公司重大经营决策，即所谓"监事会参与决定"，使得企业决策比较公开，这有利于对公司经营的监督，同时还有利于公司的稳定和持续发展。

3. 家族治理模式

韩国和东南亚国家也形成了特殊的公司治理模式即家族治理模式。[①]在这种模式中，企业与家族合一，企业的所有权和经营权全部集中在家族成员手中。儒家文化氛围和伦理道德规范是形成家族治理模式的重要原因，并由此导致企业决策家长化、经营者受到来自家族利益和亲情的双重激励约束、员工管理家庭化的现象，同时企业的发展受政府制约、扶持和引导。其中，东南亚家族治理模式和韩国家族治理模式有所不同。东南亚公司采取金字塔形的控股公司形式控制下属系列企业，即以由家族控制的控股公司为核心，通过持有大部分股权控制下属公司，再通过下属公司控制更多的公司。韩国家族企业除了采用家庭式的管理方式激励家族外管理层和员工外，还采用爱国主义精神来激发员工和管理层的工作热情。

二　公司治理的问题与原则

由于各国的市场环境、法律制度、文化传统的差异，形成了不同的公司治理模式，这些治理模式中存在的问题也不尽相同，综合而言，存在一些具有共性的比较突出的问题。（1）管理层的高报酬问题。经理薪酬中，除了基本工资和奖金外，股票和股票期权的收入数目巨大，这使得经理人员的年收入总量处于非常高的水平，与员工报酬形成了巨大差距。经理薪酬在多大程度上与公司业绩相关联？一直是颇有争议的问题。例如 1994

---

① 李维安、陈小洪、袁庆宏编著：《中国公司治理：转型与完善之路》，机械工业出版社 2013 年版，第 21 页。

年英国天然气公司在解雇 25000 名工人的情况下将其首席执行官锡德里克·布朗的工资提高了 75％。在公司年度会议上，雇员和股东们将一头 350 磅重的标有锡德里克名字的猪赶上了主席台以抗议首席执行官的高额工资。① 又如 2009 年，陷入经营困境的保险业巨头美国国际集团，在收到政府 1700 亿美元紧急救助的情况下，仍然支付公司部分高管 2008 年奖金 1.65 亿美元。这一举动在许多监管人员和利益相关者看来显得狂妄而不可理喻。② （2）中小股东的权益保护也是一个普遍存在的问题。"实践表明，世界各国普遍存在大股东侵害小股东利益的行为，但不同国家的大股东对小股东的侵害程度并不相同，发达国家大股东的侵害程度要低于发展中国家。在股权结构高度集中的我国上市公司中，控股大股东通过滥用控制权或不正当关联交易大肆侵害中小股东利益的现象屡见不鲜。保护小股东的利益、恢复中小投资者的信心，合理安排股权结构，完善公司治理机制成为迫切需要解决的问题。"③ （3）公司治理受到利益相关者的关注。企业的利益相关者如机构投资者、员工，由于与企业共同承担经营风险和共享收益，在兼并收购浪潮迭起的冲击下，越来越关注公司治理。"正是由于市场的不完善纵容了公司的各种弊病，使所有的利益集团均感极为不满，因此他们才要求直接介入公司的治理问题，以免自己的合法权益被忽略或被人滥用。"④ 例如在美国，机构投资者养老基金、保险基金、共同基金等的股权比重越来越大，很大程度上改变了企业的股权结构。由于机构投资者的股票持有量远远大于个人投资者的持有量，所以他们对于公司的长期发展更为关注，极大地提高了其参与公司治理的主动性。

20 世纪 90 年代以来，各个国家和地区，包括一些国际性组织都提出要加强公司治理，并提出了相关的治理准则。英国在 1992 年率先推出《卡德伯里报告》，又于 1995 年推出《格林伯里报告》，1998 年推出《汉普尔报告》，形成了比较完善的治理准则。2002 年，"商业圆桌会议"颁

---

① ［美］弗雷德·R. 戴维：《战略管理》（第 6 版），经济科学出版社 1998 年版，第 259 页。

② ［美］O. C. 费雷尔、约翰·弗雷德里希、琳达·费雷尔：《企业伦理学——伦理决策与案例》（第 8 版），中国人民大学出版社 2012 年版，第 39 页。

③ 李维安、陈小洪、袁庆宏编著：《中国公司治理：转型与完善之路》，机械工业出版社 2013 年版，第 26 页。

④ ［美］奥利弗·E. 威廉姆森：《资本主义经济制度》，商务印书馆 2002 年版，第 415 页。

布了《公司治理原则》。2002 年中国证监会发布了《中国上市公司治理准则》。各国政府、民间组织和国际性组织颁布的公司治理准则超过了 90 种，其中最有影响的是 1999 年经济合作与发展组织颁布的《公司治理原则》，该原则于 2002 年经过重新审核并修订，该准则对于各国的公司治理实践起到了重要的推动作用。其内容包括六个方面。①

1. 确保有效公司治理框架的基础。公司治理框架应当促进透明和有效的市场，符合法治原则，并明确划分各类监督、监管和执行部门的职责。(1) 建立公司治理框架应该考虑到它对整体经济绩效的影响，市场的信誉度，由它而产生的对市场参与者的激励机制，以及对市场透明度和效率的促进。(2) 在一个法域内，影响公司治理实践的那些法律的和监管的要求应符合法治原则，并且是透明和可执行的。(3) 一个法域内各管理部门间责任的划分应该明确衔接，并保证公共利益得到妥善保护。(4) 监督、监管和执行部门应当拥有相关的权力、操守和资源，以专业、客观的方式行使职责，对它们的决定应给予及时、透明和全面的解释。

2. 股东权利与关键所有权功能。公司治理框架应该保护和促进股东权利的行使。(1) 股东基本权利包括：可靠的所有权登记办法；委托他人管理股份或向他人转让股份；定期及时地获得公司的实质性信息；参加股东大会并投票；选举和罢免董事会成员；分享公司利润。(2) 股东应有权参与涉及公司重大变化的决定并为此获得充分的信息，这些变化如公司规章、章程或类似治理文件的修改；授权增发股份；重大交易，包括实际上导致公司出售的全部或重大的资产转让。(3) 股东应获得有效参加股东大会和投票的机会，并得到股东大会议事规则的通知（包括投票程序）。(4) 使得特定股东获得与其股票所有权不成比例的控制权的资本结构和安排应当予以披露。(5) 应允许公司控制权市场以有效和透明的方式运行。(6) 应为包括机构投资者在内的所有股东行使所有权创造有利条件。(7) 除了一些滥用权利的例外，包括机构投资者在内的股东相互之间就本《原则》中所界定的股东基本权利有关的事宜进行协商，应当允许。

3. 平等对待股东。公司治理框架应当确保所有股东（包括少数股东

① http://www.oecd.org/daf/ca/oecdprinciplesofcorporategovernance.htm.

和外国股东）受到平等对待。当其权利受到侵害时，所有股东应能够获得有效赔偿。（1）同类同级的所有股东都应享有同等待遇；（2）应禁止内部交易和滥用权力的自我交易；（3）应要求董事和主要执行人员向董事会披露，他们是否在任何直接影响公司的交易或事务中有直接、间接或代表第三方的实质性利益。

4. 利益相关者在公司治理中的作用。公司治理框架应承认利益相关者的各项经法律或共同协议而确立的权利，并鼓励公司与利益相关者之间在创造财富和工作岗位以及促进企业财务的持续稳健性等方面展开积极合作。（1）经法律或共同协议而确立的利益相关者的各项权利应该得到尊重。（2）在利益相关者的利益受法律保护的情况下，当其权利受到侵害时，应能够获得有效赔偿。（3）应允许开发那些有利于业绩提升的员工参与机制。（4）在利益相关者参与公司治理过程的情况下，他们应该有权定期及时地获得相关的、充分的、可靠的信息。（5）利益相关者（包括个人员工及其代表团体）应能向董事会自由地表达他们对于非法或不道德行为的关注，他们的各项权利不应由于他们的此种表达而受到影响。（6）公司治理框架应以有作用、有效率的破产制度框架和有效的债权人权利执行机制作为补充。

5. 信息披露与透明度。公司治理框架应确保及时准确地披露公司所有重要事务的信息，包括财务状况、绩效、所有权和公司的治理。（1）应披露的实质性信息至少包括：公司财务和经营成果；公司目标；主要股份的所有权和投票权；董事会成员和主要执行人员的薪酬政策；董事会成员其他信息，包括资格、选择过程、就任其他公司董事职务、是否被董事会认为是独立董事等；关联方交易；可预见风险因素；有关员工和其他利益相关者的重要问题；治理结构和政策，尤其是其执行所依据的任何公司治理规则或政策及程序的内容。（2）应根据会计、财务和非财务披露的高质量标准，准备并披露信息。（3）年度审计应由独立、称职、有资格的审计师操作，以向董事会和股东提供外部的客观保证，即财务报告基本描绘了公司所有重要业务的财务状况和绩效。（4）外部审计师应向股东负责，对公司负有在审计中发挥应有的职业审慎的义务。（5）信息传播渠道，应使用户平等、及时和低成本地获取有关信息。（6）作为公司治理框架的补充，应有一种有效措施，促使分析师、经纪人、评级机构和其他机构提出与投资者决策有关的分析或建议，并避免可能影响其分析或建议诚实性的利益冲突。

6. 董事会责任。公司治理框架应确保董事会对公司的战略指导和对管理层的有效监督，确保董事会对公司和股东的受托责任。（1）董事会成员应在全面了解情况的基础上，诚实、尽职、谨慎地开展工作，最大程度地维护公司和股东的利益。（2）当董事会决策可能对不同股东团体造成不同影响时，董事会应公平对待所有股东。（3）董事会在道德方面应遵循高标准，并考虑利益相关者的利益。（4）董事会职能。（5）董事会应能够在公司事务中做出客观独立的判断。（6）为了履行其职责，董事会成员应有渠道获取准确、相关、及时的信息。

三　改善公司治理的途径

公司治理涉及公司的管理层、董事会、股东和其他利益相关者之间的一整套关系。如何改善公司治理，使其更好地维护股东和其他利益相关者的利益、推动经济健康发展，这里从五个方面提出改善公司治理的途径。

1. 发挥董事会的作用

董事会在改善公司治理当中起着举足轻重的作用。如何发挥好董事会的作用？首先，董事会要维护其基本职责，即监督管理，保证公司能获得长期发展。经济合作与发展组织的公司治理原则指出，董事会应履行以下主要职能，包括：（1）审议和指导公司战略、主要行动计划、风险政策、年度预算和经营计划；设立绩效目标；监控计划实施和公司绩效；监督重要的资本支出、并购和剥离。（2）监控公司治理实践的有效性，并在必要时加以调整。（3）选择主要执行人员，确定其薪酬，监督其业绩，并在必要时予以撤换；对继任计划进行监督。（4）使主要执行人员和董事会成员的薪酬与公司和股东的长期利益相一致。（5）保证董事会提名和选举的程序正式、透明。（6）对管理层、董事会成员和股东之间的潜在利益冲突进行监控和管理，包括滥用公司资产和不当关联方交易。（7）确保包括独立审计在内的公司会计和财务报告系统诚实可靠；确保适当的控制体系到位，特别是风险管理体系、财务和运营控制体系以及对法律和有关标准的遵守体系。(8) 监督信息披露和对外交流的过程。

其次，维护利益相关者的利益。"当我们说公司是一个组织的时候，我们说的是，像任何一个机构，它是一个为了共同的目标将人们的努力集合起来的工具。这一共同的目标并不是公司所组织起来的个体目标的总和，它是共同的目标但并不是集合起来的目标。虽然我们在法律和政治实践中已经极大地抛弃了这一观念，但原有的粗浅的假设仍然停留在公司只是个体股东财产权利的综合的观念上，因此，比如一个公司的董事长会向股东汇报'他们的'公司状况。按照这一传统认识，公司是暂时的，只是由于法律上的规定而存在的；而在当今的社会，股东只是与公司具有特殊关系的几类人之一而已。公司是永恒的，而股东是暂时的。甚至可以毫不夸张地说，就社会和政治角度而言，公司是先验存在的，而股东只是它的衍生物，只存在于法律的假定中。"① 德鲁克认为公司是社会性的组织，而不仅仅是股东利益的维护者。所以，董事会不仅仅是股东的受托人，而且是公司有形和无形资产的受托人，其职责是确保在其控制经营下的公司资产的保值增值，并使资产收益在不同的利益相关者之间得到相对公平的分配。受托人不仅应考虑现有股东的利益，而且应考虑供应商、顾客、员工、社区等利益相关者的利益。

2. 厂商内部的公司治理机制

马克·赫斯切认为，厂商内部的公司控制机制作为有效的手段，有助于改善管理者和股东之间可能存在的利益背离情况。这包括垂直一体化和组织设计。② 垂直一体化是指厂商自己解决原材料、零部件、半成品等投入要素的供应。如果可以从在完全竞争市场中经营的供应商那里稳定地获得投入要素，那么自己生产这样的零部件就不具备吸引力，简单的市场采购的效率一般会更高。同样，如果生产中存在明显的规模经济性，从大规模专业化供应商那里获得投入要素的效果会更好。只有当投入要素的生产是厂商内部的核心专长，而且供应商不稳定或者供应商索取过高的加成时，高水平的垂直一体化才有意义。在此情况下，垂直一体化会带来生产

① ［美］彼得·德鲁克：《公司的概念》，机械工业出版社 2009 年版，第 17 页。
② ［美］马克·赫斯切：《管理经济学》(第 10 版)，机械工业出版社 2005 年版，第 367 页。

过程的更好协调，从而保护了厂商的有形和无形的投资。

　　另一种控制公司资源流动的有效方法是由各部门之间建立的内部市场来提供资源，从而更好地平衡各事业部产品和服务的供求条件。因此，激励性薪酬可能也是厂商内部最有效的公司治理机制。在很多情况下，正确地设计并实施一项恰当的激励工资计划成为能否有效公平地管理公司资源的最根本的决定因素。与厂商内部任何有效的公司治理机制一样，这种安排通过把决策职能与绩效评估和奖酬系统有效地结合在一起，必定会进一步削减交易成本。

　　3. 厂商外部的强制性公司治理机制

　　马克·赫斯切认为，政府制定的各种管制公司行为的法律和管制措施，是公司治理的强制机制。"刻意或无意地违反联邦政府的法律有可能对股东和其他剩余索取权持有人形成巨大的成本。追求非法的短期策略可表现为管理者的一种自我交易，他们力求获得个人的短期收益，同时规避监控。实际的或涉嫌违反联邦法律的行为有可能导致诸如调查支出、诉讼费用、罚款和没收以及厂商名誉资本受损等大量成本，所有这些成本都会明显地减少未来现金流和目前的市场价值。在此情况下，联邦政府的法律可被视为构成整个机构框架的一部分，这个框架构成了厂商内外的控制机制，形成一个有效的公司治理系统。由于'打一枪换一个地方'的短期管理者会积极地钻法律和道德漏洞，所以联邦政府法律的制定和实施可被视为一种外部监控手段，旨在保证管理人员的积极性、股东利益和广泛社会目标的协调一致。"[①]

　　4. 所有权结构是一种公司治理机制

　　马克·赫斯切认为，所有权结构也是一种公司治理机制。[②] 在财务经济学中，厂商的资本结构传统上一直由融资总量中来自产权投资者和借款人（债务）的资金比例来说明。现在，人们的兴趣从资本结构转向所有权结构，所有权结构是由多种重要来源来衡量的，包括内部产权、机构产权、广泛分散的外部产权、银行债务和广泛分散的外部债务，其中最受关

---

① ［美］马克·赫斯切：《管理经济学》（第 10 版），机械工业出版社 2005 年版，第 369 页。
② 同上书，第 370 页。

注的是内部产权融资比例。内部产权就是由厂商的 CEO、公司的内部人（包括高管人员和董事会成员）直接持有的股份。内部产权融资的另一个重要来源是员工，可能作为员工股票所有权计划（或 ESOP）的一部分。产权融资的余额来自于单方的外部大股东、共同基金、保险公司、退休基金和一般公众。

若内部人持有"大量的"股份，就可以预料到厂商目前的业绩中存在同样大量的自利成分。拥有大量所有者利益的管理人员会有明显的积极性以价值最大化的方式来经营企业。同样，当所有权集中于少数大规模并有影响力的机构股东，即机构产权时，管理人员通常也会积极谋求公司绩效的最大化。与此相反，如果直接持股的数量"不大"，产权所有权分散在大量的个人投资者手中，有时高管人员就不会因经营业绩不好而受到股东制裁的威胁。因而，所有权分散容易导致对管理者决策的监督和控制的疲软，所有权集中则能对管理者进行更积极有效的监督。

5. 员工治理活动

员工可以通过三种途径来影响公司治理：职工代表进入董事会，职工股票期权计划以及职工养老金持有计划。[①] 在美国公司中，工会代表进入董事会的做法还没有普遍推行。在德国的公司治理模式中，工会代表进入董事会是一种传统做法。我国的公司法也规定，董事会和监事会中应当有职工代表。对于有限责任公司，《公司法》第四十四条规定，两个以上的国有企业或者两个以上的其他国有投资主体投资设立的有限责任公司，其董事会成员中应当有公司职工代表；其他有限责任公司董事会成员中可以有公司职工代表。董事会中的职工代表由公司职工通过职工代表大会、职工大会或者其他形式民主选举产生。对于股份有限公司，第一百零八条规定，董事会成员中可以有公司职工代表。董事会中的职工代表由公司职工通过职工代表大会、职工大会或者其他形式民主选举产生。同时，我国《公司法》还规定，监事会应当包括股东代表和适当比例的公司职工代表，其中职工代表的比例不得低于三分之一，具体比例由公司章程规定。

---

① ［美］乔治·斯蒂纳、约翰·斯蒂纳：《企业、政府与社会》，华夏出版社 2002 年版，第745 页。

员工参与公司治理的另一种方式是职工股票期权计划。在美国，公司比较普遍地采取职工股票期权计划，即员工建立一个代表工人利益的信托基金，用来收购公司股票，以便配给职工个人。配给根据员工个人年报酬总量的一定比例来确定，一般不超过15％。信托基金把股票存入员工的个人账户，在员工退休或不再工作时发给他们。此外，员工从工人养老金计划中获得公司股票，并通过这些股票影响公司治理。比如在日常决议的投票中，要求公司将员工利益、公司长远利益等融入决策考虑范围。

安然事件之后，公司治理的发展趋势是更加注重包括员工在内的利益相关者的治理。在2001年发生的安然破产事件中，当员工手上的公司股票被冻结在养老金账户中时，安然公司的高级管理人员却在抛出他们自己的公司股票。几乎在一夜之间，大约680亿美元的市场价值消失无踪，数以千计的雇员丧失了工作和退休金。由于安达信未能揭露安然公司财务报表存在的严重错误与舞弊问题，以及出具了不具公信力的内部控制报告和严重失真的审计报告而备受各界指责，也不得不宣布破产。2002年7月，美国出台《萨班斯—奥克斯利法案》，法案的诸多条款明显是对安然事件的回应。例如，法案要求首席执行官和首席财务官共同署名确认公司的财务报表是真实的，没有误导性陈述；规定公司董事会的审计委员会必须包括在公司没有物质利益的独立成员；未经客户公司审计委员会的同意，禁止会计师事务所为同一客户同时提供审计与咨询服务；公司律师发现错误行为后必须向高管报告，如有必要，必须向董事会报告，如果高管和董事会未能响应，律师应停止代表公司；如果有人向权威机构揭发错误行为，应强制执行"告密者保护"；互惠基金的经理必须披露他们是如何投票选举股东代表的，告知投资者其股份是如何影响决策的；禁止两位高级审计师为同一公司账户工作5年以上，其他审计师不得超过7年，换句话说，会计师事务所对不同客户必须不时轮换审计师。[1] 总之，该法案加强了对企业及其管理人员的约束。同时，也加强了包括员工在内的非股东利益相关者在公司治理中的地位和作用。

① ［美］O.C.费雷尔、约翰·弗雷德里希、琳达·费雷尔：《企业伦理学——伦理决策与案例》（第8版），中国人民大学出版社2012年版，第95页。

参考文献

1. ［美］哈罗德·孔茨、海因茨·韦里克:《管理学》(第 10 版),经济科学出版社 1998 年版。

2. ［美］斯蒂芬·P. 罗宾斯:《管理学》(第 4 版),中国人民大学出版社 1997 年版。

3. ［美］彼德·F. 德鲁克:《管理——任务、责任、实践》,中国社会科学出版社 1987 年版。

4. ［美］菲利普·科特勒、南希·李:《企业的社会责任》,机械工业出版社 2011 年版。

5. ［美］阿奇·B. 卡罗尔、安·K. 巴克霍尔茨:《企业与社会:伦理与利益相关者管理》,机械工业出版社 2006 年版。

6. 杨洪兰主编:《现代实用管理学》,复旦大学出版社 1996 年版。

7. 徐盛华、林业霖编著:《现代企业管理学》,清华大学出版社 2011 年版。

8. 周三多、陈传明、鲁明泓编著:《管理学——原理与方法》,复旦大学出版社 2013 年版。

9. 周三多主编:《管理学》(第 2 版),高等教育出版社 2005 年版。

10. 环境与发展研究所主编:《企业社会责任在中国》,经济科学出版社 2004 年版。

11. ［美］保罗·A. 萨缪尔森、威廉·D. 诺德豪斯:《经济学》(第 17 版),人民邮电出版社 2004 年版。

12. ［英］塞缪尔·O. 艾杜乌、［德］沃尔特·利尔·菲欧主编:《全球企业社会责任实践》,经济管理出版社 2011 年版。

13. ［韩］申光龙编著：《企业社会责任报告管理》，清华大学出版社 2012 年版。

14. 李立清、李燕凌：《企业社会责任研究》，人民出版社 2005 年版。

15. ［英］马克·布劳格：《凯恩斯以后的 100 位著名经济学家》，商务印书馆 2003 年版。

16. ［美］罗纳德·哈里·科斯：《企业、市场与法律》，格致出版社、上海人民出版社 2009 年版。

17. 汤敏、茅于轼主编：《现代经济学前沿专题》（第一集），商务印书馆 1989 年版。

18. ［美］R. 科斯、A. 阿尔钦、D. 诺斯等：《财产权利与制度变迁——产权学派与新制度学派译文集》，上海三联书店、上海人民出版社 1994 年版。

19. 吴德庆、马月才、王宝林编著：《管理经济学》，中国人民大学出版社 2010 年第五版。

20. ［英］马歇尔：《经济学原理》上卷，商务印书馆 1964 年版。

21. ［美］保罗·A. 萨缪尔森、威廉·D. 诺德豪斯：《经济学》（第 12 版），中国发展出版社 1992 年版。

22. ［美］保罗·A. 萨缪尔森：《经济学》（第 10 版）上册，商务印书馆 1979 年版。

23. ［美］道格拉斯·C. 诺斯：《经济史上的结构和变革》，商务印书馆 1992 年版。

24. ［美］丹尼尔·A. 雷恩：《管理思想的演变》，中国社会科学出版社 1986 年版。

25. ［美］罗斯等：《公司理财》（原书第 6 版），北京机械工业出版社 2005 年版。

26. ［美］钱德勒：《看得见的手——美国企业的管理革命》，商务印书馆 1987 年版。

27. 贾生华、陈宏辉：《利益相关者的界定方法述评》，《外国经济与管理》 2002 年第 24 卷第 5 期。

28. ［英］亚当·斯密：《道德情操论》，商务印书馆 1997 年版。

29. 〔英〕亚当·斯密：《国民财富的性质和原因的研究》上卷，商务印书馆 1972 年版。

30. 乔洪武：《正谊谋利——近代西方经济伦理思想研究》，商务印书馆 2000 年版。

31. 〔英〕边沁：《道德与立法原理导论》，商务印书馆 2000 年版。

32. 〔美〕唐纳德·帕尔玛：《为什么做个好人很难？——伦理学导论》，上海社会科学院出版社 2010 年版。

33. 龚群：《现代伦理学》，中国人民大学出版社 2010 年版。

34. 苗力田、李毓章主编：《西方哲学史新编》，人民出版社 1990 年版。

35. 罗国杰主编：《伦理学》，人民出版社 1989 年版。

36. 何怀宏：《伦理学是什么？》，北京大学出版社 2002 年版。

37. 〔美〕阿拉斯戴尔·麦金太尔：《追寻美德——伦理理论研究》，译林出版社 2003 年版。

38. 王国乡：《自助权利的道德界限：从经济学视角求解伦理学难题》，世界图书出版公司 2011 年版。

39. 冯友兰：《中国哲学简史》，北京大学出版社 1985 年版。

40. 朱伯崑：《先秦伦理学概论》，北京大学出版社 1984 年版。

41. 〔美〕马斯洛：《动机与人格》，华夏出版社 1987 年版。

42. 〔美〕加里·阿姆斯特朗、菲利普·科特勒：《市场营销学》（第 7 版），中国人民大学出版社 2007 年版。

43. 王方华、周祖城编著：《营销伦理》，上海交通大学出版社 2005 年版。

44. 甘碧群主编：《市场营销学》，武汉大学出版社 2002 年版。

45. 〔美〕墨菲等：《市场伦理学》，北京大学出版社 2009 年版。

46. 邬适融主编：《现代企业管理——理念、方法、技术》，清华大学出版社 2008 年版。

47. 〔美〕曼纽尔·G. 贝拉斯克斯：《商业伦理：概念与案例》（第 7 版），中国人民大学出版社 2013 年版。

48. 〔美〕P. 普拉利：《商业伦理》，中信出版社 1999 年版。

49. 〔美〕理查德·T. 德·乔治：《经济伦理学》，北京大学出版社 2002 年版。

50. 〔美〕罗杰·勒罗伊·米勒、丹尼尔·K. 本杰明、道格拉斯·C. 诺斯:《公共问题经济学》,中国人民大学出版社 2013 年版。

51. 厉以宁:《经济学的伦理问题》,生活·读书·新知三联书店 1995 年版。

52. 周中之、高惠珠:《经济伦理学》,华东师范大学出版社 2002 年版。

53. 〔美〕C.A. 摩尔根:《劳动经济学》,工人出版社 1984 年版。

54. 〔英〕克拉潘:《现代英国经济史》上卷,商务印书馆 1964 年版。

55. 〔英〕林德尔·厄威克编:《管理备要》,中国社会科学出版社 1994 年版。

56. 〔美〕加里·德斯勒:《人力资源管理》,中国人民大学出版社 2005 年版。

57. 〔美〕R. 韦恩·蒙迪、朱迪 B. 蒙迪:《人力资源管理》,机械工业出版社 2011 年版。

58. 林忠、金延平主编:《人力资源管理》,东北财经大学出版社 2012 年版。

59. 〔美〕乔治·斯蒂纳、约翰·斯蒂纳:《企业、政府与社会》（第 8 版),华夏出版社 2002 年版。

60. 〔英〕诺曼·E. 鲍伊、帕特里夏·H. 沃哈尼:《伦理学》,经济管理出版社 2009 年版。

61. 〔德〕马克斯·韦伯:《新教伦理与资本主义精神》,陕西师范大学出版社 2002 年版。

62. 吴增基、吴鹏森、苏振芳主编:《现代社会学》（第 3 版),上海人民出版社 2005 年版。

63. 朱力、肖萍、翟进:《社会学原理》,社会科学文献出版社 2003 年版。

64. 易益典、周拱熹:《社会学教程》,上海人民出版社 2001 年版。

65. 王思斌主编:《社会学教程》（第 2 版),北京大学出版社 2003 年版。

66. 〔美〕拉瑞·托恩·霍斯默:《管理伦理学》,中国人民大学出版社 2005 年版。

67. 谭崇台主编:《发展经济学的新发展》,武汉大学出版社 1999 年版。

68. 燕晓飞编著:《发展经济学概论》,经济科学出版社 2004 年版。

69. 郁义鸿、高汝熹编著：《管理经济学》，东方出版中心 1999 年版。

70. 吴国胜：《科学的历程》，北京大学出版社 2002 年版。

71. 梁小民：《黑板上的经济学》，中国社会科学出版社 2003 年版。

72. ［英］E. F. 舒马赫：《小的是美好的》，商务印书馆 1984 年版。

73. ［美］保罗·A. 萨缪尔森：《经济学》（第 10 版）下册，商务印书馆 1982 年版。

74. 梁小民：《微观经济学纵横谈》，生活·读书·新知三联书店 2000 年版。

75. 高鸿业主编：《西方经济学（微观部分）》，中国人民大学出版社 2004 年版。

76. ［美］罗伯特·S. 平狄克、丹尼尔·L. 鲁宾费尔德：《微观经济学》（第 7 版），中国人民大学出版社 2009 年版。

77. 温国才、朱卫平、陈雪梅、尹福生编著：《现代西方经济学原理》，暨南大学出版社 1994 年版。

78. 左玉辉主编：《环境社会学》，高等教育出版社 2003 年版。

79. 李培超：《自然的伦理尊严》，江西人民出版社 2001 年版。

80. 王志乐主编：《软竞争力：跨国公司的公司责任理念》，中国经济出版社 2005 年版。

81. 张鸿翼：《儒家经济伦理及其时代命运》，北京大学出版社 2010 年版。

82. 唐庆增：《中国经济思想史》，商务印书馆 2010 年版。

83. 鲁友章、李宗正主编：《经济学说史》，人民出版社 1979 年版。

84. 高鸿业、刘凤良主编：《20 世纪西方经济学的发展》，商务印书馆 2004 年版。

85. ［英］凯恩斯：《就业、利息和货币通论》，商务印书馆 1983 年版。

86. ［美］米尔顿·弗里德曼：《资本主义与自由》，商务印书馆 1986 年版。

87. ［美］默里·L. 韦登鲍姆：《全球市场中的企业与政府》（第 6 版），上海三联书店、上海人民出版社 2006 年版。

88. ［美］贝赞可、德雷诺夫等：《战略经济学》（第 4 版），中国人民大学出版社 2012 年版。

89. 陈富良：《放松规制与强化规制——论转型经济中的政府规制改革》，生活·读书·新知三联书店2001年版。

90. 王雅莉、毕乐强编著：《公共规制经济学》（第2版），清华大学出版社2005年版。

91. ［美］曼昆：《经济学原理》上册，生活·读书·新知三联书店、北京大学出版社1999年版。

92. 洪名勇编著：《制度经济学》，中国经济出版社2012年版。

93. ［德］柯武刚、史漫飞：《制度经济学：社会秩序与公共政策》，商务印书馆2000年版。

94. ［英］琼·罗宾逊、约翰·伊特韦尔：《现代经济学导论》，商务印书馆1982年版。

95. ［英］A.C.庇古：《福利经济学》，商务印书馆2006年版。

96. 余永定、张宇燕、郑秉文主编：《西方经济学》（第3版），经济科学出版社2002年版。

97. 张维迎：《产权、政府与信誉》，生活·读书·新知三联书店2001年版。

98. 张维迎：《产权、激励与公司治理》，经济科学出版社2005年版。

99. 李维安、陈小洪、袁庆宏编著：《中国公司治理：转型与完善之路》，机械工业出版社2013年版。

100. ［美］安德鲁·吉耶尔：《企业的道德》，中国人民大学出版社2010年版。

101. ［美］O.C.费雷尔、约翰·弗雷德里希、琳达·费雷尔：《企业伦理学——伦理决策与案例》（第8版），中国人民大学出版社2012年版。

102. 陈宏辉、贾生华：《企业利益相关者三维分类的实证研究》，《经济研究》2004年第4期。

103. ［美］迈克尔·A.希特、R.杜安·爱尔兰、罗伯特·E.霍斯基森：《战略管理：概念与案例》（第10版），中国人民大学出版社2012年版。

104. ［美］弗雷德·R.戴维：《战略管理》（第6版），经济科学出版社1998年版。

105. ［美］奥利弗·E. 威廉姆森：《资本主义经济制度》，商务印书馆 2002 年版。

106. ［美］彼得·德鲁克：《公司的概念》，机械工业出版社 2009 年版。

107. ［美］马克·赫斯切：《管理经济学》（第 10 版），机械工业出版社 2005 年版。

108. 陈章武编著：《管理经济学》（第 2 版），清华大学出版社 2010 年版。

109. ［美］H. 克雷格·彼得森、W. 克里斯·刘易斯：《管理经济学》（第 4 版），中国人民大学出版社 2003 年版。

110. 王中杰：《公司社会责任治理》，中国发展出版社 2011 年版。

111. 马永斌：《公司治理之道》，清华大学出版社 2013 年版。

112. 王曙光等：《金融伦理学》，北京大学出版社 2011 年版。

113. ［美］迈克尔·桑德尔：《公正——该如何做是好》，中信出版社 2011 年版。

114. 廉茵编著：《商业道德》，清华大学出版社 2011 年版。

115. 姜启军、苏勇：《基于社会责任的食品企业危机管理》，格致出版社、上海人民出版社 2011 年版。

116. Milton Friedman, *Capitalism and Freedom*, The University of Chicago Press, 1962.

117. Michael Blowfield and Alan Murray, *Corporate Responsibility*：*A critical Introduction*, Oxford University Press Inc. , New York, 2008.

118. Andrew Crane and Dirk Matten, *Business Ethics*：*A European perspective*, Oxford University Press, 2004.

119. David Needle, *Business in Context*：*An introduction to business and its environment*, London：Thomson Learning, 2004.

120. Francis P. McHugh, *Ethics*, London：Macmillan Education Ltd. 1991.

121. Rogene A. Buchholz, *Fundamental Concepts and Problems in Business Ethics*, 1989 by Prentice—Hall, Inc.

122. Alasdair MacIntyre, *After Virtue*：*A study in moral theory*, London：Gerald Duckworth & Co. Ltd, 1981.

后　记

　　本书缘起于我在英国做访问学者时的研究工作。2009 年 9 月，我得到国家留学基金委员会"西部项目"的资助，在伦敦国王学院从事企业伦理方面的研究。经导师姚新中教授推荐，我旁听了哲学系的《伦理学》和管理系的《企业社会责任》两门课，了解到欧洲企业伦理的研究已进入企业社会责任阶段。2010 年 8 月回国后，开始了对企业社会责任这一课题的关注。在查阅国内研究文献时，发现已有的研究成果偏重于实证性、对策性研究，而对于企业为什么要履行社会责任这一基本问题缺少追问。本书的写作试图回答这一根本问题。在经过深入思考之后，2013 年 9 月，开始动笔写作，历时一年。本书是西北民族大学中央高校基本科研业务费资助项目《中小企业社会责任问题研究》（项目编号：ZYZ2011040）的课题成果之一。

　　本书的研究工作得到了西北民族大学重点学科建设基金的资助，特此致谢。在本课题研究过程中，伦敦国王学院中国研究所所长姚新中教授，西北民族大学管理学院刘燕华教授、谢宗棠博士提供了很多建设性意见和资料支持，在此深表谢意。与四川大学商学院揭筱纹教授关于中小企业社会责任的讨论和交流，使我受益良多，感激之情长存于心。同时，也十分感谢西北民族大学伦理学导师组组长马成良教授、学科办主任马德山教授、社科处处长段小强教授对本书出版的支持。最后，感谢我的丈夫志军和女儿璐璐对我的关爱和理解，使我能够不畏严寒酷暑专心于本书的思考和写作。

　　在本书出版之际，特别要向责任编辑陈肖静女士致以深深的谢意，正是她的卓越工作，才使本书得以和读者见面。需要说明的是，由于本人学识、水平有限，对于书中的错误和疏漏，恳请各位专家同行、读者朋友批评指正。

刘红叶

2014 年 8 月 26 日于兰州